プリント形式のリアル過去問で本番の臨場感！

和歌山県

智辯学園和歌山中学校

2025年春受験用

解答集

本書は，実物をなるべくそのままに，プリント形式で年度ごとに収録しています。
問題用紙を教科別に分けて使うことができるので，本番さながらの演習ができます。

■ 収録内容

JN132665

・解答集(この冊子です)

書籍ＩＤ番号，この問題集の使い方，最新年度実物データ，リアル過去問の活用，解答例と解説，ご使用にあたってのお願い・ご注意，お問い合わせ

・2024(令和６)年度 ～ 2020(令和２)年度　学力検査問題

○は収録あり	年度	'24	'23	'22	'21	'20	
■ 問題(前期)		○	○	○	○	○	
■ 解答用紙		○	○	○	○	○	
■ 配点							

全教科に解説があります

注)問題文等非掲載:2024年度理科の〔2〕, 2020年度国語の二

問題文などの非掲載につきまして

著作権上の都合により，本書に収録している過去入試問題の本文や図表の一部を掲載しておりません。ご不便をおかけし，誠に申し訳ございません。

本文の一部を掲載できなかったことによる国語の演習不足を補うため，論説文および小説文の演習問題のダウンロード付録があります。弊社ウェブサイトから書籍ＩＤ番号を入力してご利用ください。

なお，問題の量，形式，難易度などの傾向が，実際の入試問題と一致しない場合があります。

教英出版

■　書籍ＩＤ番号

入試に役立つダウンロード付録や学校情報などを随時更新して掲載しています。
教英出版ウェブサイトの「ご購入者様のページ」画面で，書籍ＩＤ番号を入力してご利用ください。

書籍ＩＤ番号　102427

（有効期限：2025年9月30日まで）

【入試に役立つダウンロード付録】
「要点のまとめ（国語／算数）」
「課題作文演習」ほか

■　この問題集の使い方

年度ごとにプリント形式で収録しています。針を外して教科ごとに分けて使用します。①片側，②中央のどちらかでとじてありますので，下図を参考に，問題用紙と解答用紙に分けて準備をしましょう（解答用紙がない場合もあります）。

針を外すときは，けがをしないように十分注意してください。また，針を外すと紛失しやすくなりますので気をつけましょう。

① 片側でとじてあるもの

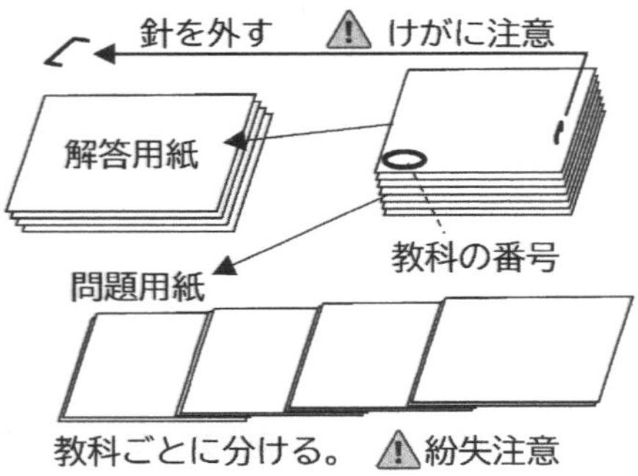

② 中央でとじてあるもの

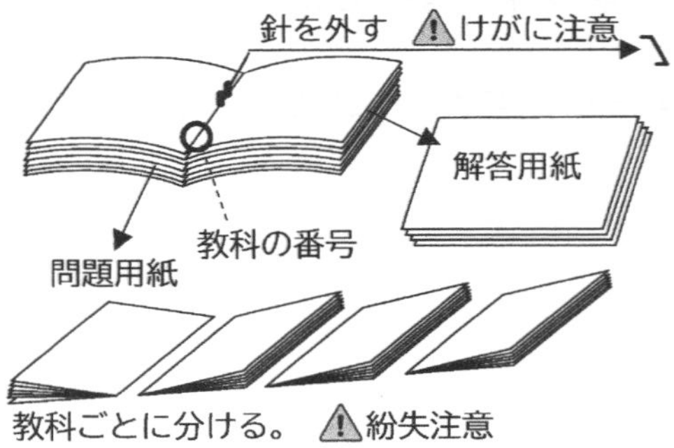

※教科数が上図と異なる場合があります。
解答用紙がない場合や，問題と一体になっている場合があります。
教科の番号は，教科ごとに分けるときの参考にしてください。

■　最新年度 実物データ

実物をなるべくそのままに編集していますが，収録の都合上，実際の試験問題とは異なる場合があります。実物のサイズ，様式は右表で確認してください。

問題用紙	Ａ４冊子（二つ折り）
解答用紙	国：Ａ３片面プリント 算・理：Ｂ４片面プリント

リアル過去問の活用

～リアル過去問なら入試本番で力を発揮することができる～

本番を体験しよう！

問題用紙の形式（縦向き／横向き），問題の配置や余白など，実物に近い紙面構成なので本番の臨場感が味わえます。まずはパラパラとめくって眺めてみてください。「これが志望校の入試問題なんだ！」と思えば入試に向けて気持ちが高まることでしょう。

入試を知ろう！

同じ教科の過去数年分の問題紙面を並べて，見比べてみましょう。

①　問題の量

毎年同じ大問数か，年によって違うのか，また全体の問題量はどのくらいか知っておきましょう。どのくらいのスピードで解けば時間内に終わるのか，大問ひとつにかけられる時間を計算してみましょう。

②　出題分野

よく出題されている分野とそうでない分野を見つけましょう。同じような問題が過去にも出題されていることに気がつくはずです。

③　出題順序

得意な分野が毎年同じ大問番号で出題されていると分かれば，本番で取りこぼさないように先回りして解答することができるでしょう。

④　解答方法

記述式か選択式か（マークシートか），見ておきましょう。記述式なら，単位まで書く必要があるかどうか，文字数はどのくらいかなど，細かいところまでチェックしておきましょう。計算過程を書く必要があるかどうかも重要です。

⑤　問題の難易度

必ず正解したい基本問題，条件や指示の読み間違いといったケアレスミスに気をつけたい問題，後回しにしたほうがいい問題などをチェックしておきましょう。

問題を解こう！

志望校の入試傾向をつかんだら，問題を何度も解いていきましょう。ほかにも問題文の独特な言いまわしや，その学校独自の答え方を発見できることもあるでしょう。オリンピックや環境問題など，話題になった出来事を毎年出題する学校だと分かれば，日頃のニュースの見かたも変わってきます。

こうして志望校の入試傾向を知り対策を立てることこそが，過去問を解く最大の理由なのです。

実力を知ろう！

過去問を解くにあたって，得点はそれほど重要ではありません。大切なのは，志望校の過去問演習を通して，苦手な教科，苦手な分野を知ることです。苦手な教科，分野が分かったら，教科書や参考書に戻って重点的に学習する時間をつくりましょう。今の自分の実力を知れば，入試本番までの勉強の道すじが見えてきます。

試験に慣れよう！

入試では時間配分も重要です。本番で時間が足りなくなってあわてないように，リアル過去問で実戦演習をして，時間配分や出題パターンに慣れておきましょう。教科ごとに気持ちを切り替える練習もしておきましょう。

心を整えよう！

入試は誰でも緊張するものです。入試前日になったら，演習をやり尽くしたリアル過去問の表紙を眺めてみましょう。問題の内容を見る必要はもうありません。どんな形式だったかな？受験番号や氏名はどこに書くのかな？…ほんの少し見ておくだけでも，志望校の入試に向けて心の準備が整うことでしょう。

そして入試本番では，見慣れた問題紙面が緊張した心を落ち着かせてくれるはずです。

※まれに入試形式を変更する学校もありますが，条件はほかの受験生も同じです。心を整えてあせらずに問題に取りかかりましょう。

智辯学園和歌山中学校

《国　語》

一 問一．ア．多様性　イ．追求　ウ．味覚　エ．無防備　オ．機械　問二．1．ア　2．イ　3．エ
問三．(1)オ　(2)ウ　問四．ウ　問五．(1)ア　(2)「共感」は幸せな気分を感じることができる反面、「共感」を相手に過剰に強要したり、「共感」してくれない相手へのいらだちを感じたりして、自分も嫌な気持ちになるということ。　問六．(1)人間が困っていても助けてくれない点。　(2)自分の仲間を殺した人間をも、受け入れるような態度を取る点。　問七．他人と考え方が食い違った時は相手の考えを理解することが大切です。私のクラスでも音楽会で合奏する曲を決める時に意見が二つに分かれましたが、「なぜその曲を合奏したいのか」ということを伝え合ったところ、皆が納得した上で演奏曲を決められました。他人と違いを感じた時には、自分が正しくて相手は間違っていると考えてはいけません。まずは相手の考えを深く理解しようとすれば、人と上手く付き合っていけるのだと思います。

二 問一．a．ア　b．エ　問二．クラスの輪の外からその様子を観察し、心の中で実況するという過ごし方。
問三．イ　問四．エ　問五．実況をする相手だとしか思っていなかった「半田先生」が、長い間実況をしてきたことや、取材の中で自分の名前を覚えてくれていると知ったことで、身近で親しみを持てる存在に変わったから。
問六．自分が強くなれるようにさりげなく導いてくれたことに感謝するとともに、夢に向かってまっしぐらに進んでいる姿に憧れを抱いている。　問七．(赤い)双眼鏡　問八．ウ

三 ①応急　②展開　③採取　④痛感　⑤寄付（下線部は附でもよい）

四 ①しゃくし　A．ウ　B．イ　②かすがい　A．オ　B．ク　③かど　A．キ　B．カ

五 ①エ→イ→ア→カ→オ　②エ→イ→カ→ア→ウ　③カ→イ→ウ→オ→ア

《算　数》

【1】(1)$\frac{143}{144}$　(2)$\frac{7}{130}$

【2】(1)8　(2)3

【3】(1)125　(2)250　(3)7　(4)ア．32　イ．43　(5)35

【4】(1)12　(2)192

【5】(1)15　(2)27

【6】(1)16時12分　(2)5時15分

【7】(1)26　(2)42

《理　科》

〔1〕問1．⑴精子　⑵受精卵　　問2．(イ)　　問3．⑴(イ)　⑵(ウ)　⑶(オ)

問4．(オ)→(イ)→(エ)→(ウ)　　問5．(エ)　　問6．(ウ)　　問7．(イ)→(オ)→(ウ)→(エ)→(ア)

問8．はらにある養分を使えるから。　　問9．⑴大きくなる　⑵小さくなる　⑶大きくなる

問10．(ウ)，(ク)　　問11．(ア)，(オ)

〔2〕問1．⑴黄　⑵(イ)，(ウ)，(エ)　⑶(ア)，(イ)，(エ)　　問2．⑴(ア)　⑵電気をこまめに消す。

問3．あ．119　い．3　　問4．(イ)　　問5．a．17.5　b．10.5　　問6．⑴6.25　⑵26.25

問7．(ウ)　　問8．5.1　　問9．1.02

〔3〕問1．クレーター　　問2．(イ)　　問3．(ウ)　　問4．(ウ)　　問5．(エ)　　問6．(か)

問7．1回目…(イ)　2回目…(エ)　　問8．③　　問9．60　　問10．3.7　　問11．120　　問12．90

問13．(エ)

〔4〕問1．(ウ)　　問2．3　　問3．比例の関係　　問4．1

問5．⑴あ．(イ)　い．(ウ)　⑵う．1.5　え．3　　問6．お．2　か．9

問7．⑴6，9　⑵㉒3　㉔3，9　⑶㉒4　㉕2，9　　問8．4，3　　問9．⑩3　㉒3

問10．[番号／個数／番号／個数]　1通り目…[⑩／3／⑱／9]　2通り目…[⑩／6／㉒／6]

3通り目…[⑭／6／⑱／6]

《2024　国語　解説》

一 **問三(1)**　直後の「次々と起こる予想もしないことにひとつひとつ対処をしながら生きていく」というのが、予想できないことだらけの「自然の中に身を置く」人間の「構え」である。これは、予想外のことが起こっても、その状況にあわせて適切に対処をするというありかたである。よって、オが適する。　**(2)**　少し後の「想定内のところで安全かつ自分の思いどおりに生きていく」というのが、「街の中に身を置く」人間の「構え」である。このような「構え」でいると、「自分が思ったとおりにできないことがあると～ひとつの出来事をとても重くとらえてしま」う。そして、人間関係で思ったとおりにいかないことがあると、傷ついたり相手や自分を責めたりしてしまう。よって、ウが適する。

問四　3～5行前の「相手と話がうまくかみあわなかったり～傷ついてしまう」の部分が、ウの前半と一致する。また、――部②の直後の「『ズレ』を認められれば、ちがう考えを持った相手とも、いっしょに歩いていけるはずです」の部分が、ウの後半と一致する。よって、ウが適する。

問五(2)　「共感」のよい部分、役に立つ部分は、少し前の「だれかと『おいしいね』といいあいながら食事をすると、幸せな気分になります」の部分からまとめる。一方、「共感」のよくない部分、危険な部分は、「共感が過剰になると、暴力につながることもあるのです～共感を強要していることに気づかないまま、愛が憎しみに変わってしまう」の部分からまとめる。

問六(1)　文章中に「ぼくがピンチにおちいっても、ゴリラはぼくを助けてはくれません。そういう意味ではゴリラは冷たいといえるでしょう」とある。　**(2)**　文章中に「つきあっていけばいくほど、(ゴリラは)そばにいることを許してくれたり、いっしょに遊んでくれたりすることもあります。そういう意味では、とても懐が深いのです」とあり、タイタスというゴリラは、家族や友人を人間に殺されているのに、筆者を信頼し、「敵に対するとは思えない態度で接して」くれたとある。

二 **問二**　この後、早月ちゃんは、「実況者になっちゃえばいいんだよ」「クラスの輪から外されてると感じるなら、いっそ自分はその輪を実況する役割なんだってことにしちゃえばいい。観察して心のなかで実況すればいいんだよ」と言っている。

問三　――部②の前後に、「もしかして、わたしがさっき涙をこぼしたから、早月ちゃんは何かアドバイスをしようとしているのかな」「嫌だ、恥ずかしい」とある。よって、イが適する。

問四　――部③の前の行には、「おもしろそう、とまでは思わない」とあり、少し後に「休み時間のわたしは自分の机の木目ばかり見て過ごしていた。クラスの風景を見たくないから～わたしが実況者だとしたら～目に映る景色が変わるかもしれない」とある。「わたし」は、実況者になればいいという早月ちゃんのアドバイスを「おもしろそう」だとは感じなかったものの、仲間外れにされていることを少しでも忘れさせてくれるかもしれないと思い、試してみようという気持ちになっている。よって、エが適する。

問五　半田圭に取材をしている場面に、「呼ばれたわたしがビックリだ。名前、覚えてくれてたんだ」とある。また、半田圭の最後の授業の場面に、「気づけば心のなかでエールを送っていた。約一か月ずっと実況してきたからかもしれない」とある。自分の名前を覚えてくれていたことや、長い間実況をしてきたことで、半田圭は、実況するだけの相手から、親しみを感じる存在へと変化していたのである。

問六　3～4行前の「早月ちゃんのおかげ。六月のあの日～とっておきの過ごし方を教えてくれた」などから、早月ちゃんへの感謝の気持ちが読み取れる。また、―― 部⑤の直後の「わたしのヒーロー」という言葉や、早月ちゃんの母校を受験したことなどから、早月ちゃんに対して憧れを抱いていることがわかる。「太陽」や「まぶしさ」という表現は、憧れを抱く相手に対して使われることが多い。

問七　早月ちゃんは、わたしに何も言わずに引っ越していった際、赤い双眼鏡を残していった。次に早月ちゃんと会うときは、この双眼鏡を持ち、夢を叶えた早月ちゃんの実況を競馬場で聞くことになる。つまり、この双眼鏡は、早月ちゃんが夢を叶えることを願うお守りなのである。また、この双眼鏡は、早月ちゃんが「わたし」に「とっておきの過ごし方を教えてくれた」日に、競馬場で貸してくれたものである。早月ちゃんのアドバイスがなければ、「わたし」は「もっとつらい毎日」を過ごしていたはずであり、このアドバイスは「わたし」を守ってくれたと言える。そんな「わたし」にとってこの双眼鏡は、「お守り」だと感じられる、思い入れのあるものでもある。

問八　生徒Cは「仲間外れにされた原因が自分にあると気づいて反省したから、それが周りに伝わっていったんだと思うわ」と言っているが、文章中に「何が原因かは分からない。よくあることだ。仲間外れっていきなり始まったり、あっけなく終わりを迎えたりする」とある。よって、ウが正解。

《2024　算数　解説》

【１】

⑴　与式$=1-(\frac{3}{6}+\frac{2}{6})\times\frac{5-4}{20}\times\frac{1}{6}=1-\frac{5}{6}\times\frac{1}{20}\times\frac{1}{6}=1-\frac{1}{144}=\mathbf{\frac{143}{144}}$

⑵　与式$=(\frac{6}{5}-\frac{2}{13})\times\frac{35}{17}-\frac{21}{10}=\frac{78-10}{65}\times\frac{35}{17}-\frac{21}{10}=\frac{28}{13}-\frac{21}{10}=\frac{280-273}{130}=\mathbf{\frac{7}{130}}$

【２】

⑴　与式より，□時間×100－□時間＝(33×24)時間　　□時間×(100－１)＝792 時間　　□時間$=\frac{792}{99}$時間＝**８時間**

⑵　与式より，$48\div(71-5\times□)=\frac{6}{7}$　　$71-5\times□=48\div\frac{6}{7}$　　５×□＝71－56　　□＝15÷５＝**３**

【３】

⑴　コップの容量の 95－55＝40(%)が 50mL だから，コップの容量は，$50\div\frac{40}{100}=$**125**(mL)

⑵　1.2 kg＝1200 g だから，100 円玉の枚数を 15 枚の$\frac{1200}{72}$倍にすればよいので，$15\times\frac{1200}{72}=$**250**(枚)

⑶　右の図Ⅰのように記号をおく。左上の２×２マスの正方形の数字の和と，左下の２×２マスの正方形の数字の和が等しいのだから，イ＋エはア＋エよりも６－４＝２大きい。したがって，イはアよりも２大きい。また，右上の２×２マスの正方形の数字の和と，右下の２×２マスの正方形の数字の和が等しく，イがアよりも２大きいのだから，カはウよりも２大きい。１，４，６以外で差が２の２つの数の組み合わせは，３と５，５と７，７と９だけである。したがって，①(ア，イ)＝(３，５)で(ウ，カ)＝(７，９)，または，②(ア，イ)＝(７，９)で(ウ，カ)＝(３，５)である。①の場合と②の場合それぞれ図Ⅱのようになる。

①だと，オは１よりも７－４＝３小さくなければならないが，そのような数はない。

②だと，さらに２と８を入れて図Ⅲのように完成する。よって，ア＝**７**

図Ⅰ

4	イ	ウ
1	エ	オ
6	ア	カ

図Ⅱ

①

4	5	7
1	エ	オ
6	3	9

②

4	9	3
1	エ	オ
6	7	5

図Ⅲ

4	9	3
1	8	2
6	7	5

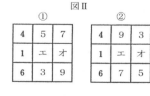

⑷　**【解き方】短針は１時間で 360°÷12＝30°進むから，１分間で 30°÷60＝$\frac{1}{2}$°進む。長針は１分間に 360°÷60＝６°進む。したがって，短針と長針が進む角度の差は１分あたり６°－$\frac{1}{2}$°＝$\frac{11}{2}$°である。**

６時ちょうどのとき，短針は長針より 180°先にある。したがって，次に長針と短針が重なるのは，$180\div\frac{11}{2}=$

$\frac{360}{11}=32\frac{8}{11}$(分後)→32分($\frac{8}{11}\times60$)秒後＝32分$43\frac{7}{11}$秒後だから，6時**32**分**43**秒と6時32分44秒の間である。

(5)　**【解き方】ＢＤ＝ＣＥより，ＢＤ＋ＤＥ＝ＣＥ＋ＤＥだから，ＢＥ＝ＤＣである。**

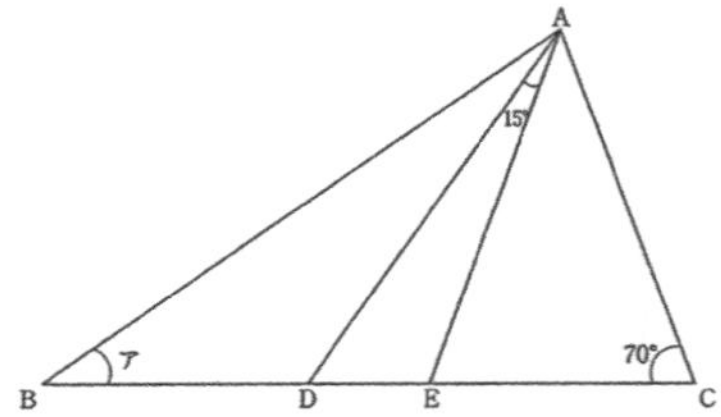

三角形ＡＣＤは，ＡＣ＝ＢＥ＝ＤＣより，二等辺三角形だから，

角ＣＡＤ＝(180°－70°)÷２＝55°

角ＣＡＥ＝55°－15°＝40°で，角ＡＥＣ＝180°－70°－40°＝70°だから，

三角形ＡＥＣはＡＣ＝ＡＥの二等辺三角形である。

よって，三角形ＡＥＢはＡＥ＝ＢＥの二等辺三角形だから，角ア＝角ＡＥＣ÷２＝70°÷２＝**35°**

【４】

(1)　**【解き方】24と16の最小公倍数は48だから，全体の仕事量を㊽とする。**

１時間あたりに行う仕事量は，Ａ１台が㊽÷24＝②，Ａ１台とＢ１台だと㊽÷16＝③だから，Ｂ１台だと③－②＝①である。よって，Ａ１台とＢ２台で行うと，㊽÷(②＋①×２)＝**12**(時間)かかる。

(2)　(1)をふまえる。すべての仕事を８時間で終えるには１時間当たり㊽÷８＝⑥の仕事をする必要がある。

したがって，Ｃ４台が１時間あたりに行う仕事量は，⑥－(②＋①×３)＝①である。

よって，Ｃ１台が１時間あたりに行う仕事量は，①÷４＝($\frac{1}{4}$)だから，Ｃ１台だと，㊽÷($\frac{1}{4}$)＝**192**(時間)かかる。

【５】

(1)　Ａ，Ｂ，Ｃ，Ｅの状態はそれぞれ「点灯している」か「点灯していない」の２通りだから，Ａ～Ｅの点灯のさせ方は，２×２×２×２＝16(通り)ある。そのうちすべてが点灯していない１通りは除くから，求める点灯のさせ方の数は，16－１＝**15**(通り)

(2)　**【解き方】ルール②を考えないときの全部の点灯のさせ方の数から，ＡとＥが点灯していなくてＤが点灯している点灯のさせ方の数を引けばよい。**

Ａ～Ｅそれぞれ２通りの点灯のさせ方があると考えると，全部の点灯のさせ方の数は，２×２×２×２×２＝32(通り)ある。そのうちすべてが点灯していない１通りは除くから，残りは，32－１＝31(通り)

この中には，実際には存在しない，ＡとＥが点灯していなくてＤが点灯している点灯のさせ方がふくまれている。

その数は，ＢとＣの点灯のさせ方と等しく２×２＝４(通り)ある。

以上より，求める点灯のさせ方の数は，31－４＝**27**(通り)

【６】

(1)　０時～６時の６時間で10×６＝60(km)進み，Ｃまで150－60＝90(km)となる。この90kmに90÷30＝３(時間)かかるから，Ｃには６時＋３時間＝９時に着く。９時～12時の３時間でＣから15×３＝45(km)進み，Ｂまで150－45＝105(km)となる。この105kmに105÷25＝$\frac{21}{5}$＝$4\frac{1}{5}$(時間)→４時間12分かかる。

よって，Ｂに着くのは，12時＋４時間12分＝**16時12分**

(2)　**【解き方】出発時刻をある時刻に設定し，移動時間12時間との差を求める。そこから出発時刻を少しずつずらして調整していく。出発時刻をずらすときは，同じ道のりを進むのにかかる時間の比は，速さの比の逆比になることを利用する。**

(1)でかかった移動時間は12時間よりもかなり多い。移動時間を12時間に近づけるために，Ａからの出発を６時としてみる。この場合，Ｃに着くのは150÷30＝５(時間後)の11時である。12時にはＣから15km進んでいて，Ｂまで150－15＝135(km)のところにいる。さらに135÷25＝$\frac{27}{5}$＝$5\frac{2}{5}$(時間後)にＢに着くから，移動時間の合計は，６時間＋$5\frac{2}{5}$時間＝$11\frac{2}{5}$時間＝11 時間 24 分である。これは 12 時間より 36 分短い。

ＡＣ間において，おそときと速いときの速さの比は 10：30＝１：３だから，同じ道のりにかかる時間の比は３：１である。ＣＢ間において，おそときと速いときの速さの比は 15：25＝３：５だから，同じ道のりにかかる時間の比は５：３である。

したがって，Ａからの出発を６時から３分早くすると，１分で移動できていた分を３分で移動するので，ＡＣ間でかかる時間は３－１＝２(分)多くなる。Ｃに着くのは３－２＝１(分)早くなるから，ＣＢ間において毎時 25 ㎞で$1\times\frac{3}{5}=\frac{3}{5}$(分)で移動できていた分を，毎時 15 ㎞で１分で移動することになり，ＣＢ間でかかる時間は$1-\frac{3}{5}=\frac{2}{5}$(分)多くなる。したがって，Ａからの出発を３分早くすると，ＡからＢまでにかかる時間は$2+\frac{2}{5}=\frac{12}{5}$(分)おそくなる。つまり，Ａからの出発を１分早くすると，ＡからＢまでにかかる時間は$\frac{12}{5}\times\frac{1}{3}=\frac{4}{5}$(分)おそくなる。よって，Ａからの出発を，$36\div\frac{4}{5}=45$(分)早くすればよいので，**５時 15 分**に出発すればよい。

【７】

⑴　三角形ＱＰＦと三角形ＡＰＦは，底辺をそれぞれＱＦ，ＡＦとしたときの高さが等しいから，面積比はＱＦ：ＡＦ＝２：１となる。

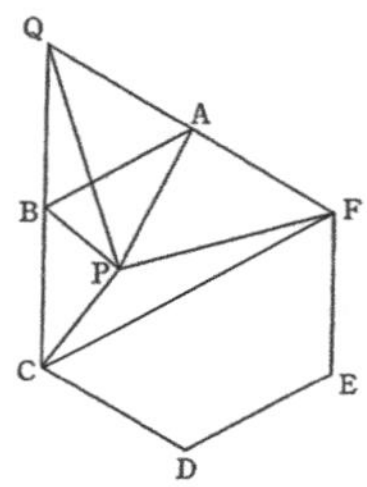

よって，(三角形ＱＰＦの面積)＝(三角形ＡＰＦの面積)×$\frac{2}{1}$＝13×２＝**26**(㎠)

⑵　**【解き方】正六角形ＡＢＣＤＥＦは，正三角形ＱＢＡと合同な正三角形６個に分けることができる。まず正三角形ＱＢＡの面積を求める。**

⑴と同様に，(三角形ＱＰＣの面積)＝(三角形ＢＣＰの面積)×２＝８×２＝16(㎠)

(正三角形ＱＢＡの面積)＝(三角形ＱＰＦの面積)＋(三角形ＱＰＣの面積)－(三角形ＡＰＦの面積)－(三角形ＡＢＰの面積)－(三角形ＢＣＰの面積)＝26＋16－13－９－８＝12(㎠)

したがって，正六角形ＡＢＣＤＥＦの面積は 12×６＝72(㎠)である。そのうち五角形ＣＤＥＦＰ以外の面積の合計が，13＋９＋８＝30(㎠)だから，五角形ＣＤＥＦＰの面積は，72－30＝**42**(㎠)

《2024　理科　解説》

〔１〕

問２　(ア)×…食べ残りが出ると水が汚れるので，食べ残りが出ないようにえさをあたえる。　(ウ)×…親のメダカが卵を食べてしまう可能性があるので，卵を見つけたら別の容器に移す。

問３　⑴は背びれ，⑵は尻びれ，⑶は尾びれである。切れこみがある(ア)はおすの背びれ，切れこみがない(イ)はめすの背びれである。また，うしろが短い(ウ)はめすの尻びれ，うしろが長い(エ)はおすの尻びれである。

問５　血管は，尾びれの先端に向かって枝分かれしていくので，図２の左側が尾びれ側である。また，尾びれの先端に向かう血液(血管Ｂを流れる血液)に酸素が多く含まれる。

問11　形が長方形で，その長い辺に対して平行に動くものに大きな興味を示すことから考える。

〔２〕

問１⑴　ＢＴＢ溶液は，酸性で黄色，中性で緑色，アルカリ性で青色になる。　**⑵**　(ア)は中性，(イ)(ウ)(エ)はアルカリ性，(オ)は酸性である。　**⑶**　(ア)は固体の食塩，(イ)は固体の水酸化カルシウム，(ウ)は気体のアンモニア，(エ)は固体の重曹(炭酸水素ナトリウム)，(オ)は気体の塩化水素が溶けている。

問２⑴　(ア)は二酸化炭素，(イ)はアルゴン，(ウ)は酸素，(エ)は窒素の割合である。　**⑵**　日本では火力発電の割合が大きい。火力発電では化石燃料を燃やすことで電気をつくっている。化石燃料を燃やすと二酸化炭素が発生するので，電気を節約することが二酸化炭素の排出量の減少につながると考えられる。

問３　あ．$114+5=119$(g)　い．$119-116=3$(g)

問４，５　加えた重曹の重さが10g，15g，20g，25gのときについて，問３解説と同様に発生した二酸化炭素の重さを求めると，それぞれ$114+10-118=6$(g)，$114+15-120=9$(g)，$114+20-123.5=10.5$(g)，$114+25-128.5=10.5$(g)となる。この結果から，重曹が５g反応すると二酸化炭素が３g発生し，クエン酸が14g反応すると二酸化炭素が10.5g発生することがわかる。よって，クエン酸14gと過不足なく反応する(二酸化炭素を10.5g発生させるのに必要な)重曹は$5\times\frac{10.5}{3}=17.5$(g)である。つまり，問４のグラフでは，$a=17.5$，$b=10.5$の点で折れ曲がり，重曹の重さが17.5g以上になると二酸化炭素の重さが10.5gで一定になる。

問６(1)　クエン酸14gと重曹17.5gが過不足なく反応するから，クエン酸35gと重曹50gでは，クエン酸35gと重曹$17.5\times\frac{35}{14}=43.75$(g)が反応する。よって，クエン酸と反応しなかった重曹は$50-43.75=6.25$(g)である。

(2)　クエン酸が14g反応すると二酸化炭素が10.5g発生するから，クエン酸が35g反応すると二酸化炭素が$10.5\times\frac{35}{14}=26.25$(g)発生する。

問７　(ウ)○…ろ過をすることで，水に溶けていない固体を取り出すことができる。

問８　重曹が17.5g反応すると二酸化炭素が10.5g発生するから，二酸化炭素が3.06g発生したとき，反応した重曹は$17.5\times\frac{3.06}{10.5}=5.1$(g)である。

問９　クエン酸が14g反応すると二酸化炭素が10.5g発生するから，二酸化炭素が3.06g発生したとき，反応したクエン酸は$14\times\frac{3.06}{10.5}=4.08$(g)である。つまり，果汁400gにクエン酸が4.08g含まれているから，その割合は$4.08\div400\times100=1.02$(%)である。

〔３〕

問４　図１で，地球から見て太陽と同じ方向にある(う)が(ク)の新月で，そこから反時計回りに地球の周りを動いていく。(え)が(カ)の三日月，(お)が(イ)の上弦の月，(か)が(エ)，(き)が(ア)の満月，(く)が(オ)，(あ)が(ウ)の下弦の月，(い)が(キ)である。

問５，６　図１で，(お)の正面の地点が夕方６時ごろである。この地点から見ると，太陽は西の地平線付近にあり，(お)がある方向が南，(き)がある方向が東だから，南東にあるのは(か)で，(エ)の形に見える。

問７　１回目…図２で，月が②から③に動くとき，月の左側から地球の影の中に入っていく。　２回目…図２で，月が⑤から⑥に動くとき，月の左側から地球の影の外に出ていく。

問８　１回目の部分月食が終わると同時に皆既月食が始まるから，③である。

問９　図２で，月が②から③まで動くと「月の直径」の距離を動いたことになる。つまり，この距離を動くのにかかった時間は，表で，１回目の部分月食が始まってから皆既月食が始まるまでの時間だから，午前３時23分から午前４時23分までの１時間→60分である。

問10　図２で，月が②から⑤まで動くと地球の影の長さを動いたことになる。つまり，この距離を動くのにかかった時間は，表で，１回目の部分月食が始まってから皆既月食が終わるまでの時間だから，午前３時23分から午前６時３分までの２時間40分→160分であり，「地球の直径」の距離を動くのにかかる時間は$160+60=220$(分)だから，地球の直径は月の直径の$220\div60=3.66\cdots\to3.7$倍である。

問11　月の直径を１とすると，１が，月と地球の距離を半径とする円の円周の0.5度分に相当するので，月と地球の距離を半径とする円の円周は$1\times\frac{360}{0.5}=720$である。よって，この円の直径は$720\div3=240$であり，半径(月と地球の距離)は$240\div2=120$だから，月と地球の距離は月の直径の120倍である。

問12　月と太陽がほぼ同じ大きさに見えるのは，月と太陽の直径の比が，月と太陽の地球までの距離の比とほぼ等しいためである。月の直径を１とすると，月と地球の距離は問11より120，地球と太陽の距離は40000だから，太陽の直径は$1\times\frac{40000}{120}=\frac{1000}{3}$である。また，地球の直径は問10より3.7だから，太陽の直径は地球の直径の$\frac{1000}{3}\div3.7=90.0\cdots\rightarrow90$倍である。

〔４〕

問１　図３において，てこをかたむけるはたらき〔おもりの重さ(g)×支点からの距離(cm)〕が支点(Ｏ)の左右で等しいと，水平になる。この関係が成り立つのは，支点の左右の重さの比が，支点からの距離の比の逆比と等しくなるときだから，ここではおもりの重さをつみ木の個数に置きかえて，

(Ａ点にのせたつみ木の個数)：(Ｂ点にのせたつみ木の個数)＝(ＯＢの長さ)：(ＯＡの長さ)となる。

問２　(Ａ点にのせたつみ木の個数)：(Ｂ点にのせたつみ木の個数)＝２：４＝１：２より，

(ＯＢの長さ)：(ＯＡの長さ)＝１：２となるから，ＯＢの長さはＯＡの長さ(６cm)の半分の３cmである。

問４　⑬にのせたつみ木の個数が１個増えると，ばねのちぢみは0.5cm増えるから，⑬にのせたつみ木の個数が２個のときのばねのちぢみは１個のときの２倍の１cmである。

問５(2)　⑪と⑭にのせたつみ木の個数の合計とばねのちぢみには比例の関係があり，⑪と⑭にのせたつみ木の個数の合計が⑬にのせたつみ木の個数と同じとき，ばねのちぢみも同じになると考えられる。

問６　お．⑨と㉔にのせたつみ木の個数の比は４：２＝２：１だから，⑨と⑭の中央間の距離と㉔と⑭の中央間の距離の比はその逆比の１：２である。　か．３＋６＝９(個)

問７　(1)⑧と⑬の中央間の距離と㉓と⑬の中央間の距離の比は１：２だから，⑧と㉓にのせたつみ木の個数の比が２：１になれば板は水平になる。よって，㉓にのせるつみ木は12÷２＝６(個)である。のせたつみ木の個数の合計が12＋６＝18(個)だから，ばねのちぢみは⑬に１個のせたときの18倍の0.5×18＝９(cm)である。　(2)㉒と㉓の中央間の距離と㉔と㉓の中央間の距離の比は１：１だから，(1)で㉓にのせた６個のつみ木を㉒と㉔に等しく分けて３個ずつのせればよい。ばねのちぢみは(1)のときと同じ９cmである。　(3)㉒と㉓の中央間の距離と㉕と㉓の中央間の距離の比は１：２だから，㉒と㉕にのせるつみ木の個数の比が２：１になるように，㉒には$6\times\frac{2}{2+1}=4$(個)，㉔には６－４＝２(個)のせればよい。ばねのちぢみは(1)のときと同じ９cmである。

問８　①と⑬の中央間の距離と⑲と⑬の中央間の距離の比は２：１だから，①と⑲にのせるつみ木の個数の比が１：２になるように，⑬には２×２＝４(個)のせればよい。このとき，のせたつみ木の個数の合計は２＋４＝６(個)だから，ばねのちぢみは0.5×６＝３(cm)である。

問９　①②⑥⑦の中央の点をＡ，⑬⑭⑱⑲の中央の点をＢとする。②と⑥に１個ずつのせたつみ木を，それぞれの中央からの距離が等しいＡに２個まとめてのせることができる。Ａから⑬の中央までの距離は⑦と⑬の中央間の距離の1.5倍であり，Ｂから⑬の中央までの距離は⑦と⑬の中央間の距離の0.5倍だから，

(Ａから⑬の中央までの距離)：(Ｂから⑬の中央までの距離)＝1.5：0.5＝３：１である。よって，ＡとＢにのせるつみ木の個数の比が１：３になるように，Ｂには２×３＝６(個)のせればよい。さらに，中央からＢまでの距離が等しい⑩と㉒に，Ｂにのせた６個のつみ木を等しく分けて３個ずつのせれば，板は水平になる。

問10　⑦⑧⑫⑬の中央の点をＣとする。⑧と⑫に２個ずつのせたつみ木はＣに４個まとめてのせることができ，①とＣにのせたつみ木の個数の比は２：４＝１：２になる。さらに，①の中央とＣの間を２：１に分ける点が⑦の中央であることに着目すると，①にのせた２個とＣにのせた４個は，⑦に６個まとめてのせることができる。ここで，残りの12個のつみ木を１か所にまとめてのせる場合を考えると，つみ木の個数の比が12：６＝２：１だから，12個

のつみ木をのせるのは⑬の中央からの距離が⑦の半分になる，⑬⑭⑱⑲の中央の点（Dとする）である。よって，つみ木の数の比とDからの距離の比が問１の関係と同じになるように注意して，12個のつみ木を２か所に分ければよい。解答例の他に，〔⑭に９個，㉒に３個〕，〔⑨に６個，㉓に６個〕，〔⑦に６個，㉕に６個〕，〔⑬に６個，⑲に６個〕，〔⑬に９個，㉕に３個〕，〔⑮に６個，⑰に６個〕などがある。①，⑧，⑫には追加してのせないこと，つみ木をのせた２か所のマス目の中央とDが一直線上にあることに注意しよう。

智辯学園和歌山中学校

《国　語》

一 問一．ア．細部　イ．多勢　ウ．結束　エ．祝福　オ．供給　問二．１．エ　２．ア　３．イ
問三．首を傾げながら、みなと同じく「Ｂです」と答えたのです。　問四．「Ｂの方が長い」というのはおかしいということ。　問五．イ　問六．大昔から私たち人間は生き延びるために群れを作ってまとまり、集団の意見を統一する必要があったが、その傾向が現代の日本社会でも残っているから。　問七．ウ　問八．ウ
問九．(例文)私は集団のまとまり以上に「みんなちがって、みんないい」ということばを大切にしたいと考えます。一人一人の個性が損なわれることなくまとまっているのが、本当に素晴らしい集団だと思うからです。また、集団の中でいろいろな考え方があったほうが、面白いアイデアが生まれることもあります。私も学校で集団生活を送っていますが、周りに「同調」するだけではなく、皆の個性を尊重して「協調」することを大切にしたいと思います。

二 問一．１．ウ　２．ア　問二．エ　問三．イ　問四．二人の男子に連れられて雑木林まで子ネコの様子を見にきてしまった上に、明らかに自分を頼りにしている様子の彼らを放ってはおけなかったから。　問五．子ネコに大けがをさせてしまったことに自分でも責任を感じていたが、年下の二人はそれを責めるどころかなぐさめてくれたので、一層罪悪感が増したから。　問六．ア　問七．獣医として的確な診断をし、動物病院のスタッフと協力して見事に小さな命を救ったばかりでなく、術後の責任まで持とうとする姿勢に尊敬の念を抱いたから。
問八．イ

三 ①博物館　②費用　③専門家　④預かる　⑤整える　⑥情報

四 エ，カ，ク

五 ①エ　②ウ　③ア

《算　数》

【１】(1)72　(2)$\frac{12}{35}$

【２】(1)17，31，12　(2)$\frac{1}{3}$

【３】(1)4　(2)250　(3)3.42　(4)6　(5)36

【４】(1)18　(2)14

【５】(1)27　(2)35　(3)9

【６】(1)28，49　(2)91，79

【７】(1)$2\frac{4}{25}$　(2)$3\frac{1}{2}$

《理　科》

〔1〕 問1．食物れんさ　問2．外来種〔別解〕外来生物　問3．イ　問4．(1)2　(2)3　(3)ア
問5．イ，エ　問6．エ　問7．(1)a．増加　b．減少　c．減少　d．減少
(2)ア．×　イ．○　ウ．○

〔2〕 問1．ア．2.4　イ．2.7　問2．い　問3．ウ．22　エ．9　問4．7　問5．オ．1.2　カ．3.2
キ．0.2　ク．1.6　問6．炭素分…4.2　水素分…0.7　問7．ケ．1.5　コ．0.1　サ．4.8　シ．0.8
問8．(1)7.2　(2)56.1　問9．ＰＰ…4.2　ＰＥＴ…14.4

〔3〕 A．問1．(1)エ　(2)れき，砂，どろの順に粒が小さくなり，粒が小さいほど遠くに運ばれるため。　問2．ウ
問3．1．ア　2．イ　3．エ　問4．イ→ア→ウ→エ　B．問1．きん急地震速報　問2．ウ
問3．a．32　b．4　c．8　問4．4　問5．29，58　問6．30，14　問7．比例　問8．120

〔4〕 問1．右図　問2．直列　問3．並列
問4．豆電球②…あ　豆電球③…う　問5．同じに
問6．同じに　問7．⑤の方が大きく　問8．④
問9．あ，う　問10．⑧，⑨，⑫，⑪
問11．豆電球⑯…サ　豆電球⑰…キ　豆電球⑱…ケ　短い導線…ア，オ

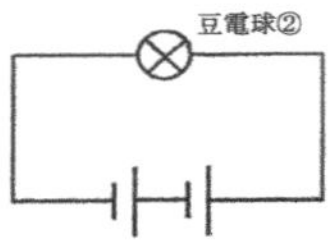

〔4〕問1の図2

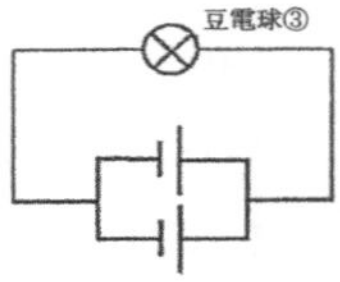

〔4〕問1の図3

《2023 国語 解説》

一 問二１ 程度、状態がはなはだしいことを表す「いかにも」が適する。　２ 文脈からいって、田中さんは「同調圧力」を感じていた。この場合は「Ｂと言わなければならない空気」を感じていた。よって、切実に感じるさまを表す「ひしひしと」が適する。　３ 実験はテレビ番組のスタッフの意図する通りの結果になった。田中さんは「そう思ってないにもかかわらず」「Ｂです」と答えた、つまり「カラスは白い、と言ってしまった」。よって、もののみごとにある事が成しとげられるさまを表す「まんまと」が適する。

問三 「同調圧力」を感じたために言ってしまった「カラスは白い」という答えは、直前の四つのうちのどれに当たるかを考える。実際には黒いはずのカラスを「白い」と答えるのは、本当はＡが長いのに「Ｂです」と答えるのと同じである。また、「そう思ってないにもかかわらず」「Ｂです」と答えたから、納得がいかないという思いが態度やしぐさに出たはずである。よって、首を傾（かし）げながら「Ｂです」と答えたと考えられる。

問四 田中さんは「首を傾げる」という動作でサインを出していた。そのサインを出すことで、「『ねえ、おかしいよねえ、それ(＝Ｂの方が長い)』って言ってくれる人を求めていた」と考えられるのである。

問五 傍線部（ぼうせんぶ）②の理由として筆者が挙げている、『君たちはどう生きるか』の中の、「また同じようなことが起こったときに、自分の気持ちを素直（すなお）に行動に表すことが少しはできるようになった、それはやはり、あの思い出のおかげだから」というコペル君のお母さんの発言と、筆者が読書による疑似（ぎじ）体験の効果としてあげている、「もし、〇〇だったら、と考えることによって、同調圧力に負けない自分をイメージすることができます。実際には思うようにいかなかったとしても、たぶん、心の準備がまるでないときよりも、マシだと思うのです」より、イが適する。

問六 傍線部③の直後の４行の内容、特に「私たちは大昔から、基本的に群れを作って生き延びてきた動物です～群れは基本的に、まとまろう、まとまろうとする傾向（けいこう）がある。まとまるためには、みんな同じなほうが、無駄（むだ）がなくていいんです」を中心にまとめる。

問七 直後の「みんなとちがっていたら、不安ではない？　みんなおなじで、みんなあんしん、っていうのが、今の日本の空気なんじゃないかと思います」が理由になっている。よって、ウが適する。

問八 最後から２番目の段落、特に「つまり、群れというのは、生きていくときに大切な、そういう温もりを供給できるものでもあるのですね」より、ウが適する。

二 問一１ 目をこらすとは、じっと見つめること。　２ きょとんとしたとは、びっくりしたり事情がのみこめなかったりして、目を見開いてぼんやりしているさま。「父さん」は、これまでの経緯（けいい）や子ネコがけがをしていることを知らない。

問二 「ふたりの顔は真剣（しんけん）そのものだ」「まったく通じない」「ちょっと落ち着けよ」などから、ふたりが、子ネコを助けようと必死になり、慌（あわ）てていて、自転車をひっくり返したまま玄関まで来たことがわかる。よって、エが適する。

問三 「おれ」は、ひとりで留守番をするという状況（じょうきょう）を、「思う存分、ゲームができるからね」と喜んでいた。一方で、「まあ、あの“チャッピー事件”みたいなことが起こらない、という前提でね」とあり、このできごとが気になっていることがわかる。傍線部②のあとも、「第二のチャッピー事件。どうしていつも、おれひとりのときに起きるんだ」とある。よって、イが適する。

問四 「おれ」は、「ふたりの三年生」に連れられて、子ネコがいる所まで来てしまった。つまり、この事件にそれなりに関わってしまった。その上「ふたりの三年生が(勇希は五年生)、祈るような目をしてこっちを見てる」。こうした状況から、「おれ」は、子ネコを助けるために、何か行動を起こさないわけにはいかなくなった。

問五　このとき「おれ」は、「今のおれは、ただ自分が情けないだけだった」と感じ、「おれがちゃんと受け止めてやれば、こんなことになってないのに。なんで、受け止められなかったんだろう」と言った。それに対するふたりの反応は、「そんなの、しかたないよ。だって、急に落ちてきたんだもん。なあ」とひとりが言うと、「もうひとりも『うん。』とうなずいた」というものだった。つまり、ふたりは「おれ」を責めることなくなぐさめた。しかし、そのなぐさめの言葉によって、かえって「おれ」の罪悪感が増したことを、傍線部④のように表現している。

問六　何もできなかった自分の無力さは、あいかわらず感じている。しかし、一時間半の手術に耐(た)えた子ネコの生命力と命の大切さに感動し、そのために献身的(けんしんてき)に働いた三人を素直(すなお)にたたえる気持ちになれた。よって、アが適する。

問七　「おれ」は、子ネコを助けるに当たって何もできず、罪悪感も感じていて、「おれには、祈ることしかできない。たのむ、父さん。たのむ」と祈っていた。そんな思いに、父さんはみごとに応えてくれた。ここまでと傍線部⑥の前後から考える。

問八　ア．子ネコを見つけてからの展開は急で、「謎解(なぞと)きのような面白(おもしろ)さ」はない。　ウ．気象の変化の描写(びょうしゃ)に、今後の話の展開をそれとなく示す効果はない。　エ．父さんは医者として「かっこいい」働きを見せるし、ガンちゃんも少し言葉が軽いだけで、りっぱに働いている。

四　「～さ」は選択肢のすべてについてことばを作ることができる。「～み」については、エ、カ、クの三つだけ。

《2023　算数　解説》

【1】

(1)　与式$=100-76\times\frac{1}{3}\div(15+4)\times21=100-76\times\frac{1}{3}\times\frac{1}{19}\times21=100-28=$**72**

(2)　与式$=\frac{3}{2}+\frac{4}{3}-\frac{4}{5}-\frac{5}{6}-\frac{6}{7}=(\frac{3}{2}+\frac{4}{3}-\frac{5}{6})-\frac{4}{5}-\frac{6}{7}=(\frac{9}{6}+\frac{8}{6}-\frac{5}{6})-\frac{4}{5}-\frac{6}{7}=2-\frac{4}{5}-\frac{6}{7}=\frac{6}{5}-\frac{6}{7}=$
$6\times(\frac{7}{35}-\frac{5}{35})=6\times\frac{2}{35}=\mathbf{\frac{12}{35}}$

【2】

(1)　与式$=\frac{73}{100}$日$=0.73$日$=(0.73\times24)$時間$=17.52$時間　　0.52時間$=(0.52\times60)$分$=31.2$分
0.2分$=(0.2\times60)$秒$=12$秒　　よって，与式$=$**17時間31分12秒**

(2)　与式より，$\frac{1}{2}-(1-\frac{50}{77})\times(\frac{1}{2}+\square)=\frac{16}{77}$　　$\frac{27}{77}\times(\frac{1}{2}+\square)=\frac{1}{2}-\frac{16}{77}$　　$\frac{1}{2}+\square=(\frac{77}{154}-\frac{32}{154})\div\frac{27}{77}$
$\square=\frac{45}{154}\times\frac{77}{27}-\frac{1}{2}=\frac{5}{6}-\frac{3}{6}=\frac{2}{6}=\mathbf{\frac{1}{3}}$

【3】

(1)　**【解き方】1から100までの整数で，1以外の整数は1とその数を約数として持つため，約数を2つ以上持つ。また，その数が1とその数以外とは異なる2数の積で表せる場合，約数の個数は少なくとも2個増えるので，4個以上になる。よって，約数が3つである数の条件は素数を2回かけてその数になることである。**
$10\times10=100$より，2回かける素数は10未満の素数であればよい。したがって，条件を満たす整数は
$2\times2=4$，$3\times3=9$，$5\times5=25$，$7\times7=49$の**4**個である。

(2)　**【解き方】おつりを⑤とすると，次郎君の持っている金額は①と表せる。**
⑤＋①＝⑥＝900(円)だから，おつりは$900\times\frac{⑤}{⑥}=750$(円)である。よって，パンの金額は$1000-750=$**250**(円)

(3)　**【解き方】アの面積と，ウとオの面積の和が等しいので，(ア＋カの面積)＝(ウ＋オ＋カの面積)である。**
ウ＋オ＋カの面積は半径$12\div2=6$(cm)の半円の面積と等しいから，$6\times6\times3.14\div2=18\times3.14$(cm²)

ウ＋オ＋カは台形だから，ＡＢ＋ＥＣ＝18×3.14×２÷12＝３×3.14＝9.42(cm)　　ＥＣ＝9.42－６＝**3.42**(cm)

⑷　**【解き方】まずは一の位と百の位の数を求め，筆算でわかるところを書いていく。**

２つの３けたの整数をかけたときの一の位が７だから，この整数の一の位と百の位の積の一の位が７である。よって，一の位と百の位の組み合わせは１と７か，３と９である。３と９だとすると，３けたの数と，百の位と一の位を入れかえた数の積が 300×900=270000 以上になるので，条件に合わない。したがって，一の位と百の位の数は１と７である。

不明なところを□として筆算を進めると右のようになる。

```
        1 □ 7
      × 7 □ 1
      -------
        1 □ 7
    □ □ □ □
  7 □ 9
  -----------
  1 2 7 0 8 7
```

このとき，２数の積の十の位は８であり，これは求める十の位の数に１をかけた数と７をかけた数の和の一の位が８であることを示す。例えば，十の位の数が８のとき，１×８＋７×８＝64 だから和の一の位は４であり，適さない。これをもとに十の位を探していくが，127087 が３の倍数ではない(各位の数の和が３の倍数ではない)ことから，もとの数も３の倍数ではないので，十の位が１，４，７となることはない。残りの数について調べると右表のようになる。

十の位の数	0	2	3	5	6	8	9
和の一の位	0	6	4	0	8	4	2

よって，十の位の数は**６**である。

⑸　**【解き方】立方体は全部で 10 個積み重ねるので，正面から見た図と真上から見た図を見比べながら，真上から見た図に積み重なっている立方体の個数を書き入れると図１のようになる。**

図１
真上から見た図

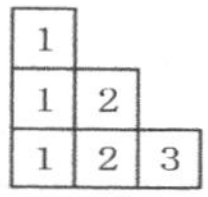

図２
右から見た図　　左から見た図

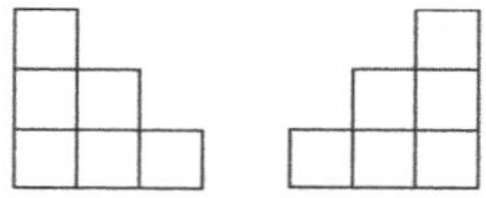

この立体の表面積は真上，真下，正面，奥，右，左から見た図形の面積の和に等しい。真下から見える図形は真上から見た図形と等しく，奥から見える図形は正面から見た図形と等しい。また，右，左から見た図形は図２のようになり，どの方向から見ても１辺の長さ１cmの正方形が６個分あるように見える。したがって，求める表面積は６×６＝**36**(cm²)である。

【４】

⑴　**【解き方】太郎君は 12 時 45 分－12 時＝45 分でＢ地点とＣ地点を往復していることに注目する。**

太郎君がＢ地点からＣ地点に向かう速さは毎時 30 km，Ｃ地点からＢ地点に向かう速さは毎時 20 kmだから，速さの比は 30：20＝３：２である。同じ道のりを進むのにかかる時間の比は，速さの比の逆比になるから，太郎君がＢ地点からＣ地点に向かうのにかかる時間とＣ地点からＢ地点に向かうのにかかる時間の比は２：３である。

よって，太郎君は $45\times\frac{2}{2+3}$＝18(分)でＢ地点からＣ地点まで移動したので，求める時刻は 12 時 **18** 分である。

⑵　**【解き方】進んだ道のりは進む速さに比例することを利用する。**

Ｂ地点からＣ地点までの道のりは，$20\times\frac{18}{60}$＝９(km)である。次郎君の進む速さは毎時５kmだから，12 時にＢ地点から $9+5\times\frac{18}{60}$＝10.5(km)離(はな)れたところにいる。太郎君がＡ地点からＢ地点に向かう速さは毎時 20 kmだから，12 時までに次郎君の進んだ道のりを①とすると，太郎君の進んだ道のりは①×$\frac{20}{5}$＝④となる。

よって，④－①＝③＝10.5(km)だから，求める道のりは 10.5×$\frac{④}{③}$＝**14**(km)である。

【５】

⑴　**【解き方】旗は白→赤→白→赤→白→赤→白→赤→白→赤の順に並ぶ。**

隣(とな)り合う旗との間隔(かんかく)はすべて３ｍであり，間隔の数は全部で 10－１＝９(個)ある。

よって，両端(りょうはし)の旗の間隔は３×９＝**27**(ｍ)である。

⑵　**【解き方】旗は白→白→白→白→白→白→赤→赤→赤→白の順に並ぶ。**

１本目の白い旗から６本目の白い旗までの間隔は５×(６－１)＝25(ｍ)

６本目の白い旗から７本目の赤い旗までの間隔と９本目の赤い旗から10本目の白い旗までの間隔はそれぞれ３m だから，３×２＝６(m)

７本目の赤い旗から９本目の赤い旗までの間隔は２×(３－１)＝４(m)である。

よって，両端の旗の間隔は25＋６＋４＝**35**(m)である。

⑶　**【解き方】10本全て白い旗のときの両端の間隔は５×(10－１)＝45(m)である。この状態から白い旗を赤い旗に１本ずつおきかえたとき，両端の間隔が45－41＝４(m)短くなるものを選ぶ。**

白い旗１本を赤い旗１本におきかえる場合，①両端の旗２本のうち１本をおきかえるか，②両端以外の旗８本のうち１本をおきかえる方法がある。

①の場合，白－白が赤－白におきかわるので，旗の間隔は全体で５－３＝２(m)短くなる。よって，適さない。

②の場合，白－白が２つ分赤－白におきかわるので，旗の間隔は全体で(５－３)×２＝４(m)短くなる。

よって，適する。このときの赤い旗におきかえる白い旗の決め方は８通りである。

白い旗２本を赤い旗２本におきかえる場合，短くなる間隔が最も小さいのは両端の白い旗を赤い旗におきかえるときである。このとき，旗の間隔は全体で(５－３)×２＝４(m)短くなる。よって，適する。このときの赤い旗におきかえる白い旗の決め方は１通りである。

以上より，条件を満たすコインの表裏の出方は８＋１＝**９**(通り)である。

【６】

⑴　**【解き方】７の倍数で，３で割ると１余る最も小さい整数は７である。７に21(３と７の最小公倍数)を足すごとに，このような数が現れる。**

10から99までの数のうち，①と③の条件にあてはまる数は，28，49，70，91である。

このうち②にあてはまる数は，**28**，**49**である。

⑵　**【解き方】十の位の９の数，８の数，７の数，…と場合を分けて，①，②，③それぞれの条件にあてはまる数を調べていく。**

十の位が９で②にあてはまる数はないから，⑴より，①と②だけにあてはまる**91**が求める数の１つ目である。

十の位が８の数と７の数では右表のようになる。

よって，求める数の２つ目は，**79**である。

条件	十の位が８の数	十の位が７の数
①	88，85，82	70，73，76，79
②	89	78，79
③	84	70，77

【７】

⑴　**【解き方】三角形ＡＢＣ，ＤＥＦの90°以外の角に○と●の記号をおくと右図のようになるから，三角形ＧＤＣも３辺の比が３：４：５の直角三角形である。**

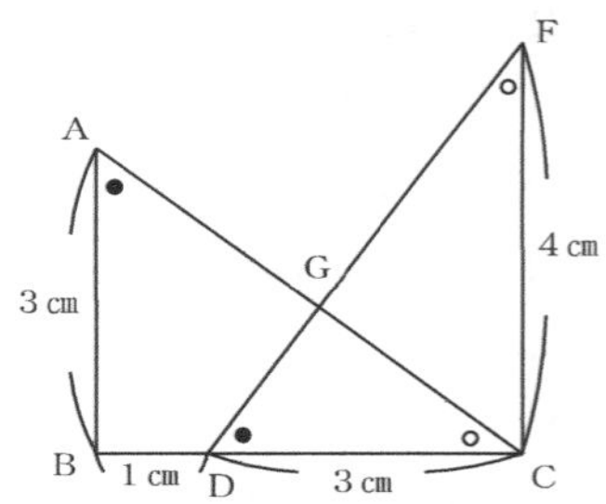

$ＧＤ＝3\times\frac{3}{5}＝\frac{9}{5}$(㎝)，$ＧＣ＝3\times\frac{4}{5}＝\frac{12}{5}$(㎝)，角ＤＧＣ＝90°だから，

三角形ＧＤＣの面積は，$\frac{9}{5}\times\frac{12}{5}\times\frac{1}{2}＝\frac{54}{25}＝\mathbf{2\frac{4}{25}}$(㎠)

⑵　**【解き方】右のように作図し，三角形ＰＣＦの面積から，三角形ＰＢＱと三角形ＦＣＲの面積を引く。三角形ＰＢＱと三角形ＰＥＦが同じ形で大きさの異なる三角形であることと，ＣＰ＝ＣＦ＝５㎝より，三角形ＣＰＦが二等辺三角形であることを利用する。**

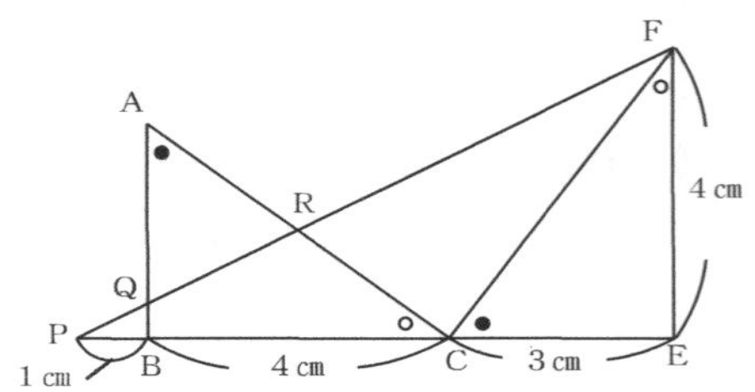

角ＣＦＰ＝角ＣＰＦで，角ＦＣＲ＝180°－○－●＝90°だから，
三角形ＦＣＲも，三角形ＰＢＱ，ＰＥＦと同じ形である。
これらの直角三角形の直角をはさむ２辺の比は，ＰＥ：ＥＦ＝８：４＝２：１だから，
$QB=1\times\frac{1}{2}=\frac{1}{2}$(cm)，$RC=5\times\frac{1}{2}=\frac{5}{2}$(cm)
よって，求める面積は，$5\times4\div2-1\times\frac{1}{2}\div2-5\times\frac{5}{2}\div2=10-\frac{1}{4}-\frac{25}{4}=\frac{7}{2}=$ **$3\frac{1}{2}$**(cm²)

《2023　理科　解説》

〔１〕

問３　アライグマ，オオクチバス，アメリカザリガニは外来種である。

問４(1)　20×0.5×0.2＝２(匹)　**(2)**　１年間の産卵数はニホンイシガメが10×２＝20(個)，ミシシッピアカミミガメが20×３＝60(個)である。卵からかえる割合と生き残り率は同じだから，ミシシッピアカミミガメが成体まで生き残る数はニホンイシガメの60÷20＝３(倍)である。　**(3)**　(2)より，ミシシッピアカミミガメはニホンイシガメよりも数が増えやすいことがわかる。ニホンイシガメは生活場所やえさをうばわれて，数が減少すると考えられる。

問５　フイリマングースが増加した理由を選ぶ。沖縄島には，ヤンバルクイナなどフイリマングースのえさとなる生物がいて，フイリマングースを食べる生物がいなかったからである。

問６　エ×…飼っていたペットを川や池に放すと，生態系のバランスがくずれる。

問７(1)　ラッコが減少すると，ラッコに食べられるウニは増加し，ウニに食べられるジャイアントケルプは減少する。その結果，枯れたジャイアントケルプは減少して，エビ・カニ，魚類，アザラシは減少する。　**(2)**　(ア)×…図５より，ラッコとアザラシの食べ物は異なる。　(イ)○…ウニへの矢印は，植物プランクトンよりもジャイアントケルプの方が太いので正しい。　(ウ)○…(1)より，ラッコが減少すると多くの生物が減少することになるので正しい。

〔２〕

問１　(ア)表１より，炭素の重さ，結びついた酸素の重さ，できた二酸化炭素の重さの比は常に一定だから，$0.8\times\frac{0.9}{0.3}=2.4$(g)となる。　(イ)表２より，水素の重さ，結びついた酸素の重さ，できた水の重さの比は常に一定だから，$0.9\times\frac{2.4}{0.8}=2.7$(g)となる。

問２　発泡スチロールはポリスチレン(ＰＳ)という種類のプラスチックでできている。

問３　1.4：4.8：4.4：1.8＝７：24：22：９

問４　問３で求めた比より，酸素96ｇと反応するＰＰは$96\times\frac{7}{24}=28$(g)だから，あと28－21＝７(g)のＰＰを燃やすことができる。

問５　オ．$0.3\times\frac{4.4}{1.1}=1.2$(g)　カ．$0.8\times\frac{4.4}{1.1}=3.2$(g)　キ，ク．表２より，水素0.2ｇと酸素1.6ｇである。

問６　問５より，ＰＰ1.4ｇにふくまれている炭素分は1.2ｇだから，ＰＰ4.9ｇにふくまれている炭素分は$1.2\times\frac{4.9}{1.4}=4.2$(g)，水素分は4.9－4.2＝0.7(g)となる。

問７　ケ，コ．表１より，二酸化炭素5.5ｇには炭素分が$0.3\times\frac{5.5}{1.1}=1.5$(g)，表２より，水0.9ｇには水素分が0.1ｇふくまれている。　サ．表１より，二酸化炭素5.5ｇができるためには，酸素が$0.8\times\frac{5.5}{1.1}=4.0$(g)，表２より，水0.9ｇができるためには，酸素が0.8ｇ必要だから，合わせて4.0＋0.8＝4.8(g)必要である。　シ．実際に結びついた酸素よりも4.8－4.0＝0.8(g)少ない。

問８(1)　問７より，酸素分はＰＥＴ2.4ｇに0.8ｇふくまれているので，ＰＥＴ21.6ｇには$0.8\times\frac{21.6}{2.4}=7.2$(g)ふくまれている。なお，ＰＰには酸素分はふくまれていない。　**(2)**　ＰＰ2.1ｇから発生する二酸化炭素は$4.4\times\frac{2.1}{1.4}=6.6$(g)，ＰＥＴ21.6ｇから発生した二酸化炭素は$5.5\times\frac{21.6}{2.4}=49.5$(g)だから，6.6＋49.5＝56.1(g)となる。

問９　発生した二酸化炭素と水が46.2：10.8＝77：18であることに着目すると，問３より，ＰＰ：二酸化炭素：

水＝７：22：９，問７より，ＰＥＴ：二酸化炭素：水＝2.4：5.5：0.9＝24：55：９となるので，これらの比を合わせると，（ＰＰ＋ＰＥＴ）：二酸化炭素：水＝（７＋24）：(22＋55)：（９＋９）＝31：77：18となる。よって，ＰＰ＋ＰＥＴ＝$46.2\times\frac{31}{77}$＝18.6(ｇ)となるので，ＰＰ＝$18.6\times\frac{7}{31}$＝4.2(ｇ)，ＰＥＴ＝18.6－4.2＝14.4(ｇ)となる。

〔３〕

Ａ問１　れき(直径２㎜以上)，砂(直径0.06㎜～２㎜)，どろ(直径0.06㎜以下)は粒(つぶ)の大きさで区別する。粒が小さいほど河口から離(はな)れたところにたい積する。

問２　図３より，付加体は海洋プレート側から大陸プレート側に向かって付け加わっていくので，図４の下にあるものほど新しいと考えられる。

問３　横から力を加えると，かたい木の板は割れるが，やわらかい紙は割れることなく曲がる。よって，たい積してあまり押し固められていない地層に横方向から押す力が加わることで，付加体は曲がると考えられる。

問４　たい積した地層に横から力が加わることで，地層が曲げられる。

Ｂ問２　津波警報が発令されたときは，短時間で海から離れて高いところへ避難(ひなん)する。

問３　ａ．48－16＝32(㎞)　ｃ．32÷４＝(秒速)８(㎞)

問４　Ｓ波は32㎞を10－２＝８(秒)で伝わったので，32÷８＝(秒速)４(㎞)となる。

問５　表の①の値を利用する。Ｐ波は16㎞を16÷８＝２(秒)で伝わるので，10時30分０秒－２秒＝10時29分58秒となる。

問６　Ｓ波は②との差64－48＝16(㎞)を16÷４＝４(秒)で伝わるので，10時30分10秒＋４秒＝10時30分14秒となる。

問７　①では震源からの距離が16㎞で小さなゆれが起こった時刻と大きなゆれが起こった時刻の差は２秒，②では震源からの距離が48㎞で小さなゆれが起こった時刻と大きなゆれが起こった時刻の差は６秒だから比例である。

問８　問７の比例の関係を利用する。$16\times\frac{15}{2}$＝120(㎞)となる。

〔４〕

問１～３　図２は電池２個が直列つなぎ，図３は電池２個が並列つなぎの回路になる。

問４　電池２個が直列つなぎの回路では，電池１個のときよりも豆電球は明るく見えるが，電池２個が並列つなぎの回路では，電池１個のときと豆電球の明るさは変わらない。

問５　図４は豆電球２個が直列つなぎの回路になる。豆電球が直列つなぎの回路では，それぞれの豆電球に流れる電流の大きさは同じになる。

問６　回路は図ⅰのようになる。回路が枝分かれしている⑤，⑥それぞれを流れる電流の大きさは同じで，④を流れる電流は⑤，⑥それぞれを流れる電流の２倍である。

問７　回路は図ⅱのようになる。⑤の方が明るく見えたので，流れる電流の大きさは⑤の方が⑥よりも大きくなる。

問８　並列部分がひとまとまりになる④を流れる電流がもっとも大きく，豆電球はもっとも明るく見える。

問９　問６より「あ」が正しく，問７より「う」が正しい。

問10　回路は図ⅲのようになる。明るい方から順に⑧＞⑨＞⑩＞⑫＞⑪＝⑬となる。

問11　解答例の回路は図ⅳのようになる。解答例以外でも，⑯はサにつなぎ，アとキ，オとケのそれぞれに豆電球(⑰か⑱)と短い導線を１つずつ組み合わせてつなげばよい。

図ⅰ

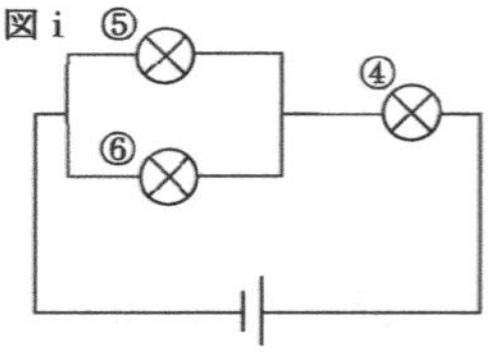

図ⅱ

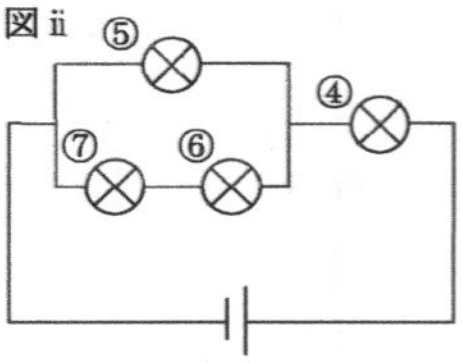

図ⅲ

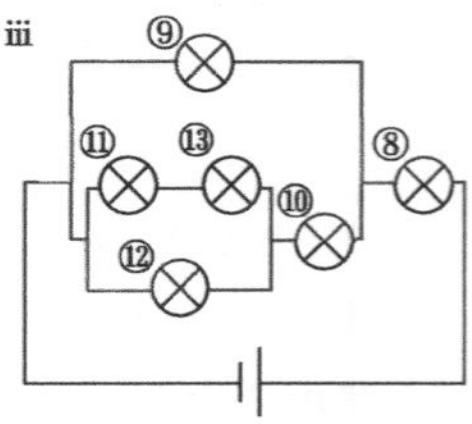

図ⅳ

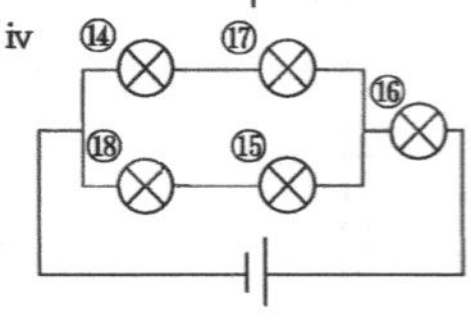

智辯学園和歌山中学校

《国　語》

一 問一．ア．有効　イ．察知　ウ．往復　エ．降格　オ．危険　問二．1．イ　2．ア　3．オ

問三．4．エ　5．ウ　問四．イ　問五．洗濯槽と脱水槽との間で何度も洗濯物を移動させる作業。／水道の栓の開け閉めを管理する作業。　問六．便利なものが当たり前にあふれるようになってしまった状きょうの中で、これまで便利だと思っていたものに対するあこがれやありがたみがなくなっているということ。　問七．すべてが自動になると、ものごとの変化の過程を見たり、変化の度合いをコントロールしたりする必要がなくなり、自らの影響を及ぼすことができなくなる場合も多くあるため、工夫する楽しさがなくなってしまうから。

問八．(例文)私も筆者の意見に賛成です。私のしゅ味はおかし作りです。自分で作ると買ったものより、あまさをひかえたり、形を考えて工夫したりできるので楽しいです。また、近所の和がし屋はおはぎや生がしなどすべて職人さんの手作りです。そのお店のあんこは絶みょうなあまさであきがきません。職人さんの味のびみょうな調整は機械では簡単にできるものではないため、私はすべてを自動化してしまうのは良くないと思います。

二 問一．a．ウ　b．ア　c．エ　問二．ア　問三．ウ　問四．イ　問五．目の前の風景の美しさに感動し、そのような感動を絵描きになって表現したいと強く願う気持ち。　問六．一人娘の「千穂」が医者を目指すのは当然だと考えている母には、絵描きになりたいという自分の強い意志を認めてもらえないと思ったから。

問七．イ　問八．ウ

三 ①厚い　②挙げる　③返す　④空ける　⑤納める　⑥現す

四 ［誤／正／意味］　①［意／以／イ］　②［我／画／ア］　③［期／機／オ］

五 ①おいしかったことです　②食べられる　③持ち前の　④母

《算　数》

【1】(1)3048　(2)$6\frac{3}{4}$

【2】(1)$\frac{11}{14}$　(2)5，36，42

【3】(1)14　(2)1　(3)126　(4)39　(5)103.62

【4】(1)125　(2)40

【5】(1)900　(2)13500　(3)10000

【6】(1)7.5　(2)5

【7】(1)$6\frac{3}{4}$　(2)$34\frac{3}{4}$　(3)$46\frac{1}{2}$

【8】(1)12　(2)106　(3)$7\frac{2}{3}$

《理　科》

〔1〕 問1．ア，ウ，オ　問2．たんぱく質　問3．イ　問4．ウ，エ　問5．い，う　問6．う
問7．38　問8．か，こ　問9．ウ　問10．(1)ア．①　イ．②　ウ．②　エ．②　(2)③

〔2〕 問1．(1)ろ過　(2)ろうと　(3)ガラス棒の先をろ紙につける。　問2．6：5　問3．(1)6　(2)5.4
問4．182.4　問5．ア．93.5　イ．566.5　ウ．51.5　問6．5.9

〔3〕 問1．比例　問2．①4.8　②3.4　問3．ウ　問4．ア　問5．10　問6．⑤80　⑥5.6
問7．E　問8．100　問9．60　問10．ア　問11．⑦ウ　⑧ア　問12．コイルAと棒磁石の距離が変わってしまう

〔4〕 問1．ア．オリオン　イ．さそり　問2．デネブ　問3．オ　問4．ア．0.5　イ．3.75　ウ．3
エ．1.5　問5．う5　問6．オ．け2　カ．け8　キ．う8　ク．う2　問7．2　問8．②
問9．遠く　問10．③

智辯学園和歌山中学校

←解答例は前のページにありますので，そちらをご覧ください。

《2022　国語　解説》

一 問三４「便利なものが増えたり便利さに慣れたりすることで、便利さの価値が相対的に下がっていく」「全自動洗濯機による洗濯は『軽減された家事』(＝便利)ではなく、『 4 』へと格下げされました」「携帯電話の普及は～固定電話を『ふつう』から『不便』に降格させました」とある。このように便利さの価値は「便利なものが増えたり便利さに慣れたりすることで」段階的に降格していく。よってエが適する。　５　直後の「よほどの風流人か、趣味的な意味合いがなければ、黒電話を使う理由はありません」とあるように、今では「懐かしい」ものとして一部の人に愛好されている。しかし「回線は、高速で巨大な情報を処理することが求められるインターネットなど現在の通信事情にも合わなくなっています」とあるように、「不便な機械」だと言える。よってウが適する。

問四　全自動洗濯機の需要数(棒グラフの色の濃い方)は、年によって増減があるが、普及率（折れ線グラフ)はずっと右上がりなので、安定して増加していると言える。よってイが適する。

問五　二槽式洗濯機と全自動洗濯機を比較した、第３段落後半の「数分ごとに洗濯物を(洗濯槽と脱水槽の間で)行き来させなければなりません」「水道の栓の開け閉めも自分で管理しなければなりません」の二つの作業を、全自動洗濯機は省くことができた。

問六　「人間が持っている『便利さ』に対する共通の心の動き(＝「便利さもやがてあたりまえのものになってしまう)」を、「夢の超特急の各駅停車化」(――部②の３行前)と同じように、象徴的に述べたもの。便利さを地形の高さで表すならば、発売直後はその便利さ(＝高さ)がきわだっていても、やがて便利なもの(＝高さのあるもの)にうめつくされると、それまできわだっていた「便利さ(＝高さ)」が目立たなくなり「平坦な大地」の一部となって、それまでいだいていたあこがれやありがたみを感じなくなってしまうということ。

問七　直後の段落に、「便利」の魅力と「味気なさ」が述べられている。「味気なさ」に重点を置いて述べられた後半を中心にまとめる。

二 問一ａ「他人さまのおうちで、たびたびごちそうになる」ことについて、千穂の母(＝美千恵)が言っている。よってウが適する。　ｂ　真奈のことを「しっかりしてほしいわ」という真奈の母親に対して、「そんなこと、ありません」と、これを打ち消す動作を、胸の内で行っている。よってアが適する。　ｃ　美千恵が、「千穂が枝から落ちたと聞いて」とんできたときのようす。まだ千穂の無事は確認されていない。よってエが適する。

問二　「『他人さまのおうちで、たびたびごちそうになるなんて、はしたないわよ。もう、やめなさい。欲しいなら買ってあげるから』母の美千恵にそう言われてから、『ベーカリーＹＡＭＡＮＯ』に寄るのをやめた」「千穂は～どんな有名店のケーキより、真奈たちとくすくす笑ったり、おしゃべりしたりしながら、口いっぱいに頬張ったパンのほうがずっとおいしい」とある。塾に行く途中で、『ベーカリーＹＡＭＡＮＯ』を通りかかった時に、焼きたてのパンの匂いをかいだことで、みんなで食べたパンのおいしさがよみがえったのだ。よってアが適する。

問三　１行前に「そこには確かな自分の意志があった」とある。その直前の真奈の告白には「パン作りの楽しさを実感し」たことと、「パンの専門学校に行きたい」という意志が語られている。よってウが適する。

問四　パン職人になりたいという夢を先に打ち明けた真奈は、親友の千穂の夢も語ってもらいたかった。直後の質問からもそれが分かる。よってイが適する。

問五　直後の「この香りを嗅ぐたびに幸せな気持ちになった～あたし、絵を描く人になりたい。理屈じゃなかった。描きたいという気持ちが突き上げてきて、千穂の胸を強く叩いたのだ。そして今も思った。描きたいなあ。今、見ている美しい風景をカンバスに写し取りたい」より、美しい風景に感動し、この感動を絵描きになって描きたいと強く願う気持ちが読み取れる。

問六　──部⑤の直後から７行後までに、千穂が母はどうせ認めてくれないと思い込んでいる理由が書かれている。

問七　大樹の緑の香りに包まれ、大樹と会話を交わすことで、母のせいにして自分の意志を伝えることから逃げていたことに気づいた。また、「自分のことを大切にしてくれている母」の本当の姿を思い出させてもらうことができた。そして、将来の夢を母に伝える勇気を与えられたことを大樹に感謝している。よってイが適する。

問八　大樹からの風景を眺めながら、優しかった母のこと、絵描きになりたいという意志を思い出すきっかけとして、風景の色彩や光線と同じ重みを持って、大樹の「緑の香り」という表現(＝「嗅覚に関わる表現」)が繰り返し用いられている。よってウが適する。

《2022　算数　解説》

【１】

⑴　与式＝77×31－48×７－77×７＋48×31＋48＝77×(31－７)＋48×(31－７)＋48＝77×24＋48×24＋48＝(77＋48)×24＋48＝125×24＋48＝3000＋48＝3048

⑵　与式＝$(\frac{80}{8}-\frac{63}{8})\times 6-5\div(\frac{4}{3}-\frac{1}{2})=\frac{17}{8}\times 6-5\div(\frac{8}{6}-\frac{3}{6})=\frac{51}{4}-5\times\frac{6}{5}=12\frac{3}{4}-6=6\frac{3}{4}$

【２】

⑴　与式より，$\frac{15}{4}\times(□\div\frac{5}{7}+\frac{12}{5})=13+\frac{1}{8}$　　$□\div\frac{5}{7}+\frac{12}{5}=13\frac{1}{8}\times\frac{4}{15}$　　$□\div\frac{5}{7}=\frac{105}{8}\times\frac{4}{15}-\frac{12}{5}$

$□\div\frac{5}{7}=\frac{7}{2}-\frac{12}{5}$　　$□\div\frac{5}{7}=\frac{35}{10}-\frac{24}{10}$　　$□=\frac{11}{10}\times\frac{5}{7}=\frac{11}{14}$

⑵　20202÷3600＝５余り 2202　　2202÷60＝36 余り 42　　よって，20202 秒＝５時間 36 分 42 秒

【３】

⑴　**【解き方】５人がけと７人がけのときの座席数の差を考える。**

７人がけの長いすに５人ずつかけると，座席数が５×(６－１)＋３＝28(席)必要になったから，初めの長いすは，28÷(７－５)＝14(脚)

⑵　**【解き方】アには２または３があてはまる。**

ア＝２のとき，一の位について，４＋イ＝12 より，イ＝８になる。

十の位について，２＋８＋１＝11 より，ウ＝１　　百の位について，２＋１＝３は成り立つ。

ア＝３のとき，一の位について，４＋イ＝13 より，イ＝９になる。

十の位について，３＋９＋１＝13 より，ウ＝３となり，アと同じになる。また，百の位について成り立たない。

よって，ア＝２，イ＝８，ウ＝１

⑶　**【解き方】同じ道のりを毎分 150mと毎分 90mで走ったときにかかる時間の比は，速さの逆比に等しく，90：150＝３：５だから，１周目に毎分 150mで走った時間を３としたとき，１周目に毎分 150mで走った道のりを，２周目に毎分 90mで走ったときの時間は５になる。**

１周目の毎分 150mで走った時間と毎分 240mで走った時間の比は１：２だから，毎分 240mで走った時間は，３×２＝６になる。１周目に毎分 240mで走った道のりを２周目に毎分 90mで走ったとき，かかる時間の比は，90：240＝３：８になるから，１周目に毎分 240mで走った道のりを，２周目に毎分 90mで走ると$6\times\frac{8}{3}=16$かか

る。よって，２周の道のりは，150×３＋240×６＋90×(５＋16)＝3780 で，かかった時間は３＋６＋５＋16＝30 だから，平均の速さは，毎分(3780÷30)ｍ＝毎分 126ｍ

⑷　**【解き方】二等辺三角形の性質と三角形の内角・外角の性質を利用する。**

三角形ＡＢＣは，ＡＣ＝ＢＣの二等辺三角形だから，角Ｂ＝角Ａ＝角アである。

三角形ＤＢＣは，ＢＤ＝ＣＤの二等辺三角形だから，角ＤＣＢ＝角Ｂ＝角アである。

三角形ＤＢＣにおいて，角ＡＤＣ＝角Ｂ＋角ＤＣＢより，角イ＝角ア＋角ア＝角ア×２

角イ＝角ウ＋15° だから，角ウ＋15° ＝角ア×２…①

また，三角形ＡＢＣにおいて，角Ａ＋角Ｂ＋角ＡＣＢ＝角ア＋角ア＋(角ア＋角ウ)＝角ア×３＋角ウは 180° になるから，角ア×３＋角ウ＝180°　①より，角ウ＝角ア×２－15° だから，角ア×３＋角ア×２－15° ＝180°

角ア×５＝180° ＋15°　角ア×５＝195°　よって，角ア＝195° ÷５＝39°

⑸　**【解き方】直線Ｌより左側の部分を 180°回転させると，右図のような立体ができる。直線Ｌより右側の部分は，左側の部分を逆さにしたものだから，右側の部分を 180°回転させても，右図を逆さにした立体ができる。**

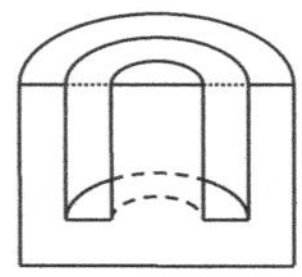

底面の半径が３㎝，高さが４＋１＝５(㎝)の円柱の体積から，半径が２㎝，高さが４㎝の円柱の体積を引き，半径が１㎝，高さが４㎝の円柱の体積を足せば，右図の立体の体積２個分になる。

よって，求める体積は，３×３×3.14×５－２×２×3.14×４＋１×１×3.14×４＝(45－16＋４)×3.14＝33×3.14＝103.62(㎤)

【４】

⑴　**【解き方】２つの買い物の例を合わせると，バナナ，いちご，みかんの個数が同じになる。**

バナナ７＋８＝15(本)，いちご３＋12＝15(個)，みかん 12＋３＝15(個)の値段の和は，935＋940＝1875(円)だから，バナナ１本といちご１個とみかん１個の値段の和は，1875÷15＝125(円)

⑵　**【解き方】⑴をふまえて，ババナ１本の値段→みかん１個の値段の順に求める。**

バナナ２本，いちご２個，みかん２個の値段の和は 125×２＝250(円)だから，バナナ１本の値段は 300－250＝50(円)になる。いちご１個とみかん１個の値段の和は，125－50＝75(円)だから，いちご３個とみかん３個の値段の和は 75×３＝225(円)である。いちご３個とみかん 12 個の値段の和は，935－50×７＝585(円)だから，みかん 12－３＝９(個)の値段の和は，585－225＝360(円)，みかん１個の値段は，360÷９＝40(円)

【５】

⑴　**【解き方】〈１〉＋〈２〉＋…＋〈９〉＝45 である。〈10〉～〈19〉までの和は１から 10 までの和に等しく 55 で，〈20〉～〈29〉までは２から 11 までの和に等しく 55＋10＝65，…となっている。**

〈90〉～〈99〉までの和は，45＋10×９＝135 だから，〈１〉～〈99〉までの和は，45 から 135 まで等間隔に並ぶ 10 個の数の和に等しく，(45＋135)×10÷２＝900

⑵　**【解き方】〈１〉と〈101〉を比べると〈101〉の方が１多い。〈２〉と〈102〉を比べても〈102〉の方が１多い。**

〈０〉を入れても和は変わらないので〈０〉を入れて考える。

〈０〉～〈99〉までの 100 個の数の和は 900 で，〈100〉～〈199〉までの 100 個の和は，900＋１×100＝1000 になる。

〈200〉～〈299〉までの 100 個の和は，900＋２×100＝1100，…と考えれば，〈900〉～〈999〉までの 100 個の和は，900＋９×100＝1800 になる。よって，〈１〉～〈999〉までの和は，900 から 1800 まで等間隔に並ぶ 10 個の数の和に等しく，(900＋1800)×10÷２＝13500

⑶　**【解き方】⑵をふまえる。**

〈1000〉～〈1999〉までの和は，13500＋1000＝14500，〈2000〉～〈2999〉までの和は 13500＋2000＝15500，

〈3000〉～〈3999〉までの和は，13500＋3000＝16500，…と考えれば，〈9000〉＋〈9999〉＝13500＋9000＝22500 になる。

〈１〉～〈9999〉までの和は，13500 から 22500 まで等間隔に並ぶ 10 個の数の和に等しく（13500＋22500）×10÷２＝180000 である。よって，和が 180001 になるのは，〈１〉から〈10000〉までを足したときである。

【６】

⑴　**【解き方】右のように作図すると，三角形ＯＡＢと三角形ＯＣＥは正三角形になる。ＯＡとＥＣは垂直に交わるので，３つの直角三角形ＯＡＣ，ＯＣＤ，ＣＡＤは，30°，60°，90°の同じ形の直角三角形になる。**

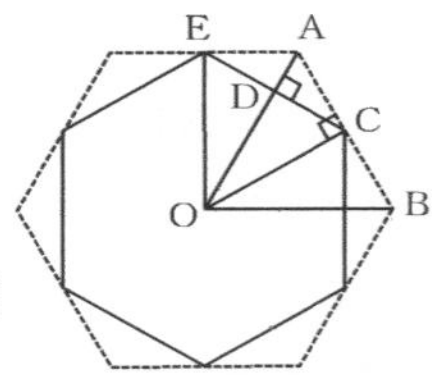

初めの正六角形の面積は，直角三角形ＯＡＣの面積の 12 倍，図１の正六角形の面積は，直角三角形ＯＣＤの面積の 12 倍だから，２つの正六角形の面積比は，２つの直角三角形ＯＡＣとＯＣＤの面積比に等しい。そこでこの２つの直角三角形の面積比を求める。30°，60°，90°の直角三角形の最も短い辺と最も長い辺の長さの比は１：２だから，直角三角形ＣＡＤにおいて，ＡＤ＝１とおくとＡＣ＝２と表せる。直角三角形ＯＡＣにおいて，ＯＡ＝ＡＣ×２＝４と表せるから，ＯＤ＝ＯＡ－ＡＤ＝４－１＝３になる。三角形ＯＡＣと三角形ＯＣＤは，底辺をＯＡ，ＯＤとしたときの高さが等しいから，面積比は底辺の長さの比に等しく，ＯＡ：ＯＤ＝４：３になる。よって，操作を１回行ってできた正六角形の面積は，

$10\times\frac{3}{4}=7.5$（㎠）

⑵　**【解き方】⑴より，操作を１回行うごとに，面積は$\frac{3}{4}$倍されていくことがわかる。**

$\frac{3}{4}$を何回かけると，$\frac{3}{10}=0.3$ より小さくなるかを調べる。$\frac{3}{4}\times\frac{3}{4}=\frac{9}{16}=0.5\cdots$，$\frac{3}{4}\times\frac{3}{4}\times\frac{3}{4}=\frac{27}{64}=0.4\cdots$，

$\frac{3}{4}\times\frac{3}{4}\times\frac{3}{4}\times\frac{3}{4}=\frac{81}{256}=0.31\cdots$，$\frac{3}{4}\times\frac{3}{4}\times\frac{3}{4}\times\frac{3}{4}\times\frac{3}{4}=\frac{243}{1024}=0.2\cdots$となるから，操作を５回行ったときに３㎠より小さくなる。

【７】

⑴　**【解き方】右図のように記号をおいて，色をつけた部分の面積を求める。**

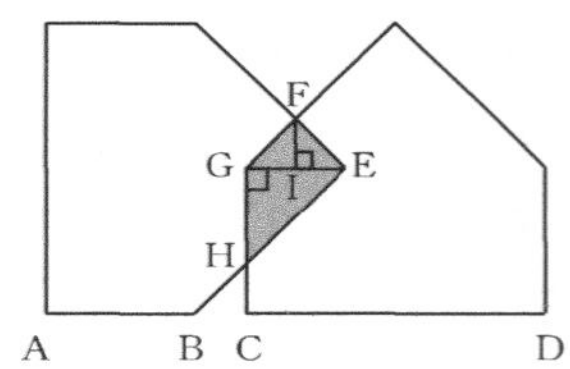

三角形ＧＨＥと三角形ＦＧＥはどちらも直角二等辺三角形になるから，Ｆから

ＧＥに垂直なＦＩを引いてできた三角形ＩＥＦも直角二等辺三角形になる。

ＧＨ＝ＧＥ＝１×３＝３（㎝）だから，ＦＩ＝ＥＩ＝３÷２＝$\frac{3}{2}$（㎝）になる。

よって，色をつけた部分の面積は，$3\times3\div2+3\times\frac{3}{2}\div2=\frac{27}{4}=6\frac{3}{4}$（㎠）

⑵　**【解き方】⑴と同様にして，色をつけた部分の面積を求める。**

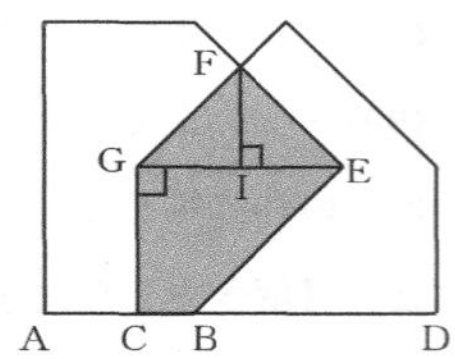

ＧＥ＝１×７＝７（㎝），ＦＩ＝ＥＩ＝７÷２＝$\frac{7}{2}$（㎝）になる。

また，ＢＣ＝１×７－５＝２（㎝），ＣＧ＝５㎝だから，求める面積は，

$(2+7)\times5\div2+7\times\frac{7}{2}\div2=\frac{45}{2}+\frac{49}{4}=22\frac{2}{4}+12\frac{1}{4}=34\frac{3}{4}$（㎠）

⑶　**【解き方】重なる部分の図形が複雑なので，紙①の面積から，三角形ＤＬＢと台形ＧＣＡＪの面積を引いて求める。**

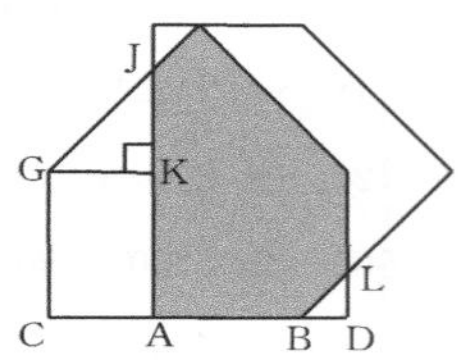

紙①の面積は，10×10－（５×５÷２）×２＝75（㎠）

ＢＤ＝５＋10－１×14＝１（㎝），ＣＡ＝１×14－５－５＝４（㎝）

三角形ＫＪＧは，ＪＫ＝ＧＫの直角二等辺三角形で，四角形ＧＣＡＫは長方形だから，

ＡＫ＝ＣＧ＝５㎝，ＪＫ＝ＧＫ＝ＣＡ＝４㎝，ＪＡ＝４＋５＝９(㎝)である。

また，三角形ＤＬＢはＬＤ＝ＢＤ＝１㎝の直角二等辺三角形だから，求める面積は，

$75-(5+9)\times 4\div 2-1\times 1\div 2=75-28-\frac{1}{2}=47-\frac{1}{2}=46\frac{1}{2}$(㎠)

【８】

⑴　**【解き方】右のように作図すると，三角形ＥＨＩと三角形ＦＧＩの面積が等しいので，これらに三角形ＩＥＦの面積を加えた，三角形ＨＥＦと三角形ＧＥＦの面積も等しくなり，ＥＦとＨＧが平行であることがわかる。**

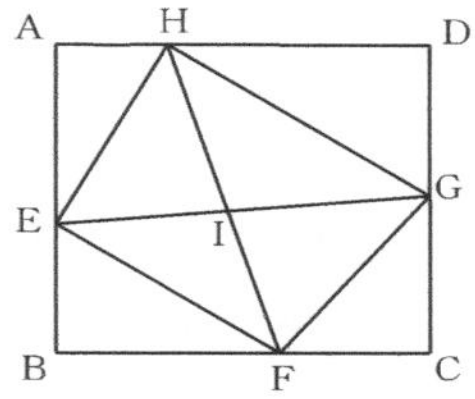

三角形ＥＢＦと三角形ＧＤＨは，同じ形の直角三角形になり，対応する辺の長さの比は，ＢＥ：ＤＧ＝６：８＝３：４になる。したがって，ＢＦ＝③とおくと，

ＤＨ＝④と表せ，ＢＣ＝③＋８(㎝)，ＡＤ＝４＋④(㎝)で，ＢＣ＝ＡＤだから，④－③＝①が８－４＝４(㎝)にあたる。よって，ＢＦ＝４×３＝12(㎝)

⑵　**【解き方】⑴をふまえ，三角形ＩＥＦ，三角形ＥＢＦの面積をそれぞれ求める。**

⑴より，ＥＦとＨＧが平行だから，三角形ＩＥＦと三角形ＩＧＨは同じ形の三角形であり，対応する辺の長さの比は，ＩＦ：ＩＨ＝ＥＦ：ＧＨである。三角形ＥＢＦと三角形ＧＤＨが同じ形の三角形で，ＥＦ：ＧＨ＝３：４だから，ＩＦ：ＩＨ＝３：４である。高さの等しい三角形の面積比は，底辺の長さの比に等しいから，

三角形ＩＥＦと三角形ＥＨＩの面積比は，ＩＦ：ＩＨ＝３：４，三角形ＩＥＦの面積は，$40\times\frac{3}{4}=30$(㎠)である。

三角形ＥＢＦの面積は，$12\times 6\div 2=36$(㎠)だから，四角形ＢＦＧＥの面積は，$36+30+40=106$(㎠)

⑶　**【解き方】右のように，ＨＧの延長とＢＣの延長の交わる点をＪとし，ＥとＪを結ぶ。**

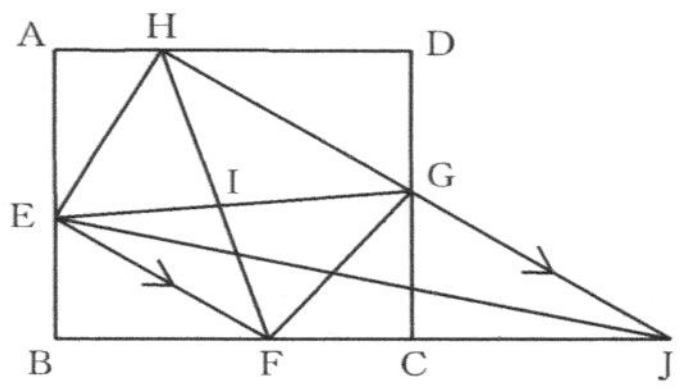

ＥＦとＧＪは平行だから，三角形ＪＥＦの面積は，三角形ＧＥＦの面積と等しいので，三角形ＥＢＪの面積は，四角形ＢＦＧＥの面積に等しく

106㎠である。ＢＥ＝６㎝だから，ＢＪ＝$106\times 2\div 6=\frac{106}{3}$(㎝)である。

ＢＣ＝12＋８＝20(㎝)だから，ＣＪ＝$\frac{106}{3}-20=\frac{46}{3}$(㎝)である。三角形ＥＢＦと三角形ＧＣＪは同じ形の直角三角形で，直角をはさむ２辺の長さの比はＢＥ：ＢＦ＝６：12＝１：２だから，ＣＧ：ＣＪも１：２になる。

よって，ＣＧ＝ＣＪ÷２＝$\frac{46}{3}\div 2=\frac{23}{3}=7\frac{2}{3}$(㎝)

《2022　理科　解説》

〔１〕

問１　(イ)はそばの実から，(エ)は魚から作られる。

問３　アは根・茎・葉になる部分，イは子葉である。子葉には発芽に必要な養分が含(ふく)まれている。

問４　インゲンマメやダイズの種子が発芽するのに必要な条件は，水と空気と適当な温度である。

問５　(あ)は水，(え)と(お)は空気が不足しているため，発芽しない。

問６　発芽したダイズに光を当てずに育てると，もやしになる。

問７　50×0.76＝38(個)

問８　温度が25℃で，日光を当ててよく発芽したのは(か)だから，(か)を日光の条件だけが異なる(こ)と比べればよい。このように調べたい条件だけを変えて行う実験を対照実験という。

問９　レタスの種子は養分をたくわえる部分(図１のイの部分)が小さい，つまり，種子が小さいと考えられる。

問10(1)　(ア)．(し)～(せ)では，A光を当てた(す)だけ発芽率が高い。　(イ)．(そ)と(た)では，どちらにもA光とB光を3時間ずつ当てているが，A光→B光の順に当てた(た)の発芽率は，B光→A光の順に当てた(そ)よりも低い。　(ウ)．発芽率が低い(せ)・(た)・(つ)では，最後にB光を当てている。　(エ)．(て)は最後にA光を当てているので，(す)・(そ)・(ち)と同様に，発芽率が高くなると考えられる。　**(2)**　(1)より，最後にA光に当てると発芽率が高くなるが，A光に当ててもその後B光に当てると発芽率が低くなることから考える。

〔2〕

問2　ミョウバンの水和物12.1gに含まれるミョウバンが6.6g，水が12.1－6.6＝5.5(g)だから，重さの比は，6.6：5.5＝6：5である。

問3(1)　$11\times\frac{6}{6+5}=6$(g)　**(2)**　$\frac{6}{11+100}\times100=5.40\cdots\rightarrow5.4$%

問4　4.8%のミョウバンの水溶液(すいようえき)200gに含まれるミョウバン(溶(と)かしたミョウバンの水和物に含まれるミョウバン)の重さは，200×0.048＝9.6(g)だから，溶かしたミョウバンの水和物の重さは$9.6\times\frac{6+5}{6}=17.6$(g)である。ミョウバンの水溶液の全体の重さが200gだから，はじめに用意した水は，200－17.6＝182.4(g)である。

問5　ア．同じ温度では，溶けるミョウバンの量は溶かす水の量に比例するから，50℃の水550gに溶ける最大の粉のミョウバンは$17\times\frac{550}{100}=93.5$(g)である。　イ．つくったミョウバンの飽和(ほうわ)水溶液の全体の重さは，550＋93.5＝643.5(g)だから，ミョウバンの水和物77gを取り出した後の水溶液の重さは，643.5－77＝566.5(g)である。ウ．取り出したミョウバンの水和物77gに含まれるミョウバンの重さは，$77\times\frac{6}{6+5}=42$(g)だから，水溶液中に溶けている粉のミョウバンの重さは，93.5－42＝51.5(g)である。

問6　60℃の水440gに溶ける最大の粉のミョウバンは$25\times\frac{440}{100}=110$(g)だから，つくった飽和水溶液の全体の重さは440＋110＝550(g)である。20℃に冷やしたとき，159.5gのミョウバンの水和物を取り出したから，このときの水溶液の全体の重さは550－159.5＝390.5(g)である。また，取り出したミョウバンの水和物に含まれるミョウバンは$159.5\times\frac{6}{6+5}=87$(g)だから，20℃に冷やした水溶液に含まれる粉のミョウバンは110－87＝23(g)である。よって，20℃に冷やした水溶液の濃度は，$\frac{23}{390.5}\times100=5.88\cdots\rightarrow5.9$%である。

〔3〕

問1　おもりの重さが10g増えるごとに，ばねの長さが0.2cmずつ長くなる。

問2　①30gのときよりばねの長さが0.2cm長くなって4.8cmになる。　②おもりの重さが10g増えるごとに，ばねの長さが0.2cm短くなるから，20gのときよりばねの長さが0.2cm短くなって3.4cmになる。

問3　図4のコイルの下の方位磁針の針の向きから，コイルの下がN極になっているとわかる。よって，コイルの上はS極だから，方位磁針のN極が引きつけられて(ウ)のようになる。

問4　コイルBはコイルAと巻き方が反対だから，図5のコイルの下がS極になり，方位磁針のN極が引きつけられて(ア)のようになる。

問5　棒を左右にかたむけるはたらき〔おもりの重さ(g)×支点からの距離(きょり)(cm)〕が等しいとき，棒は水平になる。棒を左にかたむけるはたらきが20×20＝400だから，40gのおもりが棒を右にかたむけるはたらきも400になるように，点Oから400÷40＝10(cm)の位置につるせばよい。

問6　⑤問5と同様に考えて，400÷5＝80(g)となる。　⑥表1より，ばねを引く力を80gにすると，おもりの重さが50gのときよりばねの長さが0.6cm長くなって5.6cmになる。

問7　コイルに流れる電流が大きくなると，より強い電磁石になる。また，表3より，電流の大きさを大きくすると，点Oと点Cの距離が長くなる(棒を左にかたむけるはたらきが大きくなる)から，電磁石が棒磁石のS極を引きつける力が強くなると考えられる。つまり，図８のコイルＡの上がＮ極になっていて，コイルの巻く向きが同じ図４と比べると電流の向きが逆向きだとわかるから，Ｄが－たんし，Ｅが＋たんしである。

問８　200ｇのおもりが棒を左にかたむけるはたらきが200×10＝2000だから，2000÷20＝100（ｇ分）である。

問９，10　表３より，電流の大きさが50mA大きくなるごとに，点Ｏと点Ｃの距離が２cmずつ長くなる（比例の関係にある）から，電流を流さない（０mA）ときの点Ｏと点Ｃの距離は，100mAのときより４cm短い６cmになると考えられる。このとき，200ｇのおもりが棒を左にかたむけるはたらきは200×６＝1200だから，棒磁石の重さは1200÷20＝60（ｇ）である。

問11　⑦何もつけていないときのばねの長さが４cmだから，電流の大きさを150mAにしたときのばねにはたらく力の合計は０ｇになっている。よって，棒磁石の重さと電磁石が棒磁石を押す力の大きさが同じであると考えられる。⑧問７解説より，電流の大きさを大きくすると，より強い電磁石になるから，棒磁石を押す力も強くなる。

〔４〕

問１　ウははくちょう座，エはこと座，オはカシオペヤ座である。

問２　はくちょう座のデネブ，こと座のベガ，わし座のアルタイルを結んでできる三角形を夏の大三角という。

問３　オの他に，北斗七星もよく使われる。

問４　イ．５－1.25＝3.75（m）　ウ．3.75÷1.25＝３（倍）　エ．0.5×３＝1.5（m）

問５　図５で，ピンポン玉・「Ｃ２」・「Ｃ３」を頂点とする三角形と，ピンポン玉・「か５」・「か２」を頂点とする三角形は同じ形で，対応する辺の長さの比が１：３である。この関係は，カメラの位置が変わっても成り立つ。図３と図４で，カメラの位置とピンポン玉があるように見える位置は中心を基準にして上下左右が入れかわることに注意すると，図４で「Ｄ２」は「Ｃ２」の１つ下にあるから，図３でピンポン玉があるように見える位置は「か５」の３つ上の「う５」になる。

問６　問５と同様に，「か５」からピンポン玉があるように見える位置までの距離が，「Ｃ２」からカメラの位置までの距離の３倍であり，中心を基準にして上下左右を入れかえた点を選べばよい。

問７　「Ｅ１」は「Ｃ２」から下に１m，左に0.5mにあり，「う６」と「う７」の真ん中の位置は「か５」から上に1.5m，右に0.75mにある。よって，「Ｃ２」から「Ｅ１」のまでの距離と，「か５」から「う６」と「う７」の真ん中の位置までの距離の比は，１：1.5（＝0.5：0.75）＝２：３だから，ピンポン玉から「Ｃ２」までの距離とピンポン玉から「か５」までの距離の比も２：３であり，棒の長さは，$5\times\frac{2}{2+3}=2$（m）となる。

問９　問８でピンポン玉を天井から0.5mの位置につるしたときと同じように，星Ｆ以外の星座Ｇに含まれる星は見ている人から非常に遠くにあるため並び方が変わらないと考えられる。

問10　問６より，図４でカメラの位置が反時計回りに移動すると，図３でピンポン玉があるように見える位置も反時計回りに移動する。ただし，図３を星空と考える場合，図５の立方体の部屋の中から図３の裏側を見ることになるので，動いて見える向きは時計回りになる。よって，図８では，星Ｆ側から見て地球が反時計回りに移動しているから，地球から見た星Ｆは時計回りに移動して見える。

智辯学園和歌山中学校

《国　語》

一 問一．ア．耕　イ．貧相　ウ．街路樹　エ．調査　オ．平均　問二．1．エ　2．ア　3．ウ
問三．エ　問四．A．(代掻き・)田植え　B．雄の蛙が求愛のために鳴き始める　C．稲の葉先から蒸散した多量の水分が空気を冷やす(下線部は風でもよい)　問五．四季折々の自然とは、生きものの出現や移ろいの原因を突きとめようとするようなものではなく、それを意識しないであるがままに感じて楽しむものだから。〔別解〕自然とはあるがままに感じるものであり、自然現象が発生した原因を突きとめようとすれば、自然なままの姿を楽しむことはできないから。　問六．(例文)私は、学校の帰り道に、足を止めて夕焼け空をながめたことがありました。その日、部活動でうまくいかないことがあって、重い気分のまま歩いていたのですが、あまりの美しさに、しばらく見とれていました。すると、その日のいやなことを忘れて、もう一回一生けん命やればなんとかなる、と思えたのです。自然の美しさは、それをあるがままに感じるだけで、心をいやす効果があるのだと、その時気づきました。

二 問一．a．イ　b．ウ　問二．ウ　問三．ア　問四．エ　問五．これまでとは様子が違って、自分のやったことをおそれずに追きゅうしてくる啓太の姿勢に気おされて動ようしたが、チャイムが鳴って、これ以上追きゅうされずにすんだので一安心している。　問六．立ち向かおうとする強い決意はある反面、要求に従わなかったことを責めてくるに違いないと思っていた「松谷」が全く動かないのが不気味で、きょうふ心と緊張感が頂点に達している。　問七．イ　問八．エ

三 ①天　②期　③殺

四 ①イ　②ア　③エ

五 ①わらう　意味…エ　②かける　意味…イ　③あかす　意味…ア

《算　数》

【1】(1)99900　(2)49.8

【2】(1)$\frac{3}{14}$　(2)16，48

【3】(1)12　(2)男子…12　女子…8　(3)72　(4)73　(5)53

【4】(1)6　(2)15

【5】(1)48　(2)142

【6】(1)120　(2)400

【7】(1)30　(2)40　(3)10

【8】(1)8　(2)2，12，15，64　(3)65

《理　科》

〔1〕 問1．(1)ア．食道　イ．肝臓　ウ．大腸　エ．肺　オ．胃　カ．小腸　(2)消化管　(3)①ア　②オ　③カ　④ウ　(4)イ　問2．(1)×　(2)○　(3)×　問3．(1)ア　(2)イ　問4．ア．②　イ．①　ウ．②
問5．記号…ウ　理由…強火で加熱したことでサツマイモ中のアミラーゼがはたらかなくなり，デンプンが変化しなくなるから。

〔2〕 A．問1．(1)酸素　(2)イ　(3)イ　問2．(1)二酸化炭素　(2)イ，エ　(3)エ　問3．(1)ウ　(2)出てきた固体が高温で飛び散ることがあるから。　B．問1．26.5　問2．食塩　問3．あ．イ　い．エ　問4．オ

〔3〕 問1．(1)ウ　(2)エ　問2．きれいな夕焼けが見えるということは西の空が晴れているということで，天気は西から東へ変化するため。　問3．あ．17.3　い．14　う．3.8　問4．25　問5．え．18　お．14　か．34　問6．き．15.4　く．50.7　け．32.3　問7．イ

〔4〕 問1．ウ　問2．10　問3．①0.3　②2　問4．10.8　問5．速さ…2.4　距離…28.8
問6．24.8　問7．最小…6.5　最大…10

←解答例は前のページにありますので，そちらをご覧ください。

《2021　国語　解説》

一　**問三**　第１段落に「道を歩いているときに、ふと道端の小さな花に目がとまることがあります」「ほとんどが見慣れた草で、ありふれた草です」「そこで立ち止まることもなく、そのまま通り過ぎていきます」とある。よってエが適する。

問四Ａ　―― 部②の３～５行後に「代掻き・田植えが終わると～卵からお玉杓子が生まれ育つための条件が整う」とある。　**Ｂ**　「蛙の鳴き声が、ある日突然に村中に響き渡るようになる」理由として、―― 部②の２行後に「鳴いているのは雄の蛙で、求愛の声なのです」とある。　**Ｃ**　「田んぼでの仕事が涼しい」理由として ―― 部③の段落の２～３段落後に、「稲のすべての葉先に、水滴が現れます」「水滴が昼間は蒸発して、風を冷やしている」などとある。

問五　必ず用いるように指定された「あるがまま」という言葉が、―― 部③の段落の直前の段落にあることに着目する。「身近な自然というのは～移ろいの原因を突きとめようとするようなものではありません。自然にあるがままでいいのです」とある。また、最後の段落に「生きものに目を向けることは気持ちのいいものです。しかし、その出現の原因を問い詰めたりはしません。そんな意識が持ち上がったりしたら、自然は楽しむことができません。自然は、自然なまま(＝あるがまま)に感じて身を任せて、離れるとすぐに忘れていくものです」とあり、これが ―― 部④の「それ」が直接指している内容である。これらの下線部を中心にまとめる。

二　**問二**　啓太が「トシ、(松谷にせびられた)お金持ってきたの？」と「僕」に訊き、僕は「……持ってきてない」と答えた。それだけで、啓太は「ガッツポーズを小さくつくってくれた」。つまり、いちいち言葉で確かめ合わなくても、「僕」が松谷にお金をせびられ続けるつもりはないこと、クロちゃんにしたことを後悔し、忘れないでいなければいけないという思いを分かっているということだ。ガッツポーズは、そのためにお互いに力になろうという啓太の気持ちが表れている。よってウが適する。

問三　―― 部②の直後の啓太の言葉「クロちゃんのこと、思いっきり後悔してるし、反省もしてる～忘れるのってひきょうだな、って」より、アが適する。啓太は、苦しいことから逃げないで、自分のしてしまったことに責任を持つ覚悟である。

問四　「松谷が、(「僕」に)こっちに来いよ、とにやにや笑いながら手招いていた」。啓太が「オレも一緒に行くよ」と言ったが、「僕」は首を横に振ってそれを断っている。これは「僕」の「怖い。でも、負けるわけにはいかない」という気持ちの表れである。よってエが適する。

問五　「松谷の言葉にかまわず、啓太は言った」「静かな口調だった。でも、声はまっすぐに松谷に向かっていた」「啓太が『トシは関係ないだろ』と言ってくれた。冷静な声だった。表情にも松谷におびえた様子はないし、敵意をむき出しにしているわけでもない」「啓太の表情は変わらない。松谷をまっすぐ見つめ、『なんで？』と訊いた」などから、啓太の決意と真剣な姿勢が読み取れる。それに対して松谷の様子は、「笑う前に一瞬ひるんだ顔になった～とぼけた笑い声も、さっきとは違ってうわずっていた」とあるように、今までとは違う毅然とした態度の啓太に気おされて動ようしているのが読み取れる。チャイムが鳴って安心したのは啓太ではなく、むしろ松谷の方である。

問六　―― 部⑤の段落の１～３段落前に、松谷の様子と「僕」の気持ちが描かれている。「心の半分には」、松谷に

「来るなら来い」と立ち向かおうとする「強い僕」がいる。しかし、「残り半分には～弱い僕が～ずっと、そこに居座っている」ことを認めている。「松谷は動かない」「給食の時間にも、松谷の動きはなかった」とあるように、動かない松谷がかえって不気味である。「僕」は、きょうふ心と緊張感が頂点に達しているため、給食のパンの感触や、スープの味がいつもとは違って感じられている。

問七　「母をこれ以上悲しませたくない」「いじめなんて絶対にゆるせないと思っていた自分に戻りたい」「子どもの頃のように助けを求めるためではなく、だいじょうぶだよ、怖くないよ、と安心させるために、僕は母を呼ぶ～お母さん、僕はもう、負けない」などから、「母に胸を張れたころの自分を取り戻すためにも、今度こそは『松谷』に屈せず立ち向かおうと再び決意している」ことが分かる。よってイが適する。

問八　ア．現在のできごとの途中に、過去のできごとが回想する形で出てくるが、「僕」がいじめに加わっていた頃のクロちゃんに対する気持ちは描かれていないので、「『僕』の『クロちゃん』に対する気持ちの変化を印象づけている」は適さない。　イ．「様々な登場人物の視点から」が適さない。「僕」の視点で描かれている。

ウ．「『僕』の弱気で優柔不断な性格を強調」が適さない。「……」や「――」には、「僕」がためらったり思案したりして、すぐに返事をすることができない場面にも、松谷に立ち向かうために勇気を奮い立たせている間にも用いられている。「『僕』の弱気で優柔不断な性格を強調している」とは言えない。　エ．「僕」が松谷と対決する場面から、「雨や雷などの情景描写」が多く出てくる。その時々の「僕」の緊張感や心情に沿った形で描かれ、効果を高めている。　よってエが適する。

四　①　ア．「よもや」は、「まさか」「いくらなんでも」という意味で、後に「ないだろう」「まい」などの打ち消しの推量の言葉がくる。　ウ．「携帯電話が」ではなく、「携帯電話を」が正しい。　エ．「話せる」ではなく、「話す」が正しい。　よってイが適する。　②　イ．「いっさい」は、「まったく」「全然」という意味で、後に「ない」「ません」などの打ち消しの言葉がくる。　ウ．「公園には」ではなく、「公園は」が正しい。　エ．「いただいた」ではなく、「くださった」が正しい。　よってアが適する。　③　ア．「持てれなくて」ではなく、「持てなくて」が正しい。　イ．「読まさせたい」ではなく、「読ませたい」が正しい。　ウ．「入れなかった」ではなく、「入らなかった」が正しい。　よってエが適する。

《2021　算数　解説》

【1】

(1)　与式$=3\times9\times111+39\times3\times333+58\times999=3\times999+39\times999+58\times999=(3+39+58)\times999=100\times999=99900$

(2)　与式$=(3-3\times0.8)\div6+7\times(8-0.9)=(3-2.4)\div6+7\times7.1=0.6\div6+49.7=0.1+49.7=49.8$

【2】

(1)　与式より，$84\times\frac{1}{4}-84\times\square+84\times\frac{1}{84}=4$　　$21-84\times\square+1=4$　　$22-84\times\square=4$　　$84\times\square=22-4$

$\square=18\div84=\frac{3}{14}$

(2)　0.7日＝(0.7×24)時間＝16.8時間＝16時間(0.8×60)分＝16時間48分

【3】

(1)　次郎君は6分で210×6＝1260(m)進むので，次郎君が追いつくのは，太郎君が学校を出てから1260÷70＝18(分後)である。よって，次郎君は太郎君が学校を出た18－6＝12(分後)に学校を出た。

(2)　**【解き方】男子に4個ずつ，女子に6個ずつ配るのに必要なみかんの数は，100－4＝96(個)**

㋐男子に6個ずつ，女子に4個ずつ配るのに必要なみかんの数は，100＋4＝104(個)

よって，男子に配るみかんを２個増やし，女子に配るみかんを２個減らすと，配るのに必要なみかんの数は 104－96＝８(個)増える。

㋐から，男子だけにみかんを配る場合，男子に配るみかんを４個増やし，女子に配るみかんを４個減らせばよいから，配るのに必要なみかんの数は８×２＝16(個)増える。よって，男子に６＋４＝10(個)ずつ配るのに必要なみかんの数は 104＋16＝120(個)だから，男子の人数は 120÷10＝12(人)である。男子に４個ずつ配るのに必要なみかんの数は４×12＝48(個)だから，女子に６個ずつ配るのに必要なみかんの数は 96－48＝48(個)であり，女子の人数は 48÷６＝８(人)である。

⑶　**【解き方】花子さんの国語と算数の平均点は決まっているので，３教科の合計が低くなれば，理科の点数が低くなるとわかる。３教科の合計は２人とも同じ(平均が同じなので)だから，正子さんの３教科の合計が低くなる場合を考える。正子さんの算数と理科の平均は決まっているから，正子さんの国語の点数が低くなればよい。**

２人の国語の点数は同じなので，花子さんの国語の点数が一番低いときを考える。花子さんが算数で 100 点を取ったときは，花子さんの算数と国語の合計が 78×２＝156(点)なので，国語は 156－100＝56(点)となる。

このときの正子さんの３教科の合計は 86×２＋56＝228(点)だから，花子さんの理科の得点は，228－156＝72(点)

⑷　三角形ＡＣＤと三角形ＥＢＤは同じ形なので，ＡＤ：ＥＤ＝ＡＣ：ＥＢ＝２：３

よって，ＥＤ＝ＡＤ×$\frac{3}{2}$＝3.2×$\frac{3}{2}$＝4.8(cm)なので，ＡＥ＝3.2＋4.8＝８(cm)

三角形ＡＥＢはＡＢ＝ＡＥの二等辺三角形だから，角ＡＥＢ＝(180°－34°)÷２＝73°

ＡＣとＢＥは平行であり，平行線の錯角は等しいから，角ア＝角ＡＥＢ＝73°

⑸　[イ]＝[ア]＋38 だから，[ウ]＝[ア]＋[イ]＝[ア]＋[ア]＋38＝[ア]×２＋38 であり，121＝[イ]＋[ウ]＝[ア]＋38＋[ア]×２＋38＝[ア]×３＋76 となる。よって，[ア]の３倍は 121－76＝45 となるから，[ア]＝45÷３＝15 であり，[イ]＝15＋38＝53

【４】【解き方】棒が回転して印を１つつけるたびに，点は円の中心から，右図の角アだけ回転移動していることがわかる。この移動した角度の和が，360 の倍数になったとき，もとの位置にぴったり重なる。また，そこまでの移動でできた印の数は，(回転移動した角度の合計)÷(角ア)で求められる。

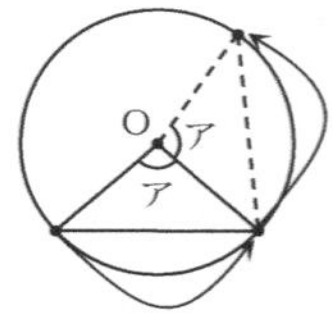

⑴　棒と円の半径を結ぶと，１辺が５cmの正三角形ができる。

よって，角ア＝60°だから，点は 360 と 60 の最小公倍数である 360°だけ回転移動してもとの位置にぴったり重なるので，できた印の数は，360÷60＝６(個)

なお，実際に移動させると，右図のようになる。

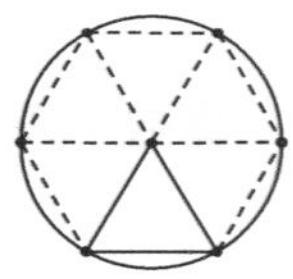

⑵　**【解き方】360 と 96 の最小公倍数を考える。**

２つの数の最小公倍数を求めるときは，右の筆算のように割り切れる数で次々に割っていき，割った数と割られた結果残った数をすべてかけあわせればよい。よって，360 と 96 の最小公倍数は，２×２×２×３×15×４＝1440 である。

```
2 ) 360  96
2 ) 180  48
2 )  90  24
3 )  45  12
     15   4
```

したがって，点は 1440°だけ回転移動してもとの位置にぴったり重なるので，できた印の数は，1440÷96＝15(個)

【５】

⑴　できる立方体は，右図のようになるので，表面に書かれている数字は，１個のサイコロに対して３か所ある(８個のサイコロすべてにいえる)。サイコロの面は１と６，２と５，３と４

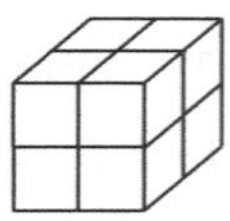

が向かい合っており，1個のサイコロに対する表面の3か所の面は向かい合っていないから，

1，2，3の数字が書かれているときが一番小さい。よって，求める数は，$(1+2+3)\times 8=48$ である。

⑵　**【解き方】1個のサイコロに対して，表面に書かれている数が1か所ある場合の最小の数は1，2か所ある場合の最小の数の和は $1+2=3$，3か所ある場合の最小の数の和は $1+2+3=6$ である。**

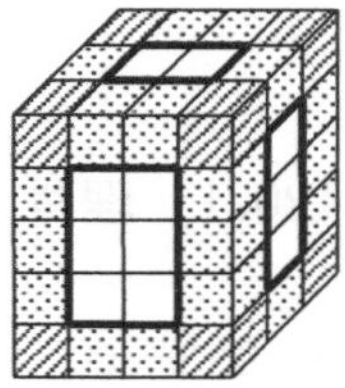

表面に書かれている数が1か所あるサイコロは，右図の太線で囲まれたサイコロであり，全部で $(2+3+6)\times 2=22$(個)ある。表面に書かれている数が2か所あるサイコロは，図の色付き部分のサイコロであり，全部で $(1+2+3)\times 4=24$(個)ある。表面に書かれている数が3か所あるサイコロは，図の斜線(しゃせん)部分のサイコロであり，全部で8個ある。

よって，求める数は，$1\times 22+3\times 24+6\times 8=22+72+48=142$

【6】

⑴　**【解き方】食塩の量に注目する。かき混ぜた後の容器A，Bの濃度(のうど)をそれぞれ②%，③%とすると，食塩水の量はかき混ぜる前と変わらないから，含(ふく)まれる食塩の量はそれぞれ，$300\times\frac{②}{100}$=⑥(g)，$800\times\frac{③}{100}$=㉔(g)となる。よって，かき混ぜたあとの容器A，Bに含まれる食塩の量の比は，⑥：㉔＝1：4である。**

かき混ぜる前も後も，含まれる食塩の量の和は $300\times\frac{6}{100}+800\times\frac{18}{100}=18+144=162$(g)である。

よって，かき混ぜた後の容器Aに含まれる食塩の量は，$162\times\frac{1}{1+4}=32.4$(g)であり，かき混ぜる前より $32.4-18=14.4$(g)多くなる。容器A，Bから食塩水を100g取り出してかき混ぜるたびに，容器Aに含まれる食塩の量は，$100\times\frac{18}{100}-100\times\frac{6}{100}=12$(g)多くなるのだから，Aから取り出した食塩水は，$100\times\frac{14.4}{12}=120$(g)

⑵　⑴をふまえる。⑴のときの容器Aの濃度は，$\frac{32.4}{300}\times 100=10.8$(%)である。容器Bに含まれる食塩の量は $162-32.4=129.6$(g)だから，濃度が10.8%になるときの食塩水の量は，$129.6\div\frac{10.8}{100}=1200$(g)

よって，加えた水の量は，$1200-800=400$(g)

【7】

⑴　5つの窓口を開けたときは，10分間で行列が $120-75=45$(人)少なくなる。よって，20分間で行列が $45\times 2=90$(人)少なくなるから，並んでいる人は $120-90=30$(人)である。

⑵　**【解き方】5つの窓口を開けたときは10分間で行列が45人少なくなり，そこから窓口を2つ増やすと，同じ10分間で行列が75人少なくなる。よって，増えた窓口2つは10分間で $75-45=30$(人)の人を通したことになるから，1つの窓口は，10分間で $30\div 2=15$(人)の人を通す。**

15人が1つの窓口でチケットを買うのにかかる時間が10分＝600秒だから，1人あたり $600\div 15=40$(秒)である。

⑶　⑵をふまえる。窓口が5つのときは10分間で行列が残り75人となるから，窓口をあと $75\div 15=5$(つ)増やせばよい。よって，求める窓口の数は，$5+5=10$

【8】

⑴　20→5→6→7→8→2→3→4→1より，8回目である。

⑵　**【解き方】1から始めて操作をさかのぼっていき，すべての場合を調べる。さかのぼる前の数が1をひくと1または4の倍数(0を含む)となる場合は㋐「その数を4倍する」(例えば1，2，5，13など)，そうでないときは㋐または㋑「その数から1をひく」ことを行う。**

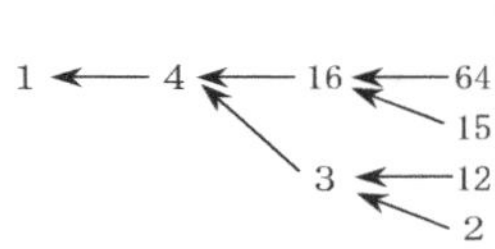

さかのぼると右図のようになり，さかのぼった後の整数はすべて異なるので，求める数は2，12，15，64である。

⑶　**【解き方】⑵をふまえる。さかのぼったときの数が100をこえないよう，なるべく多く操作をさかのぼる。操作をさかのぼる際，㋑より㋐の操作の方が，数字が大きくなり100をこえやすくなるので，㋐と㋑の操作が選べるときは，㋑の操作を行う。**

さかのぼると，1→4→3→2→8→7→6→5→20→19→18→17→68→67→66→65となり，このあとは㋐の操作で65×4＝260となり100をこえるから，求める数は65である。

《2021　理科　解説》

〔1〕

問1⑵⑶　口，食道(ア)，胃(オ)，小腸(カ)，大腸(ウ)，こう門の順につながる食べ物の通り道を消化管という。

⑷　イ○…肝臓は最大の臓器で，養分をたくわえる他に，有害な物質を無害にしたり，消化液(たんじゅう)をつくったりするはたらきをもつ。

問2　表1で，青むらさき色に変化した試験管ではアミラーゼがはたらかず，デンプンが残っている。だ液は体温に近い温度(2)で最もよくはたらき，4℃(1)や90℃(3)でははたらかない。

問3⑴　ア○…下線部①より，4℃の水で冷やしたCでは再びアミラーゼがはたらくが，90℃のお湯であたためたDではアミラーゼが二度とはたらかないと考えられる。　**⑵**　イ○…下線部②が正しくないことを示す実験を行えばよい。デンプン溶液をあたためてから冷まし，だ液を入れると，デンプンが変化することを確かめればよい。

問4　問2より，アミラーゼは4℃のような低温と90℃のような高温ではほとんどはたらかないことがわかる(アは②)。また，問3⑴より，4℃の水で冷やしたCのみ，だ液がもう一度はたらいたので，イは①，ウは②である。

問5　ウ×…100℃以上の強火で加熱すると，アミラーゼが二度とはたらかなくなるので，その後に弱火で90分間加熱しても，あまい焼きいもはできない。

〔2〕

A問1⑵　酸素はものが燃えるのを助けるはたらきをもつので，酸素の中に火のついたせんこうを入れると，炎(ほのお)をあげて激しく燃える。　**⑶**　イ○…黒色の二酸化マンガンは過酸化水素水の反応を進めるためのもの(しょくばいという)で，反応の前後で重さが変わらない。

問2⑴　炭酸飲料にとけている気体は二酸化炭素である。炭酸飲料をあたためると，とけることができる気体の量が少なくなるので，気体が出てくる。　**⑵**　イ，エ○…炭素をふくむ物質(有機物という)を燃やすと，二酸化炭素が発生する。アルミニウムやスチールウールといった金属を燃やしても二酸化炭素は発生しない。

⑶　エ○…石灰石にうすい塩酸を加えると二酸化炭素が発生する。

問3⑴　鉄をうすい塩酸に溶かすと，水素が発生し，黄色い塩化鉄という物質ができる。また，アルミニウムをうすい塩酸に溶かすと，水素が発生し，白い塩化アルミニウムという物質ができる。

B問1　〔濃さ(%)＝$\frac{\text{とけているものの重さ(g)}}{\text{水溶液の重さ(g)}}$×100〕より，$\frac{36}{100+36}$×100＝26.47…→26.5%となる。

問2　実験1で溶けきれずに残ったものはほとんどが砂糖だったことから，水の粒を奪う力は食塩の方が大きいと考えられる。

問3　あ．イ○…Cの方が水の粒を奪う力が大きいことから考える。　い．エ○…Eの方が水の粒を奪う力が大きいことから考える。

問4　オ○…実験2より，アルコールの方が食塩よりも水の粒を奪う力が大きく，実験3より，水酸化ナトリウムの方がアルコールよりも水の粒を奪う力が大きいことがわかる。

〔３〕

問１(1)　層積雲はうね雲ともよばれる。　(2)　積乱雲は入道雲，雷雲ともよばれる。

問２　夕焼けが見えるということは，西の空に雲がないということである。天気は西から東へ移り変わるので，夕方西の空に雲がないと，次の日に晴れることが多い。

問３　あ．表１より，20℃での飽和水蒸気量は 17.3ｇである。　い．空気１㎥あたり 12.1ｇの水蒸気がふくまれているので，表１より，14℃での飽和水蒸気量が 12.1ｇであることから，14℃より低くなれば雲ができる。

う．表１より，８℃での飽和水蒸気量は 8.3ｇだから，空気１㎥あたり 12.1－8.3＝3.8(ｇ)の水蒸気が水に変化する。

問４　問題文の式を利用して求める。表１より，18℃の空気の飽和水蒸気量は 15.4ｇだから，$\frac{3.85}{15.4}\times100=25$(％)となる。

問５　え．雲ができていない空気が山の斜面に沿ってのぼるとき，100ｍ高くなるごとに空気の温度は１℃ずつ低くなるので，Ｂ地点の気温は$1\times\frac{1200}{100}=12$(℃)下がって，30－12＝18(℃)となる。　お．Ｂ地点から山頂までは雲ができているので，100ｍ高くなるごとに空気の温度は 0.5℃ずつ低くなる。気温はＢ地点から山頂までの 2000－1200＝800(ｍ)で，$0.5\times\frac{800}{100}=4$(℃)下がって，18－４＝14(℃)となる。　か．雲ができていない空気が山頂からＣ地点に 2000ｍおりるとき，Ｃ地点の気温は山頂から$1\times\frac{2000}{100}=20$(℃)上がって，14＋20＝34(℃)となる。

問６　き．表１より，Ｂ地点(18℃)の飽和水蒸気量は 15.4ｇである。　く．Ｂ地点で飽和水蒸気量と空気１㎥あたりにふくまれる水蒸気量が同じになったので，Ａ地点で空気１㎥あたりにふくまれる水蒸気量は 15.4ｇである。表１より，Ａ地点(30℃)での飽和水蒸気量は 30.4ｇだから，湿度は$\frac{15.4}{30.4}\times100=50.65\cdots\rightarrow50.7$％となる。　け．山頂(14℃)での飽和水蒸気量は 12.1ｇだから，Ｃ地点での空気１㎥あたりにふくまれる水蒸気量は 12.1ｇである。Ｃ地点(34℃)での飽和水蒸気量は 37.5ｇだから，湿度は$\frac{12.1}{37.5}\times100=32.26\cdots\rightarrow32.3$％となる。

問７　イ○…Ｃ地点(気温 34℃，湿度 32.3％)はＡ地点(気温 30℃，湿度 50.7％)よりも気温は高く，湿度は低い。

〔４〕

問１　ウ○…表１～表３で，１秒あたりに減少するストーンの速さは秒速 0.1ｍで変わらない。

問２　問１解説より，ストーンの速さは１秒あたりに秒速 0.1ｍずつ減少するので，秒速１ｍのストーンが秒速０ｍになるのは１÷0.1＝10(秒後)である。

問３　手をはなしてから２秒後の速さは 0.5－0.2＝(秒速)0.3(ｍ)だから，図８の台形の面積は(0.5＋0.3)×２÷２＝0.8 となる。

問４　手をはなしてから 12 秒後の速さは 1.5－1.2＝(秒速)0.3(ｍ)だから，12 秒間に進んだ距離は台形の面積の(1.5＋0.3)×12÷２＝10.8(ｍ)となる。

問５　24 秒でストーンが止まったので，手をはなしたときのストーンの速さは 0.1×24＝(秒速)2.4(ｍ)である。また，図９より，ストーンが止まるまでに進んだ距離は三角形の面積で求められる。24×2.4÷２＝28.8(ｍ)となる。

問６　秒速 1.6ｍから秒速０ｍまでの 16 秒間の三角形の面積と秒速 1.2ｍでスイープした 10 秒間の長方形の面積を求めればよい。1.6×16÷２＋1.2×10＝24.8(ｍ)となる。

問７　秒速２ｍで手をはなし，そのまま減速すると 20 秒で止まるので，三角形の面積より，２×20÷２＝20(ｍ)進むことがわかる。図 10 より，ストーンは最小で 26.5ｍ，最大で 26.5＋3.5＝30(ｍ)進まなければならないので，最小で 26.5－20＝6.5(ｍ)，最大で 30－20＝10(ｍ)スイープしなければならない。秒速２ｍのストーンは 10 秒後に２－10×0.1＝(秒速)１(ｍ)になり，スイープするときの速さは秒速１ｍだから，(最小で)6.5ｍ進むには 6.5÷１＝6.5(秒間)，(最大で)10ｍ進むには 10÷１＝10(秒間)スイープしなければならない。

智辯学園和歌山中学校

《国　語》

一 問一．ア．利益　イ．担当　ウ．順序　エ．極力　オ．忠告　問二．a．イ　b．エ　問三．1．ウ　2．イ　3．オ　問四．親が働く気をなくすこと。　問五．イ　問六．相手の状況を詳しく調べることなく、自分が相手にしてあげたいことを一方的に行うこと。　問七．「ぼくら」は葬儀の後は、亡くなった人のことをめったに話題にすることがないが、「彼ら」は亡くなった人が生きている時と変わらずに話題にするという違い。　問八．エ　問九．ブラジルの人たちは、インフレが激しい場合、おカネではなく、モノで持つことに経済合理性があることを知って、損をしないように通貨を価値の変わらないモノに替えているのに、この経済学者はそれを理解していないから。　問十．(例文)算数の問題の答えがわからずなやんでいた友人に答えを教えてあげたことがあります。私は相手のためを思って教えたつもりだったのですが、その子にはすごくおこられました。友人は自力で解きたいと思っていたのに、私はそのじゃまをしてしまったのです。相手が本当に助けを求めているのか、きちんと見極めるべきだったと反省しました。善意がおせっかいにならないよう、相手の身になって考えることを大切にしていきたいと思います。

二 問一．a．イ　b．ウ　問二．ア　問三．クラスのみんなと一緒にいたいので、本当は引っ越したくないという思い。　問四．ウ　問五．ウ，オ　問六．エ　問七．イ　問八．署名運動もむなしく廃校になる寂しさにみんながくれている中で、市内の大きな家に引っ越す自分には関係ないと言わんばかりに笑っている無神経な「シュン」の態度に、軽蔑とともに怒りを感じているから。　問九．⑧本当のことを言えず、最後にみんなと気まずくなってしまったまま別れてしまうことが悲しくなったから。　⑨自分のことを軽蔑していると思っていたみんなが、本当はよくわかってくれていたことに感動し、改めて別れがつらくなったから。　問十．ア

三 ①点検　②感性　③成績　④覚　⑤貸

四 ［漢字／意味］　①［雨／オ］　②［帯／ア］　③［山／イ］　④［腹／エ］　⑤［福／ウ］

五 ①ウ　②イ　③ウ　④エ　⑤ア

《算　数》

【１】(1)$\frac{11}{12}$　(2)92.96

【２】(1)$1\frac{2}{3}$　(2)2200

【３】(1)76　(2)14　(3)28　(4)11，15　(5)15

【４】(1)500　(2)950

【５】(1)20.56　(2)30.84

【６】(1)16　(2)３，16

【７】(1)44　(2)78　(3)60

【８】(1)55　(2)８　(3)３，９，７，５

【９】(1)445　(2)832　(3)555

【10】(1)４　(2)315

《理　科》

〔1〕問1．480　問2．0.1　問3．0.2　問4．600　問5．1200　問6．0.2　問7．あ．200　い．200　う．400　え．100　お．150　か．150　き．300　く．300　問8．気体…360　アルミニウム…0.2　問9．150，550

〔2〕問1．(ウ)　問2．⑴溶岩　⑵(イ)　問3．(イ)　問4．⑴あ．20　い．14.4　う．12.4　え．5.8　⑵A．①　B．②　C．②　D．②　⑶(イ)　問5．1315　問6．(ウ)　問7．(イ)，(ウ)，(エ)

〔3〕問1．比例　問2．0.6　問3．あ．60　い．100　問4．⑴180　⑵(ア)　⑶b．0.2　c．2.8　問5．(ア)　問6．25　問7．260

〔4〕問1．(ウ)　問2．右図　問3．ア．②　イ．①　問4．(イ)

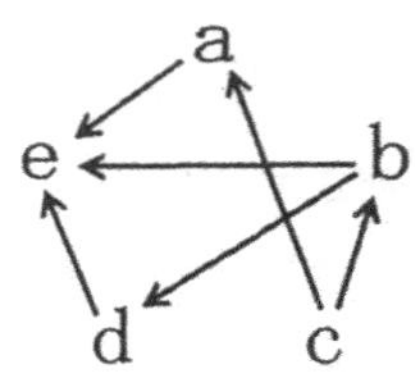

問5．(イ)　問6．コナガコマユバチの成虫がコナガの幼虫を見つけて産卵することにより，キャベツがコナガの幼虫に食べられにくくなるという利点。
問7．ア．定期的にPが放出される　イ．コナガコマユバチの成虫がキャベツ畑に集まり，コナガの幼虫に産卵する　問8．モンシロチョウの幼虫に食べられQを出すキャベツには，コナガコマユバチの成虫が集まりにくく，コナガの幼虫はコナガコマユバチの成虫に産卵されにくくなるから。

←解答例は前のページにありますので，そちらをご覧ください。

《2020 国語 解説》

一 問二a 「自分もまだ小さいのに、もっと小さな赤ん坊を抱えながら」働く子どもに対して持つ印象。「すると、どうしても買ってやりたくなる」につながるところから、推測がつく。ア・エはもっと長い時間、よく観察していないとわからないこと。ウは「ずる賢いさま」の部分は悪い印象だから、「買ってやりたくなる」につながらない。よってイが適する。　b 1992 年のブラジルのようなインフレが激しく進行している国では、「おカネで持つ時間がなるべく短いことが」合理的なのである。だから、この経済学者が「いかにも本当らしく」言った発言は、「明らかな誤り」で、「この学者は理解が乏しい」といえる。筆者は、「こうした背景に対する理解の深さが重要なのだ」ということを言うための悪い例として、この学者の発言を取り上げている。よってエが適する。

問三1 前の段落で述べたケニアの事情を受けて、それをふまえて以下のことがらを導いているので、ウの「では」が適する。　2 前の部分であげているいろいろなものを一言でまとめているので、まとめや言い換えであることを表すイの「つまり」が適する。　3 それらのものが輸出品としてはよくない理由・事情として、「『原料』しかない」に付け加えているので、付加を表すオの「しかも」が適する。

問四 前の部分、特に「ときに親は、働くのがイヤになってしまう」を指している。そうなるとその子どもは、働いて学費をかせがないと、「学校に行けなくなる」。

問五 まとめに当たる最後の３文、特に最後の１文の「そう、ボランティアの経験値は、いかに<u>相手の状態を思いやること</u>ができるか、ということなのだ」より、イが適する。

問六 そういう例として、「先進国から古着が送られ、せっかくの繊維工業がつぶれる」場合と、「大量に送られてくる中古自転車」のおかげで自転車(の修理)屋がやっていけなくなる場合をあげている。

問七 「ぼくらの文化では彼ら(＝遺族)にお悔やみを言う。そして派手に葬儀をして、その後はめったに話題にすることもなくなる」。彼らは、「もちろん悲しむのは同じだ。しかしそれ以上に悲嘆に暮れることがない。その子のことをまるで生きているときのように話題にする」。これが、ぼくらには「不思議だった」。

問八 「彼らの文化」について述べた――部④の段落を参照。特に「その人が話題に上っている間は、生きているのと同じなのだ」「誰かがおぼえていてくれる限り、肉体が滅んでいようとその人は生きているからだ」とあることからエが適する。

問九 「彼らにどうやって貯蓄するのか聞いたところ、タンスを買っておくことが多いと教えてくれた。タンスなら価値が落ちないから、他のモノが必要になったらタンスを売り払って、即座に他のモノに替えるのだそうだ」とある。つまりこの場合、「モノで持つこと」は実質的な「貯蓄」であり、経済合理性がある。かつての筆者がそうであったように、「通貨を貯めたら大損してしまう」。この経済学者はそこがわかっていない。

二 著作権に関係する弊社の都合により本文を非掲載としておりますので、解説を省略させていただきます。ご不便をおかけし申し訳ございませんが、ご了承ください。

五 ① 「ハードな練習を～取り組んだ」は不適切で、「ハードな練習に～取り組んだ」が適切。よってウが正解。
② 「さりげに」は不適切で、「さりげなく」が適切。よってイが正解。　③ 「砂漠化が進んでいる原因は私たち人間のせいだ」は不適切で、「砂漠化が進んでいる原因は私たち人間たちにある」または「砂漠化が進んでいるのは私たちのせいだ」が適切。よってウが正解。　④ 「友達と遊んだり、部屋の掃除とか」は不適切で、「友達と遊んだり、部屋の掃除をしたり」または「友達と遊ぶとか、部屋の掃除をするとか」が適切。「たり」は、動作や状態などを並列して述べる場合に「～たり、～たり」のようにくり返して用いる。「とか」は、事物や動作・作

用を例示的に並列・列挙する意を表す場合に「とか、〜とか」のようにくり返して用いる。よってエが正解。

⑤ 「木を見るより明らか」は不適切で、「火を見るより(も)明らか」が適切。「火を見るより(も)明らか」とは、きわめて明らかで、疑いを入れる余地がないという意味。よってアが正解。

《2020　算数　解説》

【1】

(1)　与式$=\frac{5}{8}-\frac{3}{16}\times 2+\frac{2}{3}=\frac{5}{8}-\frac{3}{8}+\frac{2}{3}=\frac{1}{4}+\frac{2}{3}=\frac{3}{12}+\frac{8}{12}=\frac{11}{12}$

(2)　与式$=0.28\times 175+(64-36)\times 1.57=28\times 1.75+28\times 1.57=28\times(1.75+1.57)=28\times 3.32=92.96$

【2】

(1)　与式より，$\frac{24}{11}\times(\square-\frac{3}{4})=5-3$　　$\square-\frac{3}{4}=2\times\frac{11}{24}$　　$\square-\frac{3}{4}=\frac{11}{12}$　　$\square=\frac{11}{12}+\frac{3}{4}=\frac{11}{12}+\frac{9}{12}=\frac{20}{12}=1\frac{2}{3}$

(2)　1月23日午前4時56分の1日後が1月24日午前4時56分で，その12時間後が1月24日午後4時56分である。午後4時56分から午後5時36分までは40分あるから，全部で$60\times 24+60\times 12+40=2200$(分後)になる。

【3】

(1)　道路のはじまりに木を植えてから15mまたは20mおきに木を全部で120本植えていくと考える。20mおきに木を120本植えると，道路の長さは$20\times 120=2400$(m)となり，実際より$2400-2020=380$(m)長くなる。そこで20mの間隔1つを15mにかえると，道路の長さは$20-15=5$(m)短くなるから，15mの間かくは$380\div 5=76$(か所)である。

(2)　6年前の父の年齢を④歳とすると，6年前の太郎君の年齢は①歳と表せる。10年後は6年前からみると16年後だから，太郎君は(①+16)歳，父は(④+16)歳になっている。父と太郎君の年齢差は④−①=③(歳)で，これは何年たっても変わらない。10年後の父の年齢の$\frac{1}{2}$は(④+16)$\times\frac{1}{2}$=②+8(歳)で，これが③に等しいから，③−②=①が8歳にあたる。よって，6年前の太郎君は8歳だから，今の太郎君は$8+6=14$(歳)である。

(3)　ＡＢとＣＤは平行だから，三角形ＡＢＦと平行四辺形ＡＢＣＤの底辺をともにＡＢとしたときの高さが等しくなるため，三角形ＡＢＦの面積は平行四辺形ＡＢＣＤの面積の半分に等しく，$140\div 2=70$(㎠)である。また，三角形ＡＢＥと三角形ＦＣＥは同じ形だから，ＡＥ：ＦＥ＝ＢＥ：ＣＥ＝$6:(10-6)=3:2$である。高さが等しい三角形の面積の比は底辺の長さの比に等しいから，三角形ＢＥＦの面積と三角形ＡＢＦの面積の比は，ＡＦ：ＦＥ＝$(3+2):2=5:2$になる。よって，$70\times\frac{2}{5}=28$(㎠)になる。

(4)　2人が同時に出発してから2回目にすれ違うまでに進んだ道のりの和は，ＡＢ間の3倍の長さに等しい。2人は15分間で$(160+200)\times 15=5400$(m)進んだから，ＡＢ$=5400\div 3=1800$(m)である。よって，太郎君はＡ地点からＢ地点までを，$1800\div 160=11.25$(分)，つまり，11分(60×0.25)秒=11分15秒かかる。

(5)　右のように，正方形ＡＢＣＥとなる点Ｅを作図し，点Ｄと点Ｅを結ぶと，三角形ＡＥＤは，ＡＥ＝ＡＤ，角ＥＡＤ$=90-30=60$(度)の二等辺三角形になるので，正三角形になることがわかり，ＤＥ＝ＡＥ＝ＣＥである。三角形ＥＣＤは，ＣＥ＝ＤＥ，角ＣＥＤ$=90-60=30$(度)の二等辺三角形になるから，角ＥＣＤ$=(180-30)\div 2=75$(度)である。よって，角ア$=90-75=15$(度)

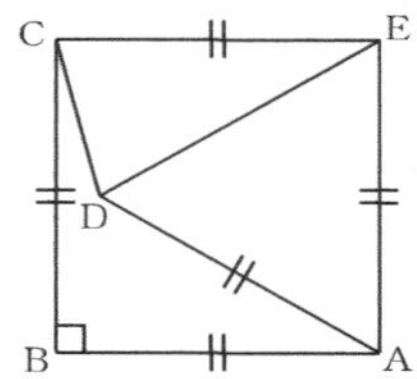

【4】

(1)　Ｂさんが初めに持っていたお金と3人の合計金額の比は$7:(12+7+2)=1:3$で，ＡさんとＢさんがＣさんに渡したあとにＢさんが持っていたお金と3人の合計金額の比は$4:(7+4+4)=4:15$だから，3人の合計金額の$\frac{1}{3}-\frac{4}{15}=\frac{1}{15}$が350円にあたる。よって，3人の合計金額は$350\div\frac{1}{15}=5250$(円)だから，初めにＣさんが

持っていたお金は，$5250\times\frac{2}{12+7+2}=500$(円)

(2)　AさんがCさんにお金を渡したあとのAさんが持っているお金は，$5250\times\frac{7}{7+4+4}=2450$(円)である。2250円の買い物をした後の3人の合計金額は$5250-2250=3000$(円)だから，最後にAさんが持っている金額は，$3000\times\frac{3}{3+1+2}=1500$(円)である。よって，Aさんがお店で使ったお金は，$2450-1500=950$(円)

【5】

(1)　右図の斜線部分の面積は，半径が2cmで中心角が90度のおうぎ形2個分の面積から1辺が2cmの正方形の面積を引いて，$2\times2\times3.14\times\frac{90}{360}\times2-2\times2=2.28$(cm²)である。

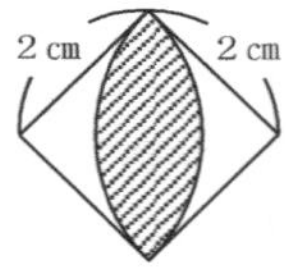

図1では，半径が2cmの2つの円が右図の斜線部分だけ重なっているから，求める面積は，半径2cmの円の面積2個分から，右図の斜線部分の面積2個分を引いて，$(2\times2\times3.14)\times2-2.28\times2=25.12-4.56=20.56$(cm²)

(2)　右図の○番号は，図形の重なっている回数を表している。求める面積は，右図の①と②の部分だから，3つの円の面積の合計から，②3個と，③の3個分の面積を引けば求められる。②を3個と③の3個分の面積の合計は，②と③の面積の和の3個分に等しく，②と③の面積の和は，(1)で求めた2.28cm²だから，求める面積は，$(2\times2\times3.14)\times3-2.28\times3=37.68-6.84=30.84$(cm²)

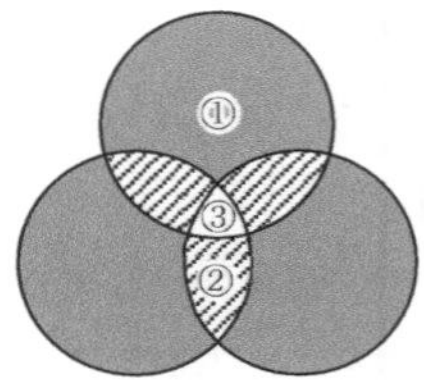

【6】

(1)　(上りの速さ)＝(静水時の船の速さ)－(川の流れの速さ)，(下りの速さ)＝(静水時の船の速さ)＋(川の流れの速さ)で，2そうの船A，Bの静水時の速さは同じだから，船AとBが進んだ距離(きょり)の和は，2そうの船が静水時に進む距離の和に等しい。2そうの船AとBが1時間で進んだ距離の和は32kmだから，静水時に2そうが進む距離の和も32kmなので，静水時の船の速さは，毎時(32÷2)km＝毎時16kmである。

(2)　2そうの船AとBの動きを右グラフに表した。tは船AがQ地点に到着した時間，sは2そうの船AとBが1往復した時間を示している。上りに1時間かかった道のりを36分で下っていることから，上りにかかる時間と下りにかかる時間の比は，60：36＝5：3で，下りに1時間＋36分＝1時間36分＝96分かかっているので，上りにかかる時間は，$96\times\frac{5}{3}=160$(分)とわかる。つまり，1往復するのに96分＋160分＝256分，つまり4時間16分かかっている。グラフを見ればわかるように，2そうの船が2回目にすれちがってから1往復するまでにかかる時間は，出発してから初めて出会うまでにかかる時間に等しく1時間なので，求める時間は4時間16分後の1時間前の3時間16分後になる。

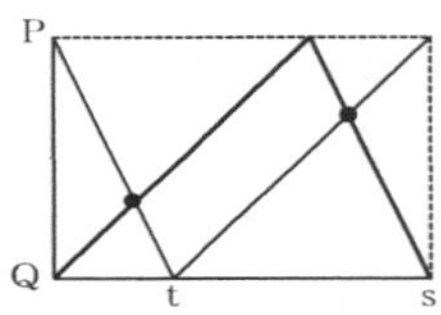

【7】

(1)　5本のテープをつなぎあわせるとつなぎ目は4か所できるから，8cmのテープ3本と12cmのテープ2本をつなぎ合わせると，$8\times3+12\times2-1\times4=44$(cm)になる。

(2)　8cmのテープをつなげ合わせたときの長さは，8cmに7cmを足していくので，7で割ると1余る長さになる。同じように考えると，12cmのテープをつなげたときの長さは，11で割ると1余る長さになる。よって，一番短いものは，7と11の最小公倍数に1を加えたものに等しい。7と11の最小公倍数は77だから，つなぎ合わせたテープの長さは77＋1＝78(cm)である。

(3)　右表は，8cmのテープと12cmのテープを追加したときに増える長さを表したものであ

追加するテープの本数(本)	1	2	3	4	5	6	7	8
8cmのテープ　(cm)	7	14	21	28	35	42	49	56
12cmのテープ　(cm)	11	22	33	44	55			

る。この表から，８枚の８cmのテープを５枚の12 cmのテープにかえると１cm短くなるから，63 cmは作れる。８cmのテープ５本を12 cmのテープ３本にかえると２cm短くなるから，62 cmも作れる。８cmのテープ２本を12 cmのテープ１本にかえると３cm短くなるから，61 cmも作れる。しかし，12 cmのテープで８cmのテープより４cm短い組み合わせを作ることができないから，初めて作れなくなるテープの長さは60 cmである。

【８】

⑴　１＋２＋…＋９＋10＝(１＋10)×10÷２＝55

⑵　Ａ＝Ｄ×２，Ｃ＝Ｅ×２，Ｂ＝13，Ａ＋Ｂ＋Ｃ＋Ｄ＋Ｅ＝55 より，(Ｄ×２)＋13＋(Ｅ×２)＋Ｄ＋Ｅ＝55　Ｄ×３＋Ｅ×３＝55－13　　(Ｄ＋Ｅ)×３＝42　　Ｄ＋Ｅ＝42÷３＝14 とわかる。Ａ＋Ｅ＝Ｄ×２＋Ｅ＝20 より，Ｄ＝20－14＝６だから，Ｅ＝14－６＝８

⑶　Ａ＝６×２＝12，Ｂ＝13，Ｃ＝８×２＝16，Ｄ＝６，Ｅ＝８である。Ａの左の数をa_1，右の数をa_2のように表すと，中央４枚は左からb_2，c_1，c_2，d_1と表せる。

A		B		C		D		E	
12		13		16		6		8	
a_1	a_2	b_1	b_2	c_1	c_2	d_1	d_2	e_1	e_2
			24						
34									

Ａ＋Ｂ＋c_1＝34 より，c_1＝34－Ａ－Ｂ＝34－12－13＝９である。c_1＋c_2＝Ｃ＝16 だから，c_2＝16－９＝７である。b_2＋９＋７＋d_1＝24 より，b_2＋d_1＝24－９－７＝８である。b_1＋b_2＝13 だから，b_2は３以上の数である。また，d_1＋d_2＝６だから，d_1は３を除く５以下の数である。以上のことから考えられる(b_2，d_1)の組み合わせは，(３，５)(６，２)がある。しかし，b_2＝６だとするとb_1＝７になり，すでに７はc_2に決まっているので条件に合わない。したがって，(b_2，d_1)＝(３，５)に決まる。よって，順に３，９，７，５である。

【９】

⑴　２×４×８＝64 より，百の位の数は４，２＋４＋８＝14 より，十の位の数は４，(２＋４＋８)÷３＝4.6…より，一の位の数は５となるから，できる整数は445 である。

⑵　ａ＋ｂ＋ｃの一の位がｂになるのは，ａ＋ｃ＝10 になるときである。条件に合う数が最も大きくなるのはａ＝９，ｃ＝１の場合だから，９×ｂ×１＝９×ｂの一の位が９になるのは，ｂ＝１の１通りである。次に大きくなるのは，ａ＝８，ｃ＝２の場合である。このとき，８×ｂ×２＝16×ｂの一の位が８になるのは，ｂ＝３とｂ＝８のときがある。よって，３番目に大きい数は832 である。

⑶　ａ＋ｃ＝10 より，ａの１～９までの値に対する(10－ａ)，ｂ，$\dfrac{10+b}{3}$の値を求めると，右表のようになる。このうち，(10－ａ)の値と$\dfrac{10+b}{3}$の値が一致（いっち）するのは，ａ＝５，ｂ＝５，ｃ＝５の場合だけだから，求める整数は555 である。

ａ	9	8		7	6		5					4		3	2		1
(10－ａ)	1	2		3	4		5					6		7	8		9
ｂ	1	3	8	7	4	9	1	3	5	7	9	1	6	3	2	7	9
$\dfrac{10+b}{3}$	4	4	6	6	5	6	4	4	5	6	6	4	5	4	4	6	6

【10】

⑴　積み重ねた積み木の切断個数の問題は，真正面から見た図と真上から見た図で数えていく。まず，真正面から見た図でＡとＣを結ぶ直線を引き，その直線が横線と交わる点に印をつける。その点を真上から見た図の同じ位置に印をつける。ＡＢを結び，ＡＢと平行な線を，先ほどつけた印からそれぞれ引く。あとは，それぞれの段の区切られた図形の個数を数える。右の真上から見た図で，下から２段目で切断された直方体は３個，一番下の段で切断された直方体は１個だから，切断される積み木は全部で３＋１＝４(個)である。

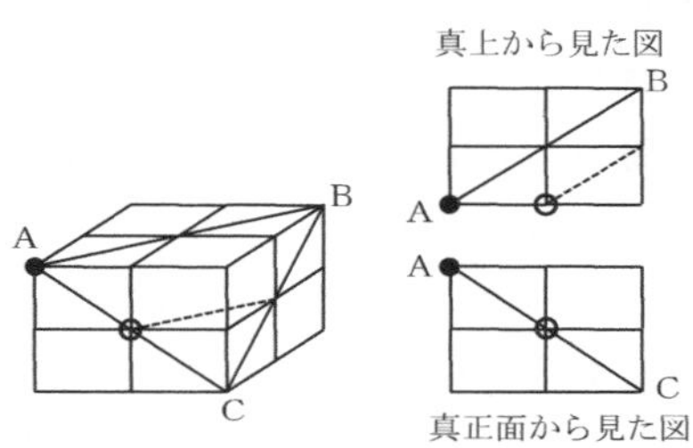

⑵　図３を真上から見ると右図のように見える。切断の仕方は⑴と同じだから，切断される段が増えただけである。また，穴があいている部分に注意する。⑴より，１段

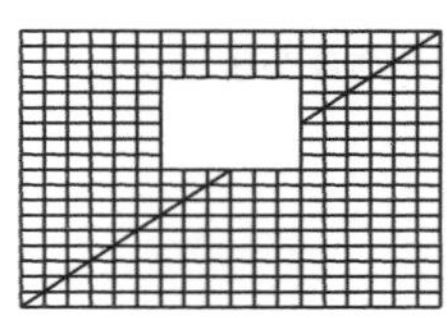

増えるごとに切断される直方体は２個ずつ増えていくことがわかる。図３には積み木が 36÷２＝18(段)積まれているから，穴があいていなければ，１個から２個ずつ増えて１＋(18－１)×２＝35(個)までの（１＋35)×18÷２＝324(個)になる。穴があいていることで，上から３段分の部分がなくなることから，全部で 324－(１＋３＋５)＝315(個)になる。

《2020　理科　解説》

［１］

問１　表１より，アルミニウムの重さが 0.1ｇ増えるごとに出てくる気体の体積が 120mL ずつ増えていることがわかる。よって，①には 360 より 120 大きい 480 があてはまる。

問２　表１より，アルミニウム 0.3ｇと水酸化ナトリウム水溶液(すいようえき)150mL がちょうど反応するから，溶(と)け残ったアルミニウムは 0.4－0.3＝0.1(ｇ)である。

問３　問１より，アルミニウム 0.4ｇと水酸化ナトリウム水溶液 200mL がちょうど反応するから，あと 0.4－0.2＝0.2(ｇ)溶かすことができる。

問４　表２より，アルミニウムの重さが 0.1ｇ増えるごとに塩酸の体積が 150mL ずつ増えていることがわかる。よって，②には 450 より 150 大きい 600 があてはまる。

問５　アルミニウムと塩酸は一定の割合で反応するから，アルミニウムの重さを 0.4ｇの２倍の 0.8ｇにすれば，必要な塩酸は②の２倍の 1200mL になる。

問６　塩酸 150mL で溶けるアルミニウムは 0.1ｇだから，溶け残ったアルミニウムは 0.3－0.1＝0.2(ｇ)である。

問７　あ～え．水酸化ナトリウム水溶液 100mL と塩酸 100mL を混ぜ合わせると，食塩水 200mL ができる。よって，水酸化ナトリウム水溶液 300mL と塩酸 200mL では，それぞれの水溶液が 200mL ずつ反応して食塩水 400mL ができ，水酸化ナトリウム水溶液が 100mL 残る。　お～く．水酸化ナトリウム水溶液 150mL と塩酸 450mL では，それぞれの水溶液が 150mL ずつ反応して食塩水 300mL ができ，塩酸が 300mL 残る。

問８　水酸化ナトリウム水溶液 250mL と塩酸 100mL では，それぞれの水溶液が 100mL ずつ反応して食塩水 200mL ができ，水酸化ナトリウム水溶液が 150mL 残る。表１より，水酸化ナトリウム水溶液 150mL にはアルミニウムが 0.3ｇまで溶け，360mL の気体が出てくることがわかる。また，溶け残るアルミニウムは 0.5－0.3＝0.2(ｇ)である。

問９　混ぜ合わせた水溶液に塩酸が残る場合と，水酸化ナトリウム水溶液が残る場合の２通りについて考える。表１，２より，0.4－0.2＝0.2(ｇ)のアルミニウムを溶かすのに必要な塩酸は 300mL，水酸化ナトリウム水溶液は 100mL だから，塩酸 300mL が残る場合に混ぜ合わせた水酸化ナトリウム水溶液は 450－300＝150(mL)，水酸化ナトリウム水溶液 100mL が残る場合に混ぜ合わせた水酸化ナトリウム水溶液は 450＋100＝550(mL)である。

［２］

問１　(ア)と(エ)は東京都に，(イ)は長野県と群馬県の県境にある。

問２(2)　火山灰は，流れる水のはたらきを受けずにたい積するので，他の粒(つぶ)とぶつかり合うことなどがほとんどなく，角がとがっているものが多い。なお，これに対し，川を流れてくるれきや砂の粒は，他の粒とぶつかり合うことで，角がとれ丸みを帯びているものが多い。

問４(1)　あ．500÷25＝20(℃)　　い．(860－500)÷(50－25)＝14.4(℃)　　う．(1170－860)÷(75－50)＝12.4(℃)　　え．(1315－1170)÷(100－75)＝5.8(℃)　　**(3)**　(イ)○…深さが深くなるにつれて，温度が高くなる割合が小さくなっている。

問6　(ウ)×…表1で，地表からの深さが 25 kmの場所の岩石の温度は 500℃だが，表2で，地表からの深さが 25 kmの場所の岩石が溶けはじめる温度は，水が含(ふく)まれる場合も含まれない場合も 500℃よりも高いから，岩石が溶けてマグマになることはない。

問7　海底にあるプレートをつくっている岩石は水を含んでいる。問6解説と同様に考えれば，(イ)，(ウ)，(エ)の場所の岩石の温度は，それぞれの深さにおける水が含まれる岩石が溶けはじめる温度よりも高いので，岩石が溶けてマグマができていると考えられる。

［3］

問2　ばね①は10gのおもりで0.2cmのびるから，おもりの重さが30gのときののびは$0.2\times\frac{30}{10}=0.6$(cm)である。

問3　あ．のびが1.2cmのとき，のびからわかる重さは$10\times\frac{1.2}{0.2}=60$(g)である。　い．おもりの重さは100gである。はかりAにかかる重さが小さくなった分，ばね①にかかる重さが大きくなる。

問4(1)　ばね①ののびが 3.6 cmのとき，のびからわかる重さは$10\times\frac{3.6}{0.2}=180$(g)である。　(2)　(ア)○…おもりPとQの重さが 40gのとき，ばね②と③ののび(0.8 cm)からわかる重さは，表1より，それぞれ 40gである。滑車(かっしゃ)の重さは 100gだから，これらをすべて足せば，100＋40＋40＝180(g)となり，(1)と同じになる。なお，(イ)では80g，(ウ)と(エ)ではそれぞれ140gになり，(1)と同じにならない。　(3)　(b)おもりPの重さが10g増えるごとに，ばね②ののびは 0.2 cmずつ大きくなるから，0.2 があてはまる。　(c)おもりPとQの重さが 10gずつ増えるごとに，ばね①ののびは0.4cmずつ大きくなるから，2.4 より 0.4 大きい 2.8 があてはまる。

問5　(ア)○…はかりAとBの示す重さが80gのときに着目すると，ばね①ののび(2.8cm)からわかる重さは$10\times\frac{2.8}{0.2}=140$(g)である。ばね②と③ののびは0.4cmだから，それぞれののびからわかる重さは20gであり，滑車の重さが100gだから，ばね①ののびからわかる重さは100＋20＋20＝140(g)となる。

問6　問5の式から考える。ばね①ののびからわかる重さは$10\times\frac{5}{0.2}=250$(g)であり，ばね②と③ののびからわかる重さはそれぞれ$\frac{250-100}{2}=75$(g)である。よって，問3「い」解説と同様に考えて，はかりAとBの示す重さはそれぞれ 100−75＝25(g)となる。

問7　ばね①ののびからわかる重さは$10\times\frac{10.8}{0.2}=540$(g)であり，そのうち100gは上の滑車の重さだから，ばね②と③にかかる重さはそれぞれ$\frac{540-100}{2}=220$(g)である。さらに，ばね②にかかる重さ 220gのうち 100gは下の滑車の重さだから，ばね④と⑤にかかる重さはそれぞれ$\frac{220-100}{2}=60$(g)である。よって，はかりBとCが示す重さは 100−60＝40(g)であり，はかりAも 40gを示すことになるので，おもりXの重さは，ばね③にかかる重さ 220gとはかりCにかかる重さ40gの合計260gである。

［4］

問1　同じなかまの植物は，花の形が似ていることが多い。アブラナと同じように4枚の花びらをもつ(ウ)がキャベツの花である。

問3　キャベツが，自分を食べるコナガの幼虫を退治してほしくて，コナガコマユバチの成虫を呼び寄せている。

問4　(イ)○…実験1では，コナガコマユバチの成虫が単に傷がついたキャベツにひきつけられると考えることもできるが，実験2で，Aに多くとまったことから，コナガコマユバチの成虫はコナガの幼虫がいる(コナガの幼虫によって傷つけられた)キャベツにひきつけられると考えることができる。

問5　(ア)(エ)×…モンシロチョウの幼虫に食べられたときや傷つけられたときにPを出すのであれば，AとBには同じくらいの数のコナガコマユバチの成虫がとまるはずである。　(ウ)×…モンシロチョウの幼虫に食べられたときだけPを出すのであれば，Bにとまるコナガコマユバチの成虫の数のほうが多くなるはずである。

■ ご使用にあたってのお願い・ご注意

（1）問題文等の非掲載

著作権上の都合により，問題文や図表などの一部を掲載できない場合があります。

誠に申し訳ございませんが，ご了承くださいますようお願いいたします。

（2）過去問における時事性

過去問題集は，学習指導要領の改訂や社会状況の変化，新たな発見などにより，現在とは異なる表記や解説になっている場合があります。過去問の特性上，出題当時のままで出版していますので，あらかじめご了承ください。

（3）配点

学校等から配点が公表されている場合は，記載しています。公表されていない場合は，記載していません。

独自の予想配点は，出題者の意図と異なる場合があり，お客様が学習するうえで誤った判断をしてしまう恐れがあるため記載していません。

（4）無断複製等の禁止

購入された個人のお客様が，ご家庭でご自身またはご家族の学習のためにコピーをすることは可能ですが，それ以外の目的でコピー，スキャン，転載（ブログ，ＳＮＳなどでの公開を含みます）などをすることは法律により禁止されています。学校や学習塾などで，児童生徒のためにコピーをして使用することも法律により禁止されています。

ご不明な点や，違法な疑いのある行為を確認された場合は，弊社までご連絡ください。

（5）けがに注意

この問題集は針を外して使用します。針を外すときは，けがをしないように注意してください。また，表紙カバーや問題用紙の端で手指を傷つけないように十分注意してください。

（6）正誤

制作には万全を期しておりますが，万が一誤りなどがございましたら，弊社までご連絡ください。

なお，誤りが判明した場合は，弊社ウェブサイトの「ご購入者様のページ」に掲載しておりますので，そちらもご確認ください。

■ お問い合わせ

解答例，解説，印刷，製本など，問題集発行におけるすべての責任は弊社にあります。

ご不明な点がございましたら，弊社ウェブサイトの「お問い合わせ」フォームよりご連絡ください。迅速に対応いたしますが，営業日の都合で回答に数日を要する場合があります。

ご入力いただいたメールアドレス宛に自動返信メールをお送りしています。自動返信メールが届かない場合は，「よくある質問」の「メールの問い合わせに対し返信がありません。」の項目をご確認ください。

また弊社営業日（平日）は，午前９時から午後５時まで，電話でのお問い合わせも受け付けています。

2025 春

株式会社教英出版
〒422-8054　静岡県静岡市駿河区南安倍３丁目 12-28
TEL　054-288-2131　　FAX　054-288-2133
URL　https://kyoei-syuppan.net/
MAIL siteform@kyoei-syuppan.net
教英出版

教英出版　2025年春受験用　中学入試問題集

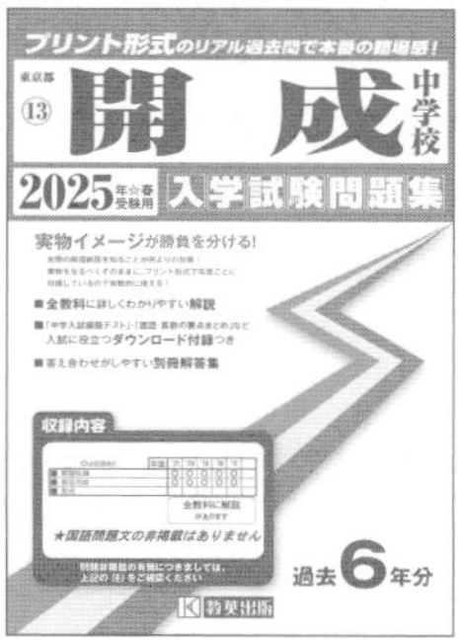

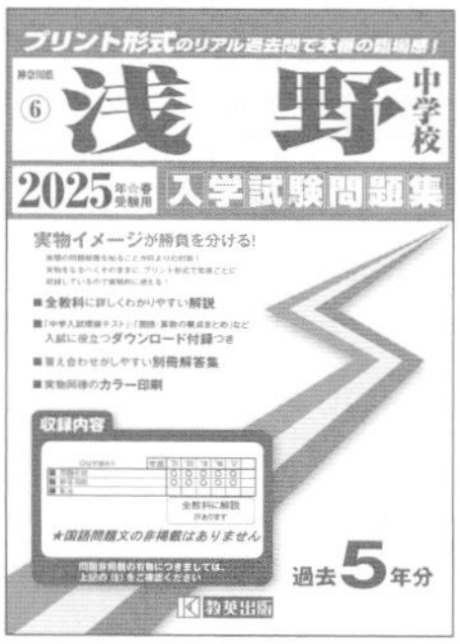

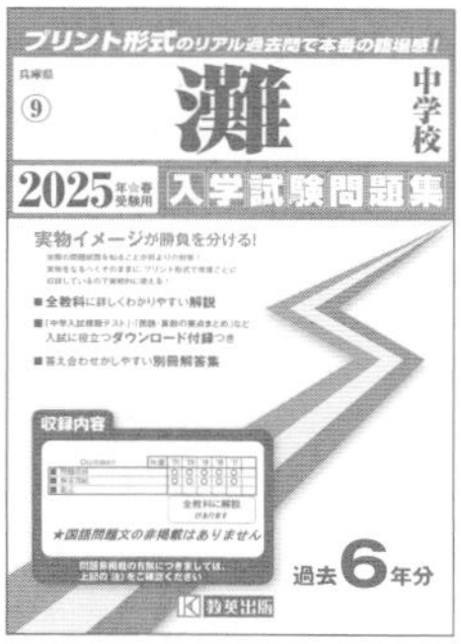

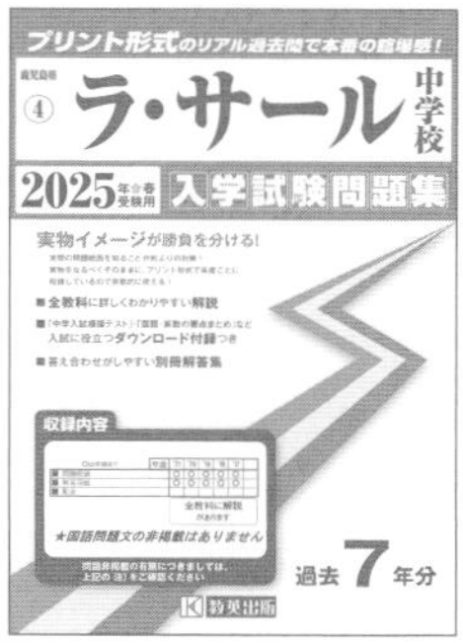

学校別問題集

✿はカラー問題対応

北海道

①[市立]札幌開成中等教育学校
②藤女子中学校
③北嶺中学校
④北星学園女子中学校
⑤札幌大谷中学校
⑥札幌光星中学校
⑦立命館慶祥中学校
⑧函館ラ・サール中学校

青森県

①[県立]三本木高等学校附属中学校

岩手県

①[県立]一関第一高等学校附属中学校

宮城県

①[県立]宮城県古川黎明中学校
②[県立]宮城県仙台二華中学校
③[市立]仙台青陵中等教育学校
④東北学院中学校
⑤仙台白百合学園中学校
⑥聖ウルスラ学院英智中学校
⑦宮城学院中学校
⑧秀光中学校
⑨古川学園中学校

秋田県

①[県立]
- 大館国際情報学院中学校
- 秋田南高等学校中等部
- 横手清陵学院中学校

山形県

①[県立]
- 東桜学館中学校
- 致道館中学校

福島県

①[県立]
- 会津学鳳中学校
- ふたば未来学園中学校

茨城県

①[県立]
- 日立第一高等学校附属中学校
- 太田第一高等学校附属中学校
- 水戸第一高等学校附属中学校
- 鉾田第一高等学校附属中学校
- 鹿島高等学校附属中学校
- 土浦第一高等学校附属中学校
- 竜ヶ崎第一高等学校附属中学校
- 下館第一高等学校附属中学校
- 下妻第一高等学校附属中学校
- 水海道第一高等学校附属中学校
- 勝田中等教育学校
- 並木中等教育学校
- 古河中等教育学校

栃木県

①[県立]
- 宇都宮東高等学校附属中学校
- 佐野高等学校附属中学校
- 矢板東高等学校附属中学校

群馬県

①
- [県立]中央中等教育学校
- [市立]四ツ葉学園中等教育学校
- [市立]太田中学校

埼玉県

①[県立]伊奈学園中学校
②[市立]浦和中学校
③[市立]大宮国際中等教育学校
④[市立]川口市立高等学校附属中学校

千葉県

①[県立]
- 千葉中学校
- 東葛飾中学校

②[市立]稲毛国際中等教育学校

東京都

①[国立]筑波大学附属駒場中学校
②[都立]白鷗高等学校附属中学校
③[都立]桜修館中等教育学校
④[都立]小石川中等教育学校
⑤[都立]両国高等学校附属中学校
⑥[都立]立川国際中等教育学校
⑦[都立]武蔵高等学校附属中学校
⑧[都立]大泉高等学校附属中学校
⑨[都立]富士高等学校附属中学校
⑩[都立]三鷹中等教育学校
⑪[都立]南多摩中等教育学校
⑫[区立]九段中等教育学校
⑬開成中学校
⑭麻布中学校
⑮桜蔭中学校
⑯女子学院中学校
✿⑰豊島岡女子学園中学校
⑱東京都市大学等々力中学校
⑲世田谷学園中学校
✿⑳広尾学園中学校(第2回)
✿㉑広尾学園中学校(医進・サイエンス回)
㉒渋谷教育学園渋谷中学校(第1回)
㉓渋谷教育学園渋谷中学校(第2回)
㉔東京農業大学第一高等学校中等部(2月1日 午後)
㉕東京農業大学第一高等学校中等部(2月2日 午後)

神奈川県

①[県立]{相模原中等教育学校 / 平塚中等教育学校}
②[市立]南高等学校附属中学校
③[市立]横浜サイエンスフロンティア高等学校附属中学校
④[市立]川崎高等学校附属中学校
✿⑤聖光学院中学校
✿⑥浅野中学校
⑦洗足学園中学校
⑧法政大学第二中学校
⑨逗子開成中学校(1次)
⑩逗子開成中学校(2·3次)
⑪神奈川大学附属中学校(第1回)
⑫神奈川大学附属中学校(第2·3回)
⑬栄光学園中学校
⑭フェリス女学院中学校

新潟県

①[県立]{村上中等教育学校 / 柏崎翔洋中等教育学校 / 燕中等教育学校 / 津南中等教育学校 / 直江津中等教育学校 / 佐渡中等教育学校}
②[市立]高志中等教育学校
③新潟第一中学校
④新潟明訓中学校

石川県

①[県立]金沢錦丘中学校
②星稜中学校

福井県

①[県立]高志中学校

山梨県

①山梨英和中学校
②山梨学院中学校
③駿台甲府中学校

長野県

①[県立]{屋代高等学校附属中学校 / 諏訪清陵高等学校附属中学校}
②[市立]長野中学校

岐阜県

①岐阜東中学校
②鶯谷中学校
③岐阜聖徳学園大学附属中学校

静岡県

①[国立]静岡大学教育学部附属中学校(静岡·島田·浜松)
②{[県立]清水南高等学校中等部 / [県立]浜松西高等学校中等部 / [市立]沼津高等学校中等部}
③不二聖心女子学院中学校
④日本大学三島中学校
⑤加藤学園暁秀中学校
⑥星陵中学校
⑦東海大学付属静岡翔洋高等学校中等部
⑧静岡サレジオ中学校
⑨静岡英和女学院中学校
⑩静岡雙葉中学校
⑪静岡聖光学院中学校
⑫静岡学園中学校
⑬静岡大成中学校
⑭城南静岡中学校
⑮静岡北中学校
⑯{常葉大学附属常葉中学校 / 常葉大学附属橘中学校 / 常葉大学附属菊川中学校}
⑰藤枝明誠中学校
⑱浜松開誠館中学校
⑲静岡県西遠女子学園中学校
⑳浜松日体中学校
㉑浜松学芸中学校

愛知県

①[国立]愛知教育大学附属名古屋中学校
②愛知淑徳中学校
③{名古屋経済大学市邨中学校 / 名古屋経済大学高蔵中学校}
④金城学院中学校
⑤椙山女学園中学校
⑥東海中学校
⑦南山中学校男子部
⑧南山中学校女子部
⑨聖霊中学校
⑩滝中学校
⑪名古屋中学校
⑫大成中学校
⑬愛知中学校
⑭星城中学校
⑮名古屋葵大学中学校(名古屋女子大学中学校)
⑯愛知工業大学名電中学校
⑰海陽中等教育学校(特別給費生)
⑱海陽中等教育学校(I·II)
⑲中部大学春日丘中学校
新刊⑳名古屋国際中学校

三重県

①[国立]三重大学教育学部附属中学校
②暁中学校
③海星中学校
④四日市メリノール学院中学校
⑤高田中学校
⑥セントヨゼフ女子学園中学校
⑦三重中学校
⑧皇學館中学校
⑨鈴鹿中等教育学校
⑩津田学園中学校

滋賀県

①[国立]滋賀大学教育学部附属中学校
②[県立]{河瀬中学校 / 守山中学校 / 水口東中学校}

京都府

①[国立]京都教育大学附属桃山中学校
②[府立]洛北高等学校附属中学校
③[府立]園部高等学校附属中学校
④[府立]福知山高等学校附属中学校
⑤[府立]南陽高等学校附属中学校
⑥[市立]西京高等学校附属中学校
⑦同志社中学校
⑧洛星中学校
⑨洛南高等学校附属中学校
⑩立命館中学校
⑪同志社国際中学校
⑫同志社女子中学校(前期日程)
⑬同志社女子中学校(後期日程)

大阪府

①[国立]大阪教育大学附属天王寺中学校
②[国立]大阪教育大学附属平野中学校
③[国立]大阪教育大学附属池田中学校

④[府立]富田林中学校
⑤[府立]咲くやこの花中学校
⑥[府立]水都国際中学校
⑦清風中学校
⑧高槻中学校（A日程）
⑨高槻中学校（B日程）
⑩明星中学校
⑪大阪女学院中学校
⑫大谷中学校
⑬四天王寺中学校
⑭帝塚山学院中学校
⑮大阪国際中学校
⑯大阪桐蔭中学校
⑰開明中学校
⑱関西大学第一中学校
⑲近畿大学附属中学校
⑳金蘭千里中学校
㉑金光八尾中学校
㉒清風南海中学校
㉓帝塚山学院泉ヶ丘中学校
㉔同志社香里中学校
㉕初芝立命館中学校
㉖関西大学中等部
㉗大阪星光学院中学校

兵庫県

①[国立]神戸大学附属中等教育学校
②[県立]兵庫県立大学附属中学校
③雲雀丘学園中学校
④関西学院中学部
⑤神戸女学院中学部
⑥甲陽学院中学校
⑦甲南中学校
⑧甲南女子中学校
⑨灘中学校
⑩親和中学校
⑪神戸海星女子学院中学校
⑫滝川中学校
⑬啓明学院中学校
⑭三田学園中学校
⑮淳心学院中学校
⑯仁川学院中学校
⑰六甲学院中学校
⑱須磨学園中学校（第1回入試）
⑲須磨学園中学校（第2回入試）
⑳須磨学園中学校（第3回入試）
㉑白陵中学校
㉒夙川中学校

奈良県

①[国立]奈良女子大学附属中等教育学校
②[国立]奈良教育大学附属中学校
③[県立]（国際中学校
青翔中学校
④[市立]一条高等学校附属中学校
⑤帝塚山中学校
⑥東大寺学園中学校
⑦奈良学園中学校
⑧西大和学園中学校

和歌山県

①[県立]（古佐田丘中学校
向陽中学校
桐蔭中学校
日高高等学校附属中学校
田辺中学校
②智辯学園和歌山中学校
③近畿大学附属和歌山中学校
④開智中学校

岡山県

①[県立]岡山操山中学校
②[県立]倉敷天城中学校
③[県立]岡山大安寺中等教育学校
④[県立]津山中学校
⑤岡山中学校
⑥清心中学校
⑦岡山白陵中学校
⑧金光学園中学校
⑨就実中学校
⑩岡山理科大学附属中学校
⑪山陽学園中学校

広島県

①[国立]広島大学附属中学校
②[国立]広島大学附属福山中学校
③[県立]広島中学校
④[県立]三次中学校
⑤[県立]広島叡智学園中学校
⑥[市立]広島中等教育学校
⑦[市立]福山中学校
⑧広島学院中学校
⑨広島女学院中学校
⑩修道中学校
⑪崇徳中学校
⑫比治山女子中学校
⑬福山暁の星女子中学校
⑭安田女子中学校
⑮広島なぎさ中学校
⑯広島城北中学校
⑰近畿大学附属広島中学校福山校
⑱盈進中学校
⑲如水館中学校
⑳ノートルダム清心中学校
㉑銀河学院中学校
㉒近畿大学附属広島中学校東広島校
㉓AICJ中学校
㉔広島国際学院中学校
㉕広島修道大学ひろしま協創中学校

山口県

①[県立]（下関中等教育学校
高森みどり中学校
②野田学園中学校

徳島県

①[県立]（富岡東中学校
川島中学校
城ノ内中等教育学校
②徳島文理中学校

香川県

①大手前丸亀中学校
②香川誠陵中学校

愛媛県

①[県立]（今治東中等教育学校
松山西中等教育学校
②愛光中学校
③済美平成中等教育学校
④新田青雲中等教育学校

高知県

①[県立]（安芸中学校
高知国際中学校
中村中学校

福岡県

① [国立] 福岡教育大学附属中学校（福岡・小倉・久留米）
② [県立] 育徳館中学校／門司学園中学校／宗像中学校／嘉穂高等学校附属中学校／輝翔館中等教育学校
③西南学院中学校
④上智福岡中学校
⑤福岡女学院中学校
⑥福岡雙葉中学校
⑦照曜館中学校
⑧筑紫女学園中学校
⑨敬愛中学校
⑩久留米大学附設中学校
⑪飯塚日新館中学校
⑫明治学園中学校
⑬小倉日新館中学校
⑭久留米信愛中学校
⑮中村学園女子中学校
⑯福岡大学附属大濠中学校
⑰筑陽学園中学校
⑱九州国際大学付属中学校
⑲博多女子中学校
⑳東福岡自彊館中学校
㉑八女学院中学校

佐賀県

① [県立] 香楠中学校／致遠館中学校／唐津東中学校／武雄青陵中学校
②弘学館中学校
③東明館中学校
④佐賀清和中学校
⑤成穎中学校
⑥早稲田佐賀中学校

長崎県

① [県立] 長崎東中学校／佐世保北中学校／諫早高等学校附属中学校
②青雲中学校
③長崎南山中学校
④長崎日本大学中学校
⑤海星中学校

熊本県

① [県立] 玉名高等学校附属中学校／宇土中学校／八代中学校
②真和中学校
③九州学院中学校
④ルーテル学院中学校
⑤熊本信愛女学院中学校
⑥熊本マリスト学園中学校
⑦熊本学園大学付属中学校

大分県

① [県立] 大分豊府中学校
②岩田中学校

宮崎県

① [県立] 五ヶ瀬中等教育学校
② [県立] 宮崎西高等学校附属中学校／都城泉ヶ丘高等学校附属中学校
③宮崎日本大学中学校
④日向学院中学校
⑤宮崎第一中学校

鹿児島県

① [県立] 楠隼中学校
② [市立] 鹿児島玉龍中学校
③鹿児島修学館中学校
④ラ・サール中学校
⑤志學館中等部

沖縄県

① [県立] 与勝緑が丘中学校／開邦中学校／球陽中学校／名護高等学校附属桜中学校

もっと過去問シリーズ

北海道

北嶺中学校
7年分（算数・理科・社会）

静岡県

静岡大学教育学部附属中学校（静岡・島田・浜松）
10年分（算数）

愛知県

愛知淑徳中学校
7年分（算数・理科・社会）
東海中学校
7年分（算数・理科・社会）
南山中学校男子部
7年分（算数・理科・社会）
南山中学校女子部
7年分（算数・理科・社会）
滝中学校
7年分（算数・理科・社会）
名古屋中学校
7年分（算数・理科・社会）

岡山県

岡山白陵中学校
7年分（算数・理科）

広島県

広島大学附属中学校
7年分（算数・理科・社会）
広島大学附属福山中学校
7年分（算数・理科・社会）
広島学院中学校
7年分（算数・理科・社会）
広島女学院中学校
7年分（算数・理科・社会）
修道中学校
7年分（算数・理科・社会）
ノートルダム清心中学校
7年分（算数・理科・社会）

愛媛県

愛光中学校
7年分（算数・理科・社会）

福岡県

福岡教育大学附属中学校（福岡・小倉・久留米）
7年分（算数・理科・社会）
西南学院中学校
7年分（算数・理科・社会）
久留米大学附設中学校
7年分（算数・理科・社会）
福岡大学附属大濠中学校
7年分（算数・理科・社会）

佐賀県

早稲田佐賀中学校
7年分（算数・理科・社会）

長崎県

青雲中学校
7年分（算数・理科・社会）

鹿児島県

ラ・サール中学校
7年分（算数・理科・社会）

※もっと過去問シリーズは国語の収録はありません。

教英出版
〒422-8054
静岡県静岡市駿河区南安倍3丁目12－28
TEL 054-288-2131
FAX 054-288-2133
詳しくは教英出版で検索
教英出版　検索
URL https://kyoei-syuppan.net/

令和六年度

入学試験問題

国語（前期）

（六十分）

智辯学園和歌山中学校

注意

◎合図があるまで、問題用紙に手をふれてはいけません。
◎答えはすべて解答用紙に書きなさい。
◎解答用紙には、名前を書かず、受験番号だけを書きなさい。

2024(R6) 智辯学園和歌山中
K 教英出版

一 次の文章を読んで後の問いに答えなさい。なお、本文には設問の都合上、字句を改めたところがあります。

「自然保護」という言葉をよく聞きますが、なぜ人間にとって、自然が大事なのでしょうか。温暖化現象を防ぐため、生物タヨウセイ(ア)を保って自然界のバランスを崩さないためなど、理由はいくつも挙げられるでしょう。

ぼくはこう考えています。人間にとって自然が必要な理由は、人間には自然からしか学べないことがたくさんあるからだ、と。

たとえば、都会のビルの谷間を歩いているときに、突然ゾウが走ってきたり、ワシやタカが舞い降りてきたりすることはありません。頭上から熟れた果実がぼたぼた落ちてくることもないでしょう。もしこんなことが街中で起これば、それは大アクシデント(注1)です。

でも、自然の中では、向こうから何がやってくるか、空から何が落ちてくるか、はたまた地面に何があるかもわかりません。予想できないことだらけです。

だから、①自然の中に身を置くのと、街の中に身を置くのとでは、人間の「構え」がおのずと変わってくるはずなのです。

次々と起こる予想もしないことにひとつひとつ対処をしながら生きていく、という構えを持つのか。それとも、想定内のところで安全かつ自分の思いどおりに生きていく、という構えなのか……。

今は、自分が思ったとおりにできないことがあると、すぐにイライラしたり、「失敗した」と思って、ひとつの出来事をとても重くとらえてしまったりする人が多いように見えます。

人に対しても同じです。相手と話がうまくかみあわなかったり、自分の意見に賛同してくれなかったり、自分の期待どおりに動いてくれなかったりするときに、「嫌われているんじゃないか」とか、「裏切られた」とか、果ては「相手がおかしいんじゃないか」とまで思って傷ついてしまうことはありませんか。

でも、本当はそうではないはずです。相手と自分とはちがうのですから、思っていることもちがって当然です。また、相手の反応も数あるうちのひとつであって、絶対的なものではありません。②相手と自分との間に、ある種の「遊び」や「間」があって、さらに少し「ズレ」があると気づくことが大事なのです。そして「ズレ」を認められれば、ちがう考えを持った相手とも、いっしょに歩いていけるはずです。ようは、「構え」しだいということです。

そういうふうに見ていかないと、今生きている世界が、ガチガチに固められた、きゅうくつで息苦しいものになってしまうような気がしませんか。

自然の中に身を置いていると、そのことが体でわかります。たぶん、ジャングルの中に放りこまれたら、すぐに実感しますよ。思いどおりにいくことのほうがよっぽど少ない、と。

でも、「思いどおりにいかない＝失敗」ではなくて、どうしたらいいかを考えるチャンスと考えればいいのです。思いどおりにならないことに出会った瞬間が、じつは、ものごとのはじまりであって、前に進むための扉を開けるきっかけなのです。

人間にとって自然が必要なのは、こんなふうに、しなやかな構えを肌で感じ、生きる知恵として自分のものにしていくためなのではないでしょうか。

みなさんは、親があれこれ口を出してくるのを、うっとうしく感じたことはありませんか？　あるいは、耳の痛いことをいってくる友だちに「放っておいてよ」と思うことがあるかもしれません。

なぜこんな「おせっかい」をやくのかというと、人間は信頼(注2)に固執するからです。信頼しているからこそ、相手の考えていることや感じていることに共感したいのです。信頼していない相手と共感したいとは思わないですよね？　それは、人間が信頼できる関係が築ける大きさの集団を作り、その中で共感を育てていったことを見ても、はっきりしています。

[1]、最近は少し事情が変わってきました。大家族のしがらみ(注3)や、共同体の人間がおせっかいを嫌って、自由を(イ)ツイキュウした結果、信頼も共感も薄まった社会、おたがいに頼りあうのが難しい、孤独な集団を作ってしまいました。

[2]、信頼や共感を土台にした、おせっかいを焼きあう社会に戻ったほうがいいのかというと、これもまた度が過ぎると、やっかいなことになる可能性があります。

[3]、だれかと「おいしいね」といいあいながら食事をすると、幸せな気分になります。一見共感しあっているように見えますが、(ウ)ミカクは共有できませんから、相手も自分と同じようにおいしいと思っているかどうかは、本当はわかりません。さらにいうと、だれかと何かを共感できる能力に自己満足している面も、少なからずあるのではないでしょうか。

ですから、共感が過剰になると、暴力につながることもあるのです。「なんでわかってくれない？」と、共感を強要していることに気づかないまま、愛が憎しみに変わってしまうように。③共感は「諸刃の剣」でもあるのです。

どうやら共感や信頼が薄まった孤独な社会も、共感や信頼が濃すぎる社会も、どちらも生きづらそうです。いったい、どうすればいいのでしょうか。

ぼくは、「自然」本来のつきあい方にヒントがある、と考えています。

たとえば、ゴリラのフィールド・ワーク(注4)をしていて、ぼくがピンチにおちいっても、ゴリラはぼくを助けてはくれません。そういう意味ではゴリラは冷たいといえるでしょう。

でも、つきあっていけばいくほど、そばにいることを許してくれたり、いっしょに遊んでくれたりすることもあります。そういう意味では、とても懐が深いのです。

木の洞でぼくといっしょに雨宿りをしたタイタスは、家族が密猟者に襲われて、父親やたくさんの友人を殺されました。母親や姉さんは別の集団へ移り、ほかの二頭のオスととり残されてしまいました。ようやく乳離れをしたばかり、四歳のときのことです。彼にとっては、人間はどうしたって許せない「敵」のはずです。ぼくらが逆の立場だったら、かならずそう思うでしょう。

にもかかわらず、タイタスは「敵」であるはずの人間のぼくを信頼してくれて、無邪気で(エ)ムボウビな姿をさらしてくれたのです。ほかのゴリラも、仲間が人間に襲われても、敵に対するとは思えない態度で接してくれました。これを「覚えていないからだろう」といってかたづける人もいますが、そんなことはありません。彼らは記憶力がとてもいいのです。

それでもなお受け入れてくれる懐の深さは、やっぱり、彼らの、あるいは自然の持っているしなやかな力強さゆえではないか、と思うのです。

こういう、④冷たくて懐が深い、しなやかなつきあい方を出発点に定めて、人間の社会をどう作っていけばいいか、考えてみたらどうでしょうか。人間は、ある意味ではもっと冷たくてもいいけれど、同時に、他者をもっと受け入れる懐の深さがあってもいい。

「受け入れる」ということを、頭で考えると難しいかもしれませんが、ぼくたちのいちばん身近にある自然＝自分の体に聞いてみると、わかりやすいかもしれません。

人間の体には、もともとさまざまな能力がそなわっています。自然の中で暮らすことをやめてしまった今、使われていない能力もたくさんありますが、完全に失ってしまったわけではありません。まずは、どんなものなら受け入れられるのか、自分の体に聞いてみる。そこからはじめればいいのです。

たとえば、ぼくらは、ケンカの罵声(ばせい)や、工事現場で(オ)キカイがガチャガチャという音はうるさいと感じますが、鳥のさえずりや秋の夜長の虫の鳴き声、子どもたちが遊ぶ元気な声をうるさいとは感じません。そういうことは、頭で考える前に、自分の体が感じることです。

自分の体に聞いてみることを意識しだすと、今の社会が、人間が本来豊かだと感じる社会からずいぶん遠くはなれてしまっているということも、これからどんな社会を作っていったらいいのかというヒントも、見つかるかもしれません。

それには、どうしても人間以外の動物がいないとダメなのです。やっぱり人間を映し出す「鏡」が必要だというわけです。

ゴリラたちは、そのよき鏡になってくれると、ぼくは信じています。

（山極寿一『15歳の寺子屋　ゴリラは語る』）

（注）1　アクシデント……不意に起こった良くない出来事。
2　固執……自分の考えに頑固(がんこ)にこだわり続けること。
3　しがらみ……まとわりついて、人の自由を奪(うば)うもの。
4　フィールド・ワーク……研究室外で行う調査・研究のこと。

問一　＝＝部（ア）〜（オ）のカタカナをそれぞれ漢字に直しなさい。

問二　[　]部1〜3に入ることばとして最も適切なものを次の中からそれぞれ選び、記号で答えなさい。ただし、同じ記号をくり返して使ってはいけません。

ア　ところが　　イ　では　　ウ　つまり　　エ　たとえば

問三 ――部①「自然の中に身を置くのと、街の中に身を置くのとでは、人間の『構え』がおのずと変わってくるはずなのです」とあるが、（1）「自然の中に身を置く」人間のありかた、（2）「街の中に身を置く」人間のありかたについての説明として最も適切なものを次の中からそれぞれ選び、記号で答えなさい。

ア 次々と起こる予想外のことや自分の期待どおりにならない周囲の状況に対し、何も考えず、流されるままに行動しようとする。

イ 予想外の出来事や人間関係でうまくいかないことがあったとしても、それほど気にすることなく、どこまでも自分の考えを貫こうとする。

ウ 予想外の出来事や思い通りにいかない状況が生じると、それを失敗として重く受け止め、場合によっては自分や相手を責めてしまう。

エ 予想外のことが起こったり、相手と意見が合わなかったりしたときにどうすればよいかということばかり心配し、いつもその対策を練っている。

オ 予想外のことが起こったり、他人との関わりの中ですれ違いがあったりしても、その状況に応じてふさわしい対処をしようとする。

問四 ――部②「相手と自分との間に、ある種の『遊び』や『間』があって、さらに少し『ズレ』があると気づくことが大事なのです」とあるが、それはなぜか、その説明として最も適切なものを次の中から選び、記号で答えなさい。

ア 自分の心に余裕がない状態だと、相手の間違いをどうしても許すことができなくなってしまうが、広い心を持つことができれば、明らかに間違っている相手の意見や考え方であっても無条件に受け入れることができるから。

イ 相手と自分とのつながりが仕事上のものだけになってしまうと、人間関係がこじれた場合、相手を傷つけたり、自分が傷ついたりしてしまうが、仕事以外の遊びのつきあいがあれば、滑らかな人間関係を築くことができるから。

ウ 相手の考えは自分の考えと全く同じはずだと思っていると、相手と意見が少し違うだけでも戸惑ってしまうが、広く大きな心を持つことで、相手と自分に違いがあることを受け入れ、相手との関係を保つことができるから。

エ 意見や考え方の異なる他者と完全にわかり合うことは難しいが、相手と自分との間にある違いについて話し合い、お互いの誤解を丁寧に解いていくことによって、心から信頼しあえる人間関係を作り出すことができるから。

問五 ――部③「共感は『諸刃の剣』でもあるのです」について、

（1）「諸刃の剣」の意味として最も適切なものを次の中から選び、記号で答えなさい。

ア 役に立つものではあるが、害をもたらす危険もあることのたとえ。

イ 表面的には穏(おだ)やかな言葉遣(ことばづか)いだが、実は悪意があることのたとえ。

ウ 伝統を守りつつも、新しいことをも取り入れていくことのたとえ。

エ ごく平凡(へいぼん)なものでも、大きな力を発揮する時があることのたとえ。

（2）これはどういうことか、ここでの意味を説明しなさい。

問六 ――部④「冷たくて懐が深い」について、

（1）ゴリラのどのような点が「冷た」いと考えられるのか、答えなさい。

（2）ゴリラのどのような点が「懐が深い」と考えられるのか、答えなさい。

問七 人との付き合いの中でズレや違(ちが)いを感じた時に、あなたはどうすればよいと考えますか、身近な例を挙げながら、二百字以内で書きなさい。

三　次の文章は、こまつあやこの『ハジメテヒラク』の一節である。「わたし（綿野あみ）」は軽はずみな言動で仲間外れにされて落ち込んでいた。それを見かねたアナウンサー志望の大学生の従姉（早月ちゃん）が、実況の練習でたびたび訪れる競馬場に「わたし」を連れ出した。本文は、それに続く場面である。よく読んで後の問いに答えなさい。

　驚くべきことに、競馬場の敷地のなかには公園まであった。

　レースをいくつか観戦した後（一日に十二回もレースがあるんだって）、わたしたちは公園のベンチで休憩することにした。

　ベンチのそばには、クレープを販売するピンク色のワゴン車が停まっている。

　遊園地で友達と食べるはずだったクレープを競馬場で従姉と食べているなんて。

　予定とはちがうけれど、これも悪くないかもしれない。クレープはいつでもどこでも平等に甘い。

「あみ、①学校でのとっておきの過ごし方を教えてあげる」

　ホイップクリームたっぷりのバナナクレープを頬張る早月ちゃんの言葉に、わたしは首を傾げた。

「……とっておきの過ごし方？」

　もしかして、わたしがさっき涙をこぼしたから、早月ちゃんは何かアドバイスをしようとしているのかな。

　②口のなかに広がるクレープのイチゴの酸味が急に強まった。

　嫌だ、恥ずかしい。

「大丈夫だよ、早月ちゃん。仲間外れだって長くは続かないだろうしさ。そのうち、輪に戻してもらえるから気にしないで」

「戻らなくてもいいじゃん」

「え」

「実況者になっちゃえばいいんだよ」

「実況者？」

「クラスの輪から外されてると感じるなら、いっそ自分はその輪を実況する役割なんだってことにしちゃえばいい。観察して心のなかで実況すればいいんだよ。細かいところまでよく見てみな」

「クラスを実況なんてできないよ。スポーツじゃないんだからさ」

「できるよ」

　早月ちゃんはペロッと舌を出して唇についたホイップクリームをなめた。

「私は、よく街中で実況してる。実況の練習場所は、何も競馬場だけじゃないんだよ」

　たとえば、と早月ちゃんは指差した。

　人差し指の先には、馬の着ぐるみのキャラクターが、競馬場の制服姿で風船を配るお姉さんと一緒に子どもに手を振っている。

「マスコットキャラクターのポニスケ、青空のもと、今日も競馬ガールと一緒に、お客さんたちに手を振っています。

　おっと、一人の女の子がポニスケに気がつきましたね。隣に立つ母親の腰にも届かない背丈、三歳くらいでしょうか。ポニスケを指差し、母親に何か言っています。
母親は『行ってごらん』と女の子の背中を押すが……唇を結んでその場にぐっと足を踏ん張っています。どうやら……風船はほしいが、ポニスケが怖いといったところでしょうか。風船がほしいがポニスケが怖い。ポニスケが怖いが風船がほしい。
お、ポニスケのほうから女の子に近づいていった、さあどうなるか？」
ぎゃんっ、と女の子の泣き出す声があたりに響いた。
ポニスケは女の子の前にしゃがみ込み、困ったように頭をかく仕草をしている。
「こんな風に」
実況のスイッチを切った早月ちゃんは、泣いた子どもに急に関心を失ったようで、再びクレープを食べ始めた。
「ふーん……」
おもしろそう、とまでは思わない。
③<u>だけど、気を紛らわすことはできるかもしれない。</u>
無視されるようになってから、休み時間のわたしは自分の机の木目ばかり見て過ごしていた。
クラスの風景を見たくないから。そこから自分がはじかれていると感じたくないから。
でも。
わたしが実況者だとしたら。
そんな視線でクラスを見渡してみたら。
目に映る景色が変わるかもしれない。
それに、脳内の実況なら、突っ走った言葉で誰かから嫌われることもないんだから。
でも、一体何を実況すれば？
そう思っていたわたしの前に、翌朝、ポニスケのようなマスコットが現れた。

「教育実習生の半田圭です。よろしくお願いします」
その人は、色黒で面長。どことなく馬のように見えた。
わたしは半田先生を心のなかでポニスケと命名して、実習期間中、そっと目で追うようになった。
『おっ、ポニスケが給食ジャンケンに加わりました。男子たちに溶け込むためのパフォーマンスでしょうか』
『六人の女子に囲まれ、今までの恋人の数をきかれて(a)たじたじになっています。ゴマカシを許さない厳しい眼差しに、どうするポニスケ。額にはうっすら汗がにじんでいます』
『さあ初めてのポニスケの授業です。半田の半が半人前の半にならないようにがんばります、というダジャレは見事にすべりました』
このちょっと残念な実習生のことを早月ちゃんに話すと、
「へえ。大学四年ってことは私と一緒だ」
ちょっと興味を持ったみたいだ。
「きっと大変だろうなあ。教員の免許取るのって面倒なんだよ」

令和６年度

入学試験問題

算　数（前期）

（６０分）

智辯学園和歌山中学校

注　意

◎　合図があるまで，問題用紙に手をふれてはいけません。

◎　答えはすべて解答用紙に書きなさい。

◎　解答用紙には，名前を書かず，受験番号だけを書きなさい。

【1】 次の計算をしなさい。

(1) $1-\left(\frac{1}{2}+\frac{1}{3}\right)\times\left(\frac{1}{4}-\frac{1}{5}\right)\div 6$

(2) $\left(1.2-\frac{2}{13}\right)\times 2\frac{1}{17}-2.1$

【2】 次の $\boxed{}$ にあてはまる数を答えなさい。ただし，(1) の２つの $\boxed{}$ には同じ数が入ります。

(1) $\boxed{}$時間×100＝33日＋$\boxed{}$時間

(2) $(17+31)\div\left(71-5\times\boxed{}\right)=\frac{6}{7}$

【3】 次の各問いに答えなさい。

(1) 空のコップに，その容量の 55 %の水と 50 mL の水を注ぐと，コップの容量の 95 %まで入りました。コップの容量は何 mL ですか。

(2) 100 円玉 15 枚の重さをはかると72 g でした。100 円玉何枚で 1.2 kg になりますか。

(3) 下の図 1 のような 3 × 3 マスの正方形があります。このマス目に 1 ～ 9 の数字を 1 回ずつ書きこんで，どの 2 × 2 マスの正方形に書かれている数字の和も等しくなるようにします。図 2 のアに入る数字は何ですか。

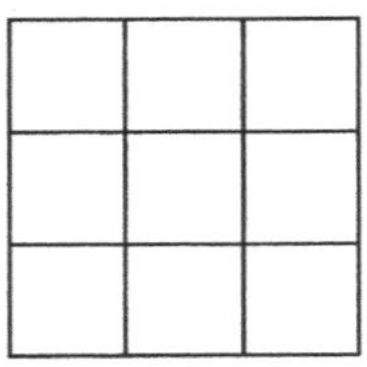
図 1

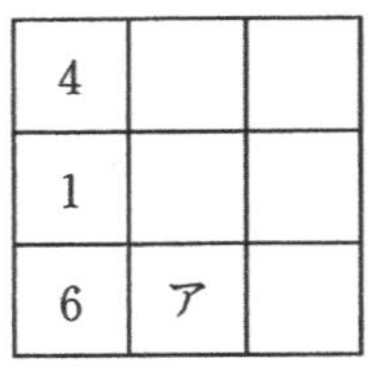

図 2

(4) 6時と7時の間で長針と短針がぴったりと重なるのは6時[ア]分[イ]秒と6時[ア]分（[イ]＋1）秒の間です。[ア]，[イ]にあてはまる整数は何ですか。

(5) 下の図の三角形ABCにおいて，BE＝AC，BD＝CEであるとき，角アの大きさは何度ですか。

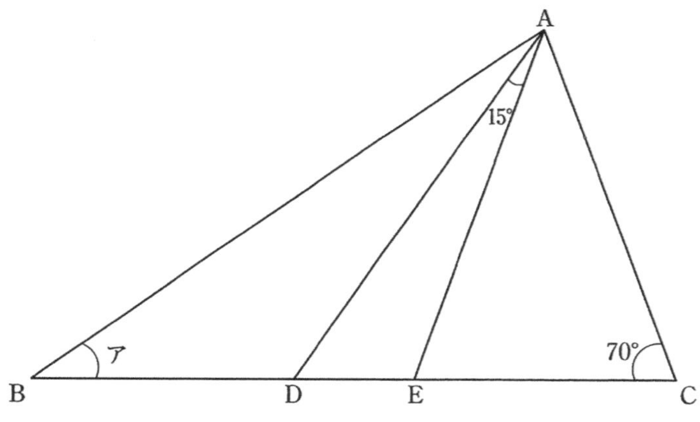

【４】 ロボットＡが１台で行うとちょうど24時間かかる仕事があります。この仕事をロボットＡ１台とロボットＢ１台がいっしょに行うと，ちょうど16時間かかります。次の問いに答えなさい。

(1) この仕事をロボットＡ１台とロボットＢ２台がいっしょに行うと，何時間かかりますか。

(2) この仕事をロボットＡ１台とロボットＢ３台とロボットＣ４台がいっしょに行うと，ちょうど８時間かかりました。この仕事をロボットＣが１台で行うと何時間かかりますか。

令 和 6 年 度

入　学　試　験　問　題

理　　科 (前期)

(６０分)

智 辯 学 園 和 歌 山 中 学 校

注　　意

◎　合図があるまで，問題用紙に手をふれてはいけません。

◎　答えはすべて解答用紙に書きなさい。

◎　解答用紙には，名前を書かず，受験番号だけを書きなさい。

〔1〕太郎さんは川に行き，メダカやカエルを見つけました。メダカやカエルについて，あとの問いに答えなさい。

太郎さんは川で，おすのメダカと①めすのメダカが泳いでいるのを見つけました。興味をもった太郎さんは，これらのメダカを学校に持ち帰りました。ある日，メダカを育てている水そうを観察すると，メダカの卵を見つけました。②めすがうんだ卵は，おすが出した（　1　）と結びつくことで，（　2　）になります。（　2　）が成長すると，10日ほどで子メダカが卵のまくを破ってでてきました。③卵から出てきたばかりの子メダカは，2～3日の間は，えさを食べなくても成長することができます。

問1　文中の（　1　），（　2　）にあてはまる言葉は何ですか。

問2　メダカの飼育方法として正しい文はどれですか。次の（ア）～（ウ）から1つ選び，記号で答えなさい。

（ア）えさをあたえる時は，食べ残りがたくさん出るようにあたえる。
（イ）水そうの水が汚れていたら，水そうの水を半分くらい，くみ置きの水と入れかえる。
（ウ）メダカがうんだ卵を見つけたら，親のメダカから離さず，同じ水そうで飼い続ける。

問3　下線部①について，太郎さんは，めすのメダカのスケッチをしました。右の図1の（1）～（3）の部分のスケッチはそれぞれどれですか。次の（ア）～（カ）から1つずつ選び，記号で答えなさい。

図1

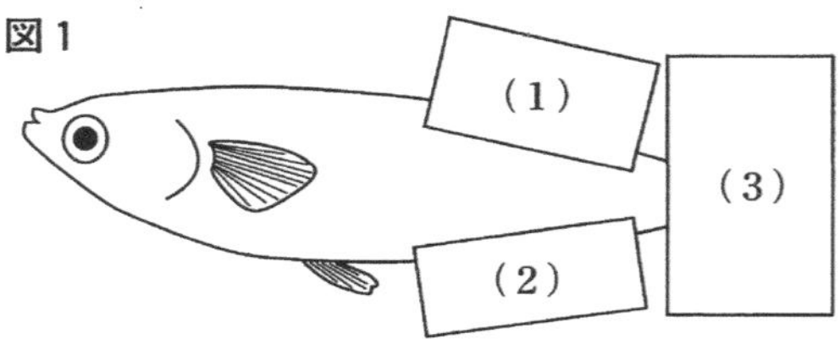

（ア）　（イ）　（ウ）　（エ）　（オ）　（カ）

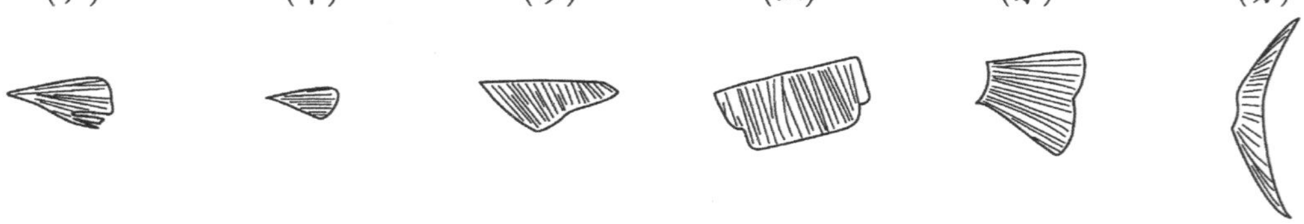

問4　太郎さんは，メダカの尾びれを顕微鏡で観察することにしました。次の（ア）～（オ）は顕微鏡の使い方についての文です。正しい使い方の順番になるように並びかえ，記号で答えなさい。ただし，（ア）からはじまります。

（ア）顕微鏡を，水平で日光が直接当たらない明るい場所に置く。
（イ）プレパラートなど観察するものを，ステージの上に置く。
（ウ）接眼レンズをのぞきながら，対物レンズがステージから離れていくように調節ねじをゆっくりと回す。
（エ）真横から見ながら調節ねじを回し，対物レンズとプレパラートなど観察するものを，なるべく近づける。
（オ）接眼レンズをのぞきながら，反射鏡を動かし，明るく見えるようにする。

問5　太郎さんは，顕微鏡を使ってメダカの尾びれを観察し，図2のようにスケッチをしました。図2の血管Aや血管Bの矢印（➡）は血液が流れていた方向を表しています。このスケッチの説明として正しい文はどれですか。次の（ア）～（エ）から1つ選び，記号で答えなさい。

図2

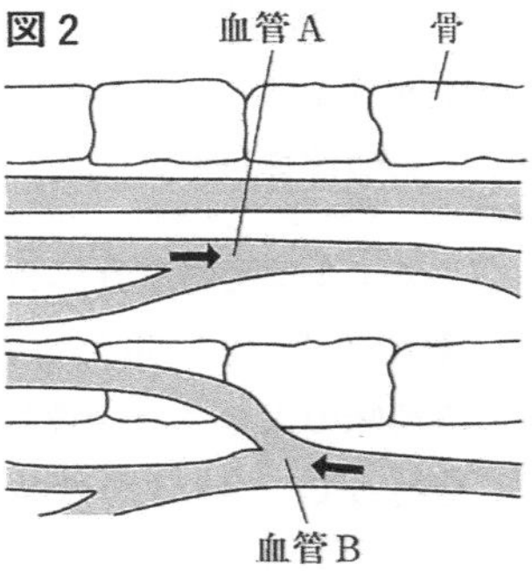

（ア）酸素が多い血液が流れているのは血管Aであり，図2の右側が尾びれの先端（せんたん）である。
（イ）酸素が多い血液が流れているのは血管Aであり，図2の左側が尾びれの先端である。
（ウ）酸素が多い血液が流れているのは血管Bであり，図2の右側が尾びれの先端である。
（エ）酸素が多い血液が流れているのは血管Bであり，図2の左側が尾びれの先端である。

問6　下線部②について，水そうでメダカを育てたとき，めすのメダカはどのような場所に卵をよくうみますか。次の（ア）～（エ）から1つ選び，記号で答えなさい。
（ア）石の上　　（イ）砂の上　　（ウ）水草　　（エ）水面

問7　太郎さんは，メダカの卵が成長するようすを観察し，スケッチをしました。次の（ア）～（オ）のスケッチを，メダカの卵が成長する順番に並びかえ，記号で答えなさい。

（ア）　（イ）　（ウ）　（エ）　（オ）

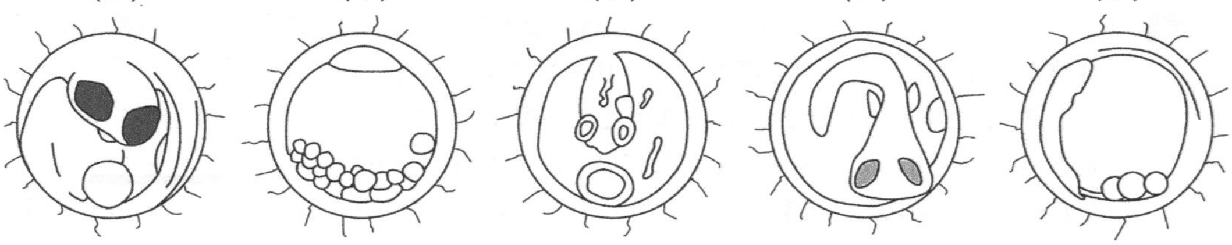

問8　下線部③について，子メダカがえさを食べなくても成長できるのはなぜですか。理由を15字以内で説明しなさい。

太郎さんは，川辺でヒキガエルを何匹（なんびき）か見つけました。ヒキガエルは何か獲物（えもの）を食べていました。太郎さんは，ヒキガエルがどのような獲物を食べるのかが気になり調べたところ，次のような資料を見つけました。

カエルは獲物を食べるときには，次のような連続した行動をとる。獲物が動くと，カエルはまず獲物の方に顔を向け，両眼で見て，舌で獲物をとらえ，飲みこむ。そのため，カエルの獲物に対する興味の大きさは，獲物の方を向いた回数で表すことができる。ヒキガエル（以下カエルと呼ぶ）を使って，次のような実験をした。

実験1　図3のように，カエルを透明（とうめい）な容器に入れた。カエルが入った透明な容器のまわりで，いろいろな模型を，同じ速さで1分間回し続けた。模型は黒い紙を切って作ったもので，正方形，たてに長い長方形，よこに長い長方形の模型を用意した（図4）。それぞれの模型の辺の長さ（図4の辺H，辺L）を変化させたときの，カエルが模型の方を向いた回数を調べた。下の表1～3はその結果を表している。ただし，図4の模型の向きを変えずに回し続けた。

図3

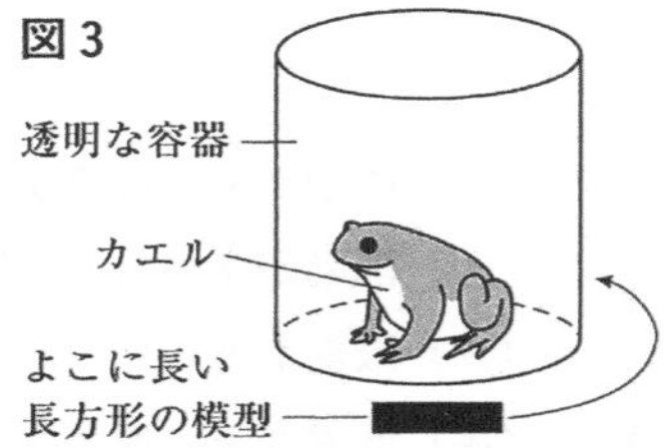

図4

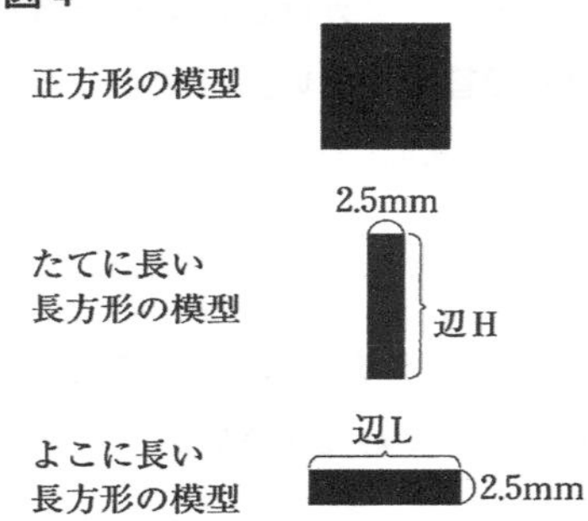

表1

正方形の模型の一辺の長さ（mm）	5	10	20
カエルが模型を向いた回数（回）	8	20	22

表2

たてに長い長方形の模型の辺Hの長さ（mm）	5	10	20
カエルが模型を向いた回数（回）	8	5	1

表3

よこに長い長方形の模型の辺Lの長さ（mm）	5	10	20
カエルが模型を向いた回数（回）	8	20	30

実験2　図5のように，カエルを実験1と同じ透明な容器に入れた。容器のそばにスクリーンを置き，スクリーンに正方形A，長方形B，長方形Cをそれぞれ写し，動かした。図6は正方形A，長方形B，長方形Cの大きさを表している。これらの正方形や長方形が地面に対して動く角度を図7～9のように変えた。図5は，図9の0度の実験のようすを表している。カエルが正方形A，長方形B，長方形Cの方を向いた回数をそれぞれ調べた。次の表4～6はその結果を表している。

図5

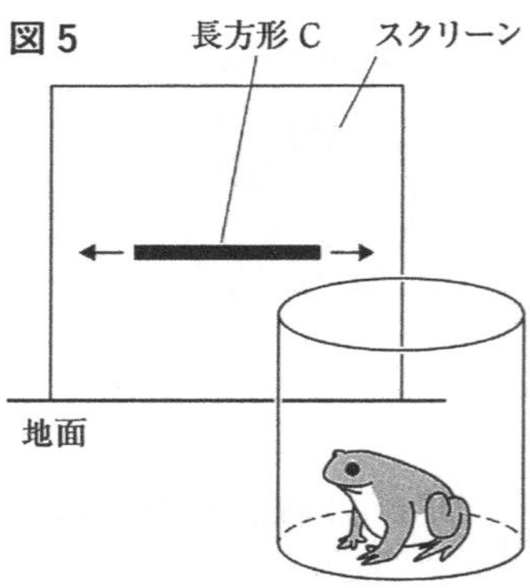

図6

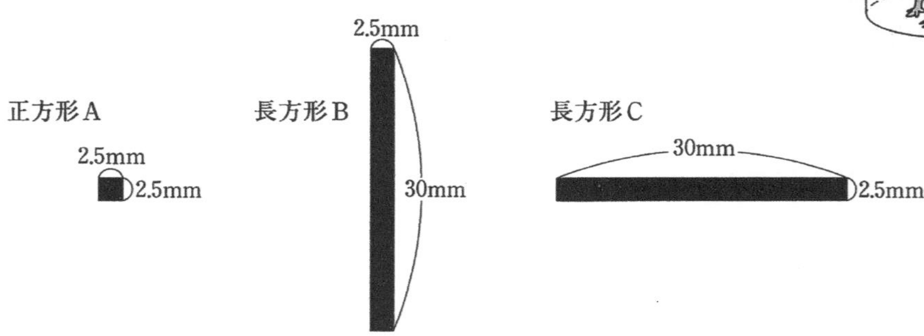

図 7

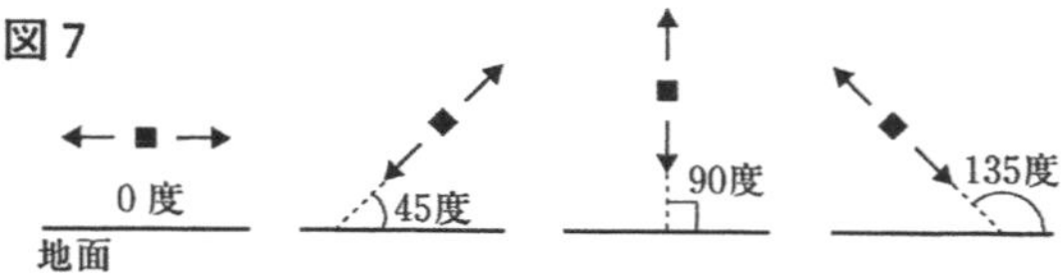

図 8

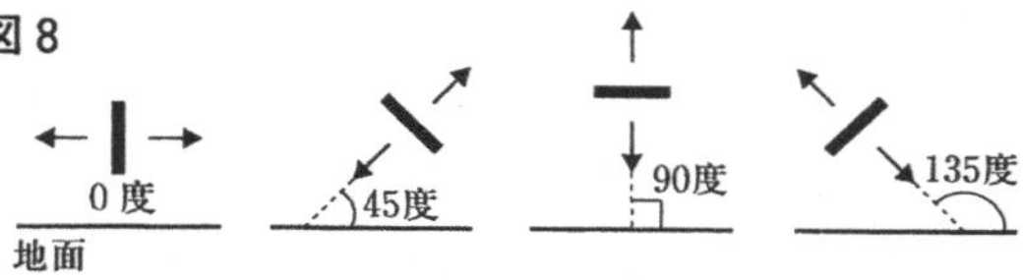

図 9

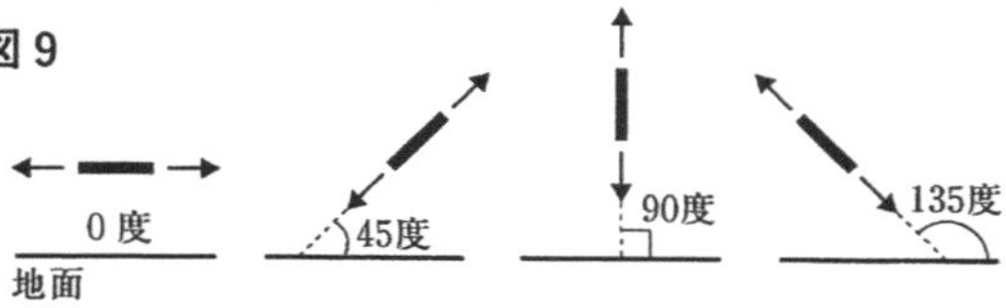

表 4

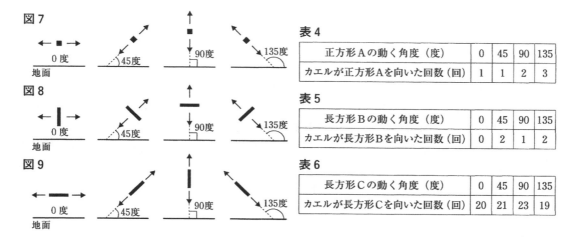

正方形Aの動く角度（度）	0	45	90	135
カエルが正方形Aを向いた回数（回）	1	1	2	3

表 5

長方形Bの動く角度（度）	0	45	90	135
カエルが長方形Bを向いた回数（回）	0	2	1	2

表 6

長方形Cの動く角度（度）	0	45	90	135
カエルが長方形Cを向いた回数（回）	20	21	23	19

問 9　次の文は，実験 1 の結果をまとめたものです。文中の（1）～（3）にあてはまる言葉を［　　　］内から 1 つずつ選び，解答用紙の言葉を丸で囲みなさい。

　表 1 の結果から，正方形の模型の一辺の長さが長くなるとき，カエルの興味は（1）［大きくなる ／ 小さくなる ／ 変わらない］ことがわかる。また，表 2 の結果から，たてに長い長方形の辺Hの長さが長くなるとき，カエルの興味は（2）［大きくなる ／ 小さくなる ／ 変わらない］ことがわかる。さらに，表 3 の結果から，よこに長い長方形の辺Lの長さが長くなるとき，カエルの興味は（3）［大きくなる ／ 小さくなる ／ 変わらない］ことがわかる。

問10　実験 2 の結果から，正方形A，長方形B，長方形Cの動き方とカエルの興味について考えられることとして正しいものを，次の（ア）～（ク）から 2 つ選び，記号で答えなさい。

（ア）カエルがもっとも大きな興味を示すのは，正方形Aである。
（イ）カエルがもっとも大きな興味を示すのは，長方形Bである。
（ウ）カエルがもっとも大きな興味を示すのは，長方形Cである。
（エ）カエルが興味を示す大きさは，正方形A，長方形B，長方形Cでほとんど変わらない。
（オ）正方形Aや長方形B，Cの動く方向が，地面に対して垂直方向のときのみ興味を示す。
（カ）正方形Aや長方形B，Cの動く方向が，地面に対して平行方向のときのみ興味を示す。
（キ）正方形Aや長方形B，Cの動く方向が，地面に対してななめ方向のときのみ興味を示す。
（ク）正方形Aや長方形B，Cの動く方向が，地面に対してどのような方向でもカエルの興味の大きさはほとんど変わらない。

問11　太郎さんはこれらの実験の結果から，カエルがどのような獲物を多く食べているのかを考えました。カエルが食べようとする獲物として，太郎さんが考えたものを次の（ア）～（ク）から 2 つ選び，記号で答えなさい。

（ア）草の茎（くき）を登るチョウの幼虫　（イ）草の葉の裏で静止したチョウのさなぎ
（ウ）草の葉にとまっているチョウの成虫　（エ）水面に静止したアメンボ
（オ）地面をはうミミズ　（カ）空中を飛ぶショウジョウバエの成虫
（キ）地面に生えているコケ　（ク）地面に落ちたタンポポの種

〔2〕クエン酸は，みかんやうめなどのすっぱい食品によく含まれています。みかんの果汁に含まれているクエン酸の割合を調べるために，次の実験1，2をしました。あとの問いに答えなさい。

実験1　同じ量の水が入ったビーカーを5つ用意し，それぞれのビーカーにクエン酸14gを加えてすべて溶かし，クエン酸水溶液をつくった。ビーカーを含めたクエン酸水溶液全体の重さをはかると，どれも114gだった。それぞれのビーカーにいろいろな重さの重曹を加えると，重曹はクエン酸と反応し，二酸化炭素が発生した。二酸化炭素が発生しなくなるまで完全に反応させ，再び全体の重さをそれぞれはかった。表はその結果を表している。ただし，重曹はクエン酸のみと反応したものとする。

表

加えた重曹の重さ（g）	5	10	15	20	25
反応後の水溶液が入ったビーカー全体の重さ（g）	116	118	120	123.5	128.5

問1　水溶液の性質について，次の（1）～（3）に答えなさい。

（1）クエン酸水溶液は酸性です。ＢＴＢ溶液を加えると何色になりますか。

（2）アルカリ性の水溶液を，次の（ア）～（オ）からすべて選び，記号で答えなさい。

（ア）食塩水　（イ）石灰水　（ウ）アンモニア水　（エ）重曹水　（オ）塩酸

（3）水を蒸発させると固体が出てくる水溶液を，（2）の（ア）～（オ）からすべて選び，記号で答えなさい。

問2　二酸化炭素について，次の（1），（2）に答えなさい。

（1）空気中の二酸化炭素の割合としてもっとも近いものを，次の（ア）～（エ）から1つ選び，記号で答えなさい。

（ア）0.04％　（イ）0.93％　（ウ）21％　（エ）78％

（2）「持続可能な開発目標（ＳＤＧｓ）」の1つに「気候変動に具体的な対策を」（図）という目標があります。私たちが日常生活の中で出す二酸化炭素は，気候変動を引き起こす原因の1つだと考えられています。二酸化炭素の排出量を減らすために，私たちが日常生活の中でできることを1つ考え，文章で書きなさい。

図

問3　次の文は，実験1について書かれたものです。(　あ　)，(　い　)にあてはまる数字は何ですか。

実験1で，重曹5gを加えたときに発生した二酸化炭素の重さは，次のように求めることができる。ビーカーを含めたクエン酸水溶液114gと，重曹5gを合わせた重さは(　あ　)gになる。表より，ビーカーに重曹5gを加えると，重曹はクエン酸と反応し，発生した二酸化炭素の分の重さが減り全体の重さが116gになる。よって，このとき発生した二酸化炭素の重さは(　い　)gになる。加える重曹の重さをいろいろ変えたときも，発生した二酸化炭素の重さは，同じようにして求めることができる。

問4　実験1の結果から，加えた重曹の重さと発生した二酸化炭素の重さの関係を表したグラフはどれですか。次の（ア）～（エ）から1つ選び，記号で答えなさい。

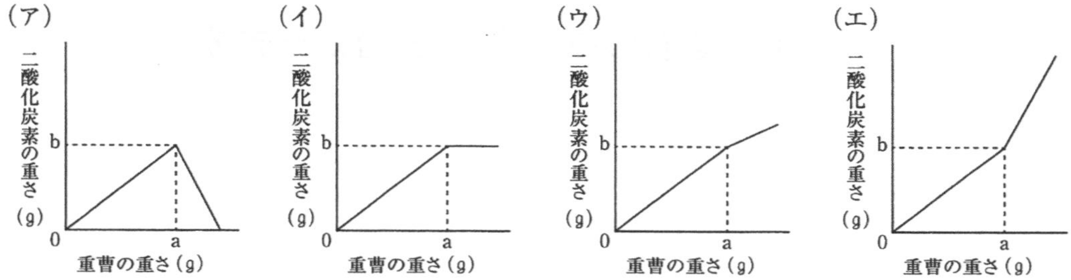

問5　問4で選んだグラフのaとbはそれぞれ何gを表していますか。

問6　あたらしく水が入ったビーカーを用意し，ビーカーにクエン酸35gを加えてすべて溶かし，クエン酸水溶液をつくりました。ビーカーに重曹50gを加えて，二酸化炭素が発生しなくなるまで完全に反応させました。次の（1），（2）に答えなさい。ただし，「反応するクエン酸の重さ」と「反応する重曹の重さ」と「発生する二酸化炭素の重さ」の比はつねに同じになるとします。

（1）加えた重曹のうち，クエン酸と反応しなかった重曹の重さは何gでしたか。

（2）発生した二酸化炭素の重さは何gでしたか。

実験2　みかん8個をしぼり，しぼり汁(じる)をビーカーに入れた。しぼり汁をろ過して果汁を取り出した。果汁だけの重さをはかると400gだった。この果汁に十分な量の重曹を加え，完全に反応させると，二酸化炭素が3.06g発生した。ただし，重曹は果汁に含まれているクエン酸のみと反応したものとする。

問7　ろ過によってできることを，次の（ア）～（ウ）から1つ選び，記号で答えなさい。

（ア）ミョウバンの水溶液からミョウバンを取り出す。

（イ）海水から食塩を取り出す。

（ウ）砂の入った水から砂を取り出す。

問8　実験2で，果汁400gに含まれているクエン酸と反応した重曹の重さは何gでしたか。

問9　実験2で取り出した果汁400gに含まれているクエン酸の重さの割合は何%ですか。

〔3〕は右のページから始まります。

令和六年度　国語解答用紙（前期）

「句読点（くとうてん）」や「かぎかっこ」なども、一字として数えます。

一

問一　ア　イ　ウ　エ　オ

問二　1　2　3

問三　①　②

問四

問五　①　②

問六　①　②

問七

【4】

(1)	(2)
時間	時間

【5】

(1)	(2)
通り	通り

【6】

(1)	(2)
時　分	時　分

【7】

(1)	(2)
cm^2	cm^2

	問7		問8	g	問9	%

〔3〕	問1		問2		問3		問4		問5		
	問6		問7	1回目		2回目		問8		問9	分
	問10	倍	問11	倍	問12	倍	問13				

〔4〕	問1		問2		問3		問4				
	問5	(1)	あ		い		(2)	う		え	
	問6	お		か							
	問7	(1)	個	cm	(2)	㉒	個	㉔	個	cm	
		(3)	㉒	個	㉕	個	cm				
	問8	個	cm	問9	⑩	個	㉒	個			
	問10	1通り目	番号		個数	個	番号		個数	個	
		2通り目	番号		個数	個	番号		個数	個	
		3通り目	番号		個数	個	番号		個数	個	

令和６年度
(前期)
理 科 解 答 用 紙

受験番号			得 点	※100点満点 （配点非公表）

〔1〕	問1	(1)		(2)					
	問2		問3	(1)		(2)		(3)	
	問4	ア → → → →				問5		問6	
	問7	→ → → →							
	問8								
	問9	(1)	大きくなる ／ 小さくなる ／ 変わらない	(2)	大きくなる ／ 小さくなる ／ 変わらない				
		(3)	大きくなる ／ 小さくなる ／ 変わらない	問10			問11		
〔2〕	問1	(1)	色	(2)		(3)			
	問2	(1)		(2)					
	問3	あ		い		問4			

【解答用

受験番号	

令和６年度

算数解答用紙

（前期）

得　点	※100点満点（配点非公表）

【１】

(1)	(2)

【２】

(1)	(2)

【３】

(1)	(2)	(3)
mL	枚	

(4)		(5)
ア	イ	度

【解答用

三 ① ② ③ ④ ⑤

四 ① 意味 A B ② 意味 A B ③ 意味 A B

五 ① ↓ ↓ ↓ ↓ ② ↓ ↓ ↓ ↓ ③ ↓ ↓ ↓ ↓

問二

問五

問六

問七

問八

受験番号

得　点

※100点満点
（配点非公表）

〔3〕月や地球，太陽について，次の問いに答えなさい。

問1　月の表面にたくさんあるくぼみを何といいますか。

問2　2023年8月30日から31日にかけて，いつもより大きく美しい月が夜空に見え，話題になりました。月と地球の距離(きょり)が近くなると，大きく美しい月が見えることがあります。このような月は何と呼ばれていますか。次の（ア）～（エ）から1つ選び，記号で答えなさい。
（ア）ウルトラムーン　（イ）スーパームーン　（ウ）ハネムーン　（エ）レッドムーン

問3　月面には空気がなく，地球と比べて水が非常に少ないと考えられています。このことから，月面で起こりやすいと考えられることはどれですか。次の（ア）～（エ）から1つ選び，記号で答えなさい。
（ア）雲ができて，雨が降りやすい。　（イ）台風ができて，強い風がふきやすい。
（ウ）表面の温度が変化しやすい。　（エ）ものが燃えやすい。

月の形が日によって違(ちが)って見えるのは，月が動いて，月と地球と太陽の位置関係が変化するからです。図1は，月と地球，太陽の位置関係を表しています。図1では太陽が左側にあり，月が動いて（あ）～（く）の位置に変化することがかかれています。ただし図1は，地球を北極側から見た図で，日本で月を見ているものとします。

図1

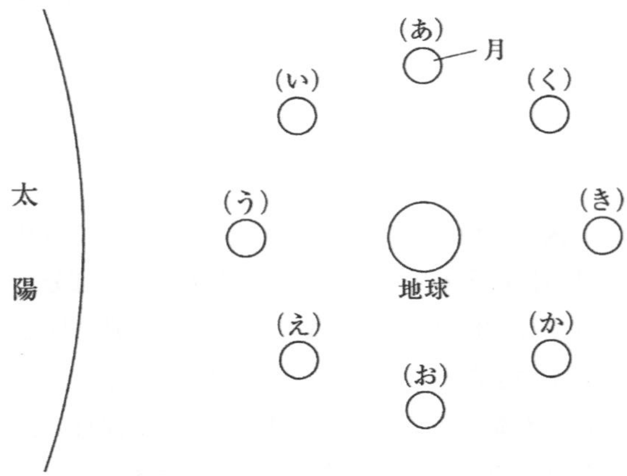

問4　月が図1の（あ）の位置のとき，月はどのように見えますか。次の（ア）～（ク）から1つ選び，記号で答えなさい。

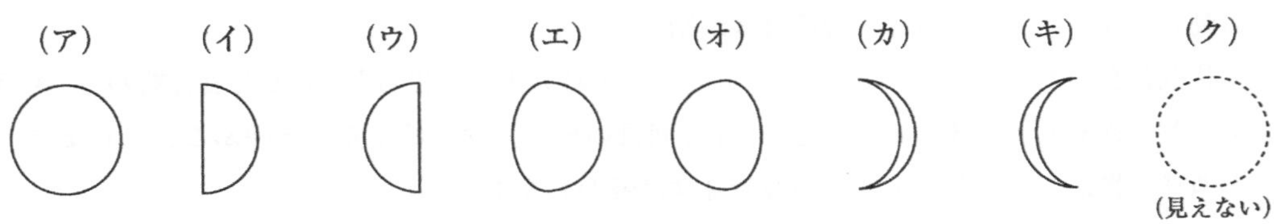

問5　ある日の夕方6時ごろ，南東の空に月が見えました。このとき月はどのように見えていましたか。問4の（ア）～（ク）から1つ選び，記号で答えなさい。

問6　問5のように月が見えたとき，月は図1のどの位置でしたか。図1の（あ）～（く）から1つ選び，記号で答えなさい。

2021年11月19日の夕方から夜にかけて，月が欠けたり暗くなったりして見える「月食（げっしょく）」が起こり，智辯学園和歌山中学校のグラウンドでもはっきりと観察できました。

月が図１の（き）の位置のとき，地球で月食が見られることがあります。図２は，月食のときの月や北極側から見た地球のようすを説明したものです。地球が太陽の光をさえぎる部分は影（かげ）になり，これを図２では「地球の影」と表しています。月が動いて，月が地球の影の部分を通るときに月食が見られます。図２では分かりやすくするために，月や地球を円で表し，月が一直線上を動くようにかかれています。

図２

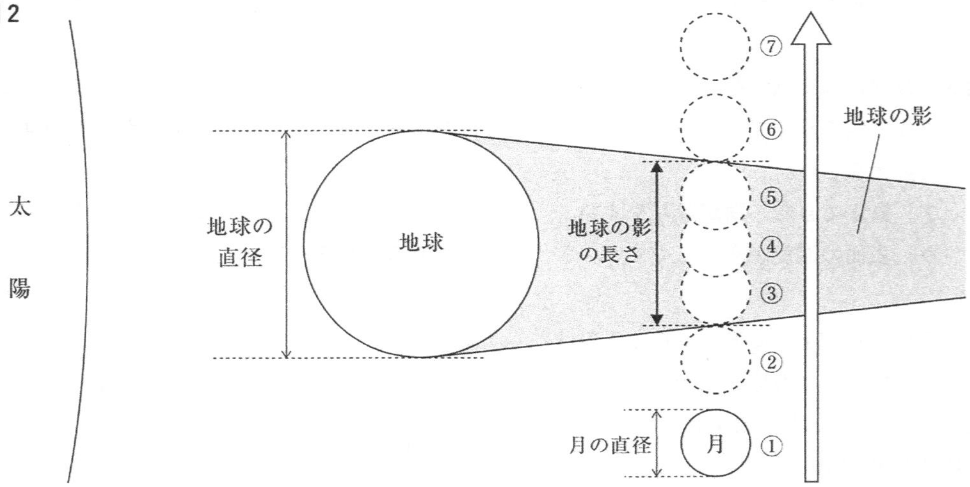

図２について，月が動いて，月が一部でも地球の影に入ると，月の一部分が欠けた「部分月食」（図３）が見られます。つまり，月が図２の①の位置から動いて②の位置にくると，部分月食が始まります。このときを，「１回目の部分月食の始まり」と呼ぶことにします。

図３

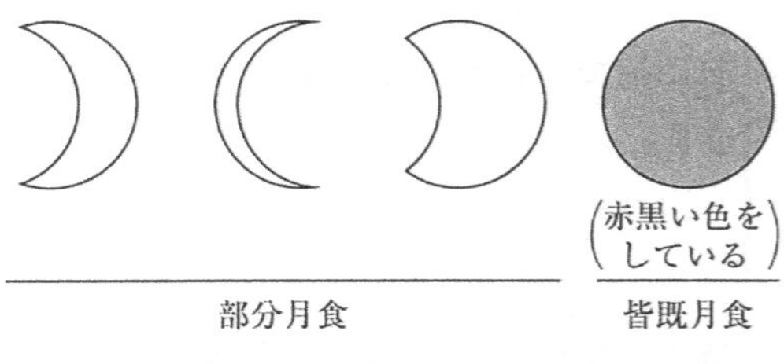

月がさらに動いて月全体が地球の影に入ると，赤黒い色をした月である「皆既（かいき）月食」（図３）が見られます。つまり，月が図２の②の位置から動いて③の位置にくると，皆既月食が始まります。

皆既月食のあと，月が動いて，月が少しでも地球の影から出ると，皆既月食は終わり，もう一度，部分月食が見られます。このときを，「２回目の部分月食の始まり」と呼ぶことにします。月全体が地球の影から出ると，２回目の部分月食は終わります。

問７　１回目の部分月食と２回目の部分月食が始まると，それぞれ月の見え方はどのように変化していきますか。図２から考え，次の（ア）～（エ）から１つずつ選び，記号で答えなさい。

（ア）月は右側から欠けていく。　（イ）月は左側から欠けていく。

（ウ）月は右側から満ちていく。　（エ）月は左側から満ちていく。

古代ギリシャの天文学者であるアリスタルコスは，月食の詳しい観察から，月の大きさや月と地球の距離を求めたといわれています。

表は，日本のある都市で歌子さんが観察したり調べたりした月食の記録です。この表を使って，アリスタルコスの考えたことを利用しながら，月の大きさや月と地球の距離などを考えてみましょう。ただし，月はいつも同じ速さで動くものとします。

表

1回目の部分月食の始まりの時刻	午前3時23分
皆既月食の始まりの時刻	午前4時23分
皆既月食の終わりの時刻	午前6時3分
2回目の部分月食の終わりの時刻	午前7時3分

問8　図2について，1回目の部分月食が終わったとき，月はどの位置だったと考えられますか。図2の③〜⑦から1つ選び，番号で答えなさい。

問9　表より，月が図2の「月の直径」の距離を動くのに，何分かかったと考えられますか。

問10　図2において，矢印（↕）の部分を「地球の影の長さ」としています。このとき，「地球の直径」は，「地球の影の長さ」よりも「月の直径」1個分だけ長いことが分かっています。表や問9の答えから考えると，図2の「地球の直径」は，「月の直径」のおよそ何倍ですか。答えが割り切れなければ，小数第2位を四捨五入して，小数第1位まで答えなさい。

問11　歌子さんが満月を観察したとき，図4のように，観察地点の人間の視線と月がつくる角度は0.5度でした。

あとの資料を使うと，「月と地球の距離」は「月の直径」のおよそ何倍ですか。ただし円周率は3とし，答えが割り切れなければ，小数第1位を四捨五入して，整数で答えなさい。

図4

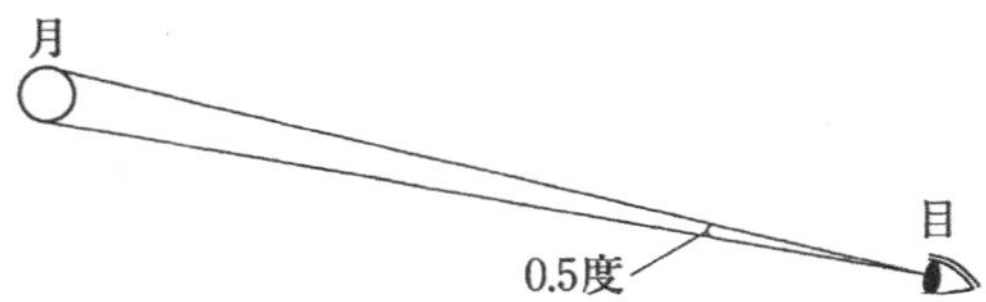

資料　中心角が非常に小さいおうぎ形では，弧の長さと，弦の長さ（円周上の点を直線で結んだ長さ）は，同じだと考えてよい。

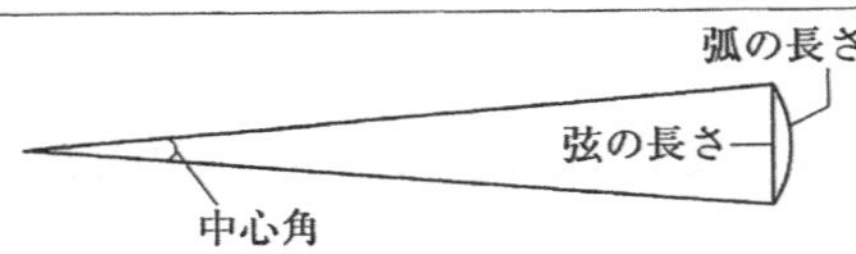

問12　地球から月と太陽を見ると，月と太陽はほぼ同じ大きさに見えます。このことや問10，11の答えから考えると，太陽を円で表したときの「太陽の直径」（図5）は，「地球の直径」のおよそ何倍ですか。ただし，「地球と太陽の距離」は「月の直径」の4万倍であるとします。また，答えが割り切れなければ，小数第1位を四捨五入して，整数で答えなさい。

図5

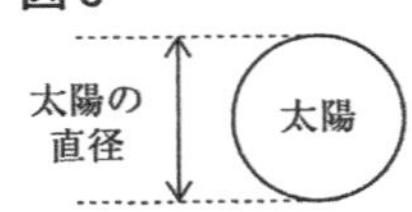

問13　アリスタルコスは，これまでの問いで求めた結果などから「太陽が地球の周りをまわっているのではなく，地球が太陽の周りをまわっている」と考えたといわれています。アリスタルコスはどのように考えたのでしょうか。次の（ア）〜（エ）から1つ選び，記号で答えなさい。

（ア）地球が，地球からはるかに離れたものの周りをまわるのは，不自然だと考えたから。

（イ）地球が，地球よりもはるかに大きいものの周りをまわるのは，不自然だと考えたから。

（ウ）地球と同じぐらいの大きさのものが，地球の周りをまわるのは，不自然だと考えたから。

（エ）地球よりもはるかに大きいものが，地球の周りをまわるのは，不自然だと考えたから。

〔4〕一辺が20cmの正方形のうすい板の中央にばねをつけ，水平な台の上に置いて図1のような装置をつくりました。このとき，板は水平でした。次に，重さが100gで一辺が4cmの立方体のつみ木を，いくつか用意しました。つみ木を板にのせ，どのようにつみ木をのせれば板が水平になるかを調べる実験をしました。あとの問いに答えなさい。ただし，この板にのせたつみ木は，板がかたむいても位置がずれないものとします。また，板の厚みと，板およびばねの重さは考えないものとし，実験で使った板，つみ木，ばねはすべて同じものです。

図1

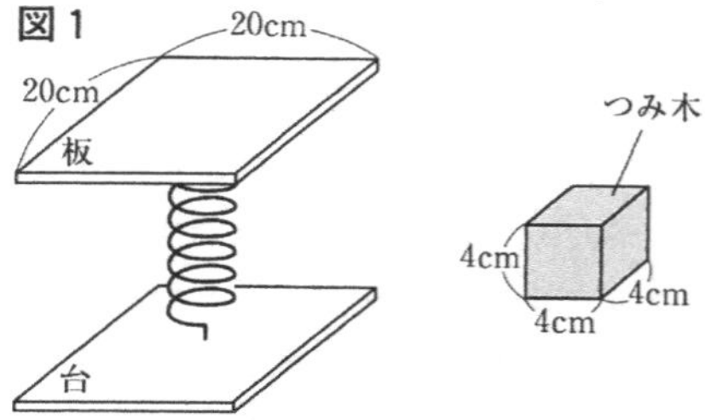

実験1　ばねをつけた板の中央をO点とし，図2のようにO点を通るように点線を引いた。点線上でO点から8cmはなれたA点と4cmはなれたB点に，つみ木をそれぞれ1個と2個のせると，板は水平になった。図3はこのときのようすを横から見たものである。O点からつみ木をのせるA点までの長さ，O点からつみ木をのせるB点までの長さおよび，A点，B点にのせるつみ木の個数をいろいろ変えて板が水平になる条件を調べた。表1はその結果を表している。ただし，つみ木を板にのせるときは，A点やB点とつみ木の底面の中央が重なるようにした。

図2

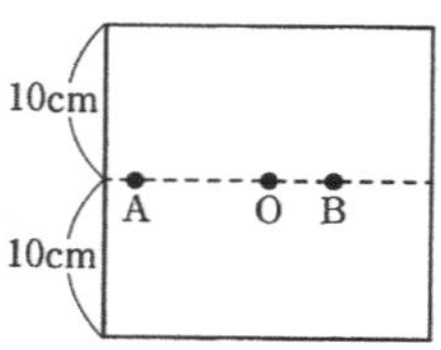

図3

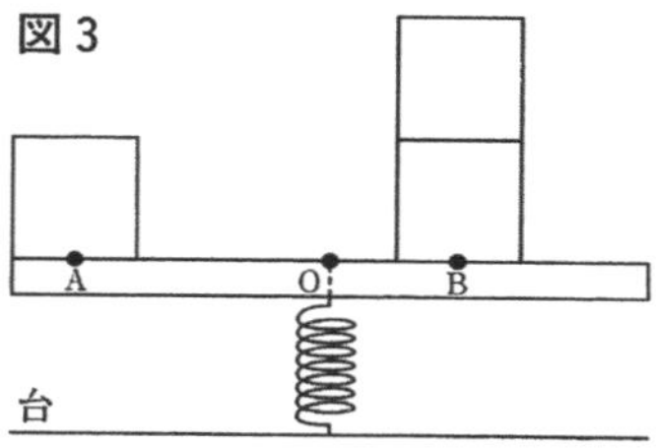

表1

A点にのせたつみ木の個数（個）	1	2	2	2	3
B点にのせたつみ木の個数（個）	2	2	3	4	5
OAの長さ（cm）	8	8	6	6	5
OBの長さ（cm）	4	8	4	(a)	3

問1　表1の結果から，［A点にのせたつみ木の個数］：［B点にのせたつみ木の個数］と同じ比になるのはどれですか。次の（ア）～（エ）から1つ選び，記号で答えなさい。

（ア）［OAの長さ］：［OBの長さ］
（イ）［OAの長さ］：［A点にのせたつみ木の個数］
（ウ）［OBの長さ］：［OAの長さ］
（エ）［OBの長さ］：［B点にのせたつみ木の個数］

図4

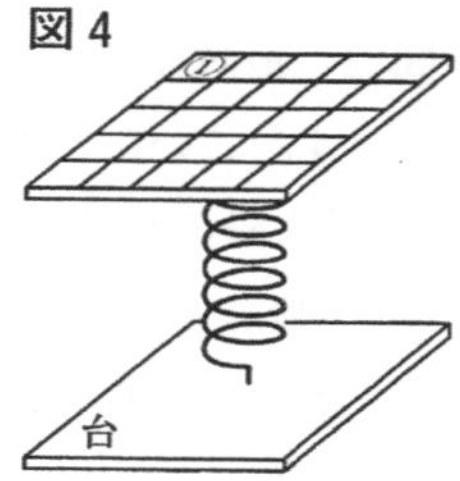

問2　表1の（a）にあてはまる数字は何ですか。

次に，図1の板の上面に，等間隔（とうかんかく）に線を引き，25マスにわけて番号をつけ，図4のような装置をつくりました。図5は，板を上から見たときの図です。ただし，板につみ木をのせるときは，マス目に合わせてのせるものとします。また，つみ木の上につみ木をのせるときも，下のつみ木とずれないようにのせるものとします。

図5

①	②	③	④	⑤
⑥	⑦	⑧	⑨	⑩
⑪	⑫	⑬	⑭	⑮
⑯	⑰	⑱	⑲	⑳
㉑	㉒	㉓	㉔	㉕

実験2　図4の装置の⑬につみ木を1個のせると，図6のように，板は水平になり，ばねは0.5cm縮んだ。⑬にのせるつみ木の個数だけを変え，ばねが何cm縮んだかを調べた。表2はその結果を表している。

図6

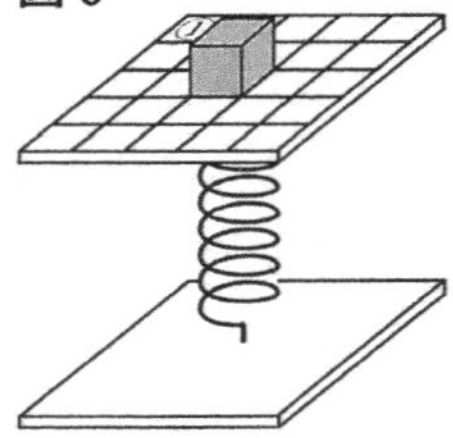

問3　表2より，⑬にのせたつみ木の個数とばねのちぢみには，どんな関係がありますか。

表2

⑬にのせた個数（個）	0	1	2	3	4
ばねのちぢみ（cm）	0	0.5	(b)	1.5	2

問4　表2の（b）にあてはまる数字は何ですか。

図7

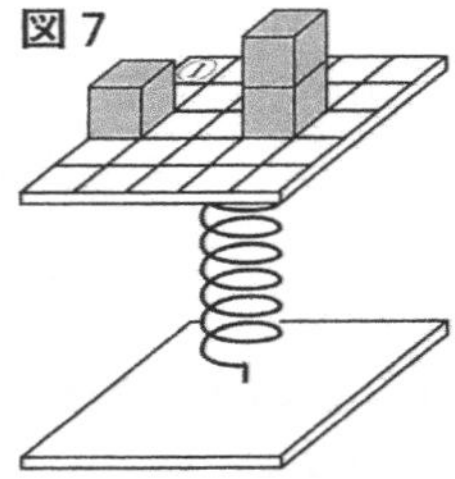

実験3　図4の装置の⑪につみ木を1個のせると，板はかたむいた。そこで，図7のように，⑭につみ木を2個のせると板が水平になり，ばねは縮んだ。⑪にのせるつみ木の個数を変えたとき，⑭につみ木を何個のせると板が水平になるか，また，そのときばねが何cm縮んだかを調べた。表3はその結果を表している。

表3

⑪にのせた個数（個）	1	2	3	4
⑭にのせた個数（個）	2	4	6	8
ばねのちぢみ（cm）	1.5	3	4.5	6

問5　次の文は，実験1～3から考えたものです。あとの（1），（2）に答えなさい。

表3において，［⑪にのせたつみ木の個数］：［⑭にのせたつみ木の個数］の比は（　あ　）になっている。このとき，［⑪の中央から⑬の中央までの長さ］：［⑭の中央から⑬の中央までの長さ］の比は（　い　）になっている。つまり，実験1の結果から考えたことと同じように，【マス目にのせたつみ木の個数】の比と，【つみ木をのせたマス目の中央から⑬の中央までの長さ】の比の関係を考えれば，板を水平にすることができる。

実験3において，⑪につみ木を1個，⑭につみ木を2個のせたとき，ばねは（　う　）cm縮んでいた。このとき，ばねのちぢみは，実験2において，⑬に（　え　）個のせたときと同じである。

（1）文中の（　あ　），（　い　）にあてはまる比はそれぞれどれですか。次の(ア)～(ウ)から1つずつ選び，記号で答えなさい。

(ア)　1：1　　　(イ)　1：2　　　(ウ)　2：1

（2）文中の（　う　），（　え　）にあてはまる数字はそれぞれ何ですか。

実験４　図４の装置の⑪につみ木を３個のせると，板はかたむいた。そこで，図９のように，⑨につみ木を４個と㉔につみ木を２個のせると，板は水平になった。次に，⑨と㉔にのせていたつみ木６個をまとめ，何番のマス目にのせると板が水平になるかを調べると，⑭にのせたとき板は水平になった。図10はそのようすを表している。このとき，図９も図10もばねは4.5cm縮んでいた。

図９

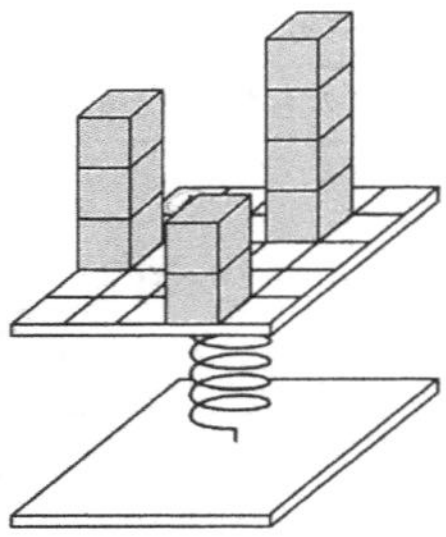

図10

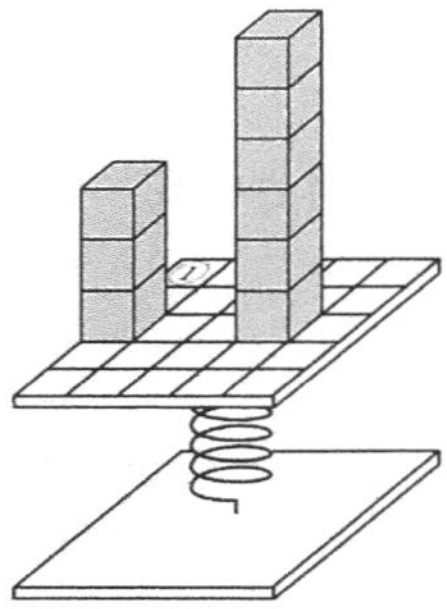

図11

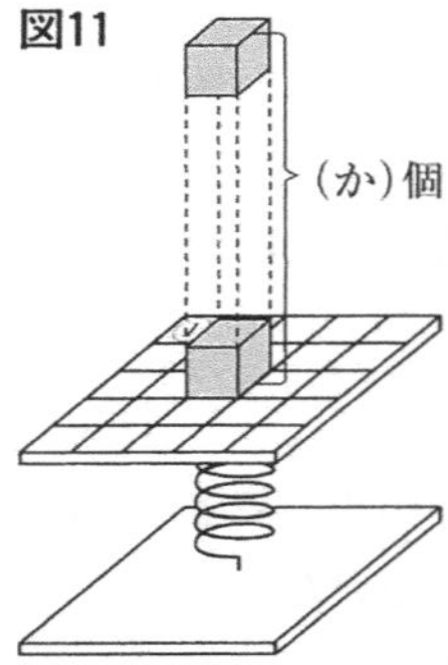

問６　次の図や文は，問５と実験４から考えたものです。図中と文中の（　お　），（　か　）にあてはまる数字はそれぞれ何ですか。

図９を上から見たようす

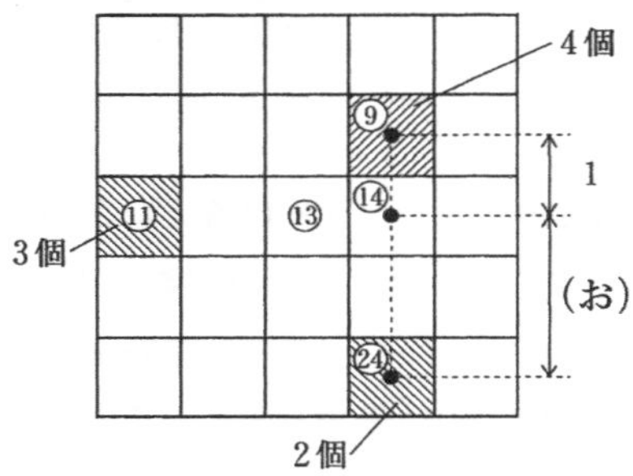

図10を上から見たようす

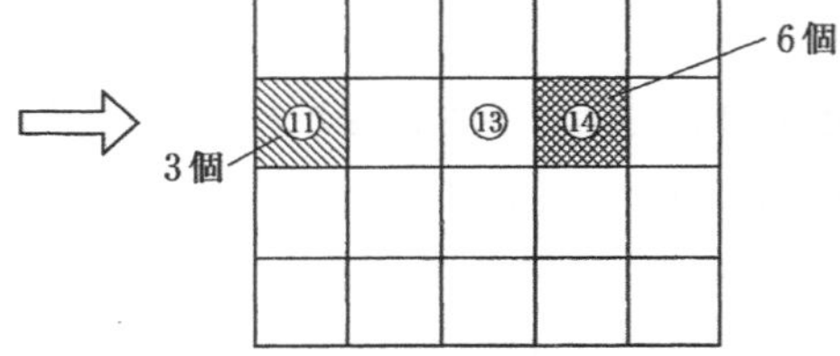

図９を上から見たようすから考えると，⑨の中央と㉔の中央を結んだ線分上で，長さの比が１：（　お　）になっているのは，⑭の中央である。図10では，⑨と㉔にのせていたつみ木６個を，⑭にまとめてのせているので，板は水平で，ばねが4.5cm縮んだとわかる。

また，**図10を上から見たようす**から考えると，⑬に（　か　）個のせるときも，板が水平で，ばねが4.5cm縮むことになる（図11）。

図９，図10，図11は，どれもつみ木が板に同じ重さを加え，板が水平になっていることがわかる。

問７　図４の装置の⑧につみ木を12個のせました。次に（１）～（３）のマス目につみ木をのせるとき，それぞれつみ木を何個のせると板は水平になりますか。また，そのときばねのちぢみは何cmですか。

（１）㉓のマス目

（２）㉒と㉔のマス目

（３）㉒と㉕のマス目

2024(R6) 智辯学園和歌山中
教英出版

問８　図４の装置の①につみ木を２個のせました。⑲につみ木を何個のせると板は水平になりますか。また，そのときばねのちぢみは何cmですか。

問９　図４の装置の②と⑥にそれぞれつみ木を１個ずつのせました。⑩と㉒にそれぞれつみ木を何個のせると板は水平になりますか。

問10　つみ木を18個用意しました。図４の装置の①と⑧と⑫にそれぞれつみ木を２個ずつのせました。残りのつみ木12個を，２か所にのせて板を水平にしたい。何番と何番のマス目にそれぞれ何個のせると板は水平になりますか，３通り答えなさい。ただし，①と⑧と⑫の３か所にはさらにつみ木はのせず，また，残りのつみ木12個を，すべて板にのせることとします。

次の図は問題を考えるために使ってもよい。

①	②	③	④	⑤
⑥	⑦	⑧	⑨	⑩
⑪	⑫	⑬	⑭	⑮
⑯	⑰	⑱	⑲	⑳
㉑	㉒	㉓	㉔	㉕

①	②	③	④	⑤
⑥	⑦	⑧	⑨	⑩
⑪	⑫	⑬	⑭	⑮
⑯	⑰	⑱	⑲	⑳
㉑	㉒	㉓	㉔	㉕

①	②	③	④	⑤
⑥	⑦	⑧	⑨	⑩
⑪	⑫	⑬	⑭	⑮
⑯	⑰	⑱	⑲	⑳
㉑	㉒	㉓	㉔	㉕

①	②	③	④	⑤
⑥	⑦	⑧	⑨	⑩
⑪	⑫	⑬	⑭	⑮
⑯	⑰	⑱	⑲	⑳
㉑	㉒	㉓	㉔	㉕

①	②	③	④	⑤
⑥	⑦	⑧	⑨	⑩
⑪	⑫	⑬	⑭	⑮
⑯	⑰	⑱	⑲	⑳
㉑	㉒	㉓	㉔	㉕

①	②	③	④	⑤
⑥	⑦	⑧	⑨	⑩
⑪	⑫	⑬	⑭	⑮
⑯	⑰	⑱	⑲	⑳
㉑	㉒	㉓	㉔	㉕

【5】 下の図のようにA～Eの電球が並んでいます。この電球は次のルールで点灯させることができます。

① A，B，C，Eの電球は1つだけでも点灯させることができる。

② AかEの少なくとも1つを点灯させなければ，Dを点灯させることはできない。

次の問いに答えなさい。ただし，すべての電球が点灯していないときは，点灯のさせ方として数えないものとします。

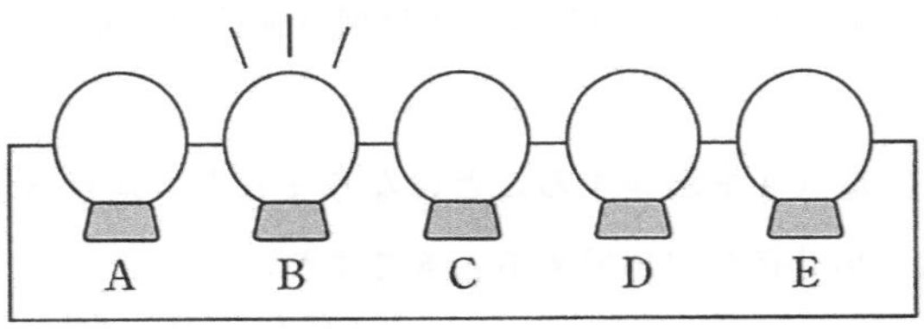

(1) Dを点灯させないとき，A～Eの点灯のさせ方は何通りですか。

(2) A～Eの点灯のさせ方は何通りですか。

【6】 地点Aから300 kmはなれた地点Bにヨットで向かいます。ヨットは風の影響(えいきょう)を受けやすく，時間帯によって進む速さが変わります。地点Aと地点Bの間に地点Cがあり，AC間は150 km，CB間も150 kmです。地点Aから地点Cまでは，0時～6時と12時～18時では毎時10 kmでしか進めませんが，6時～12時では毎時30 kmで進みます。また，地点Cから地点Bまでは，0時～6時と12時～18時では毎時25 kmで進みますが，6時～12時では毎時15 kmでしか進めません。次の問いに答えなさい。

(1) 0時に出発すると，地点Bに着くのは何時何分ですか。

(2) 6時までに地点Aを出発することになりました。地点Bに着くのにちょうど12時間かかるのは，何時何分に出発するときですか。

【7】 下の図の正六角形 ABCDEF において，三角形 APF，三角形 ABP，三角形 BCP の面積がそれぞれ 13 cm^2， 9 cm^2， 8 cm^2 です。また，三角形 QBA は正三角形です。次の問いに答えなさい。

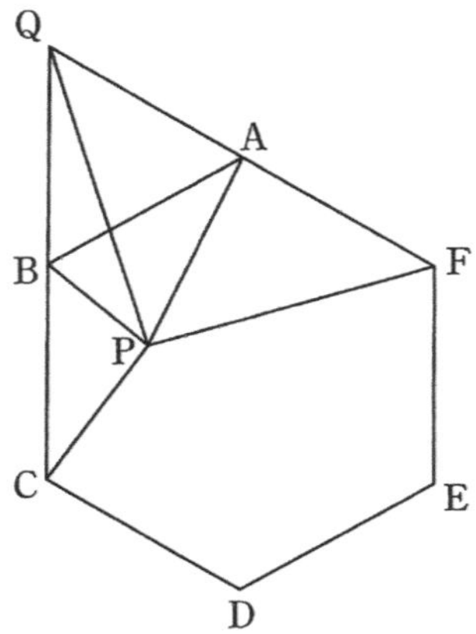

(1) 三角形 QPF の面積は何 cm^2 ですか。

(2) 五角形 CDEFP の面積は何 cm^2 ですか。

「そうなの？」
「うん。たくさん授業を受けなきゃいけないし、教育実習は就活の時期と重なる。ちなみにその人って一人暮らし？」
「え？　知らないけど」
「一人だとしたら、実習で疲れて帰っても、食事も洗濯も自分でどうにかしなきゃだね」
「……考えたこともなかった。ポニスケの私生活なんて興味ないし」
「取材してみたら？　競馬の実況でも、あらかじめ馬や騎手のこれまでのレースや最近の調子をチェックしたりするの」
へえ……。実況ってそんなこともするんだ。ちょっと驚くわたしに、
「実況するってことは、その馬や人を知るってことだからね」
そう話す早月ちゃんの目は輝いていた。
翌日、わたしは図書室に向かった。図書室は教育実習生の控え室になっていた。
「ねえ、先生」
日誌を書いていたポニスケは、わたしの声に顔を上げた。
「綿野さん！　ビックリした。近くにいるの気づかなかったよ」
呼ばれたわたしがビックリだ。名前、覚えてくれてたんだ。
「突然だけど、先生って一人暮らし？」
「大学の寮で暮らしてるけど、どうして？」
「えっと、ちょっと気になっただけ。寮って夕ご飯出るんですか？」
「残念ながら食事のついてない寮なんだ。だから給食が助かる。小学生のころは何とも思ってなかったけど、給食って栄養バランスいいしありがたいよな。いつも朝飯は抜きで、夜はコンビニだから」
ポニスケもとい半田圭は、恥ずかしそうに頭をかいた。
給食のアジフライのおかわりジャンケンに負けてくやしそうにしていたポニスケを思い出した。
……もしかしたら、本気で食べたかった？
ポニスケの実習最終日、教室の後ろには、ズラッと先生たちが並んでいた。
『五時間目の国語。半田圭、教壇に立ってこれが最後の授業です』
教卓の前の席だったわたしは、④気がつけばあだ名ではなく本名で呼んでいた。
『給食をありがたいと言っていた半田圭。今日のハンバーグを力に変えて、授業に臨みます。
半田、黒板に縦書きにした字がやや斜めになっていく。おっと、今チョークがポキッと折れました。力みすぎているのでしょうか』
あ。
そのとき、チョークを握り直した半田の指がふるえていることに気がついた。
『半田圭、今どんな気持ちで黒板の前に立っているのでしょうか。この二週間、いろんなことがありました。クラスでからかわれたり、先生に廊下で怒られたりしたこともありました。夜のコンビニ弁当を食べながら、ため息をつく日もあったかもしれません。起きたくない朝もあったかもしれません。

しかし、こうして何とか乗り越えて最終日を迎えました。その半田圭の右手が、今ふるえています』
大人でも手がふるえることなんてあるんだ。
『がんばれ』
応援するつもりなんてなかったのに。
ただの暇つぶしだったのに。
『がんばれ、半田圭！』
気づけば心のなかでエールを送っていた。
約一か月ずっと実況してきたからかもしれない。
そういえば、半田圭を実況している間、わたしは自分が仲間外れにされていることをあまり気にしないでいられた。
ありがとう、半田圭。
実況って楽しいかもしれない。初めてそう思った瞬間だった。

その日は早く早月ちゃんに会いたくて、走って帰ったのに……。
「あれ？　お母さん、早月ちゃんは大学？」
「あら、聞いてなかった？　数日前にアパートが決まったって言って、今日お昼に引っ越していったよ」
「何で……」
わたしの部屋のドアを開けると、でんと陣取っていた寝袋は消えていた。
学習机の上には赤い双眼鏡が置いてあった。競馬場で早月ちゃんが貸してくれたやつだ……。
近寄ると、双眼鏡を重しにしてメモが置かれていた。
【約束！　夢が叶ったら連絡するから待ってて。そのときはこの双眼鏡を持って競馬場に来てね】
「待ってててって、そんなあ……」
なんて一方的な約束。
メモに連絡先は書かれていない。何か手掛かりはないかと部屋を見渡しても、隅のほうに早月ちゃんの雑誌や本が数冊残っているだけだった。

翌日からも、半田圭のいない教室でわたしは脳内実況を続けた。
そうすれば、友達がいなくても背筋をしゃんと伸ばせた。
だってわたしは実況者だから。
『おーっと、前ぶれもなく佐野が鼻血を出した！　ティッシュ、ティッシュをお持ちの方はいませんかーっ』
『さあ、恒例のおかわりジャンケンが始まります。栄光のコーヒー牛乳は誰の手に！』
『休み時間のたびに話題を持ちよって輪になる女子たち、まるでミツバチのようです』
ある日、そんなミツバチの二、三匹から話しかけられた。

「あみもこっち来たら?」
「へ? わたし?」
思わず自分を指差してしまった。
何が原因かは分からない。
よくあることだ。仲間外れっていきなり始まったり、(b)あっけなく終わりを迎えたりする。
でも、脳内実況がなかったら。
きっともっとつらい毎日だった。楽しそうな周りが見えないように、自分の悪口が聞こえないように、目も耳もスイッチを切ってうつむいていたのかも。
早月ちゃんのおかげ。
六月のあの日、わたしを布団(ふとん)から引っ張り出して、とっておきの過ごし方を教えてくれた。
みんなの輪に戻っても、わたしは脳内実況をやめなかった。
一歩引いたところから教室を眺(なが)める目線が楽しくて、癖(くせ)になっていた。
⑤早月ちゃんの笑顔(えがお)を思い出すと、梅雨(つゆ)明けの太陽を見上げるようなまぶしさを感じる。
わたしのヒーロー。
待ってるから約束守ってよね、早月ちゃん。
あの広い競馬場に響き渡る早月ちゃんの実況を聞きたいよ。
その日までは、この□がお守りだ。
そうして今年、ヒーローを追っかけるように早月ちゃんの母校を受験した。結果は、何とか合格。
制服のスカートのポケットには、ちょっとかさばるお守りを忍(しの)ばせている。

(注) 1 就活……就職活動の略。希望する企業(きぎょう)・職種に就職するための一連の活動のこと。
2 もとい……言い直しをする時に発する言葉。

問一 〰〰部(a)「たじたじ」・(b)「あっけなく」の意味として最も適切なものを後からそれぞれ選び、記号で答えなさい。
(a)「たじたじ」
ア 相手に圧倒(あっとう)されて、ひるむさま。
イ 相手に振(ふ)り回(まわ)されて、くたびれるさま。
ウ 相手をおそれて、落ち着かないさま。
エ 相手に話しかけられて、あわてるさま。
(b)「あっけなく」
ア 心から願ったけれどもかなわなかったこと。
イ 油断するとひどい結果になってしまうこと。
ウ やったことに少しも面白(おもしろ)みがなかったこと。
エ 思ったよりも簡単に結果が出てしまうこと。

問二　――部①「学校でのとっておきの過ごし方」とあるが、それはどのような「過ごし方」か、説明しなさい。

問三　――部②「口の中に広がるクレープのイチゴの酸味が急に強まった」とあるが、それはなぜか、その説明として最も適切なものを次の中から選び、記号で答えなさい。

ア　従姉の「早月ちゃん」に、自分の学校での過ちを問いただされそうなのが耐えがたくて嫌だから。

イ　従姉の「早月ちゃん」に、クラスでの悩み事について踏み込まれるのはきまりが悪く恥ずかしいから。

ウ　「早月ちゃん」と競馬場で食べるクレープも悪くないと思い込もうとしたが、それができなくなりそうで嫌だから。

エ　今この場で「早月ちゃん」に優しい言葉でなぐさめられると、また泣いてしまいそうで恥ずかしいから。

問四　――部③「だけど、気を紛らわすことはできるかもしれない」とあるが、この時の「わたし」の心情を説明したものとして最も適切なものを次の中から選び、記号で答えなさい。

ア　「早月ちゃん」の提案を魅力的に感じるものの、それだけで本当に仲間外れにされなくなるのだろうかと不安にも感じている。

イ　「早月ちゃん」の提案を興味深く思うものの、それだけで仲間外れにされているさびしさをごまかすことはできないような気もしている。

ウ　「早月ちゃん」の提案に興味を持てなかったが、仲間外れにされている今はわがままを言っていられないので受け入れるしかないと思っている。

エ　「早月ちゃん」の提案にそれほど魅力を感じないが、仲間外れにされている事実を少しの間でも忘れられるなら試してみようという気持ちになっている。

問五　――部④「気がつけばあだ名ではなく本名で呼んでいた」とあるが、それはなぜか、説明しなさい。

問六　――部⑤「早月ちゃんの笑顔を思い出すと、梅雨明けの太陽を見上げるようなまぶしさを感じる」とあるが、ここから読み取れる「わたし」の「早月ちゃん」に対する思いはどのようなものか、説明しなさい。

問七　□部に入る適切なことばを本文中から抜き出して答えなさい。

問八　次に示すのは、この話を読んだ後、あるクラスでその感想を述べ合った様子です。この話の内容の理解として適切でないものを次の中から一つ選び、記号で答えなさい。

先　生―この話を読んで、みんなもちょっと実況をやってみたいなって思ったんじゃないかな。ところで、実況することで、「わたし」がこんなに変われたのはなぜなのかな？　みんなはどう考える？

ア　生徒A―私は、実況を通して、その人をよく知っていくってことがカギを握っているような気がする。だって、ここでも、全然興味なかった教育実習生を応援するようになっていったんだもん。

イ　生徒B―たしかにそうだね。よく知るってことは、愛情を持つってことにつながるのかもね。それと、実況していくうちに、いつの間にか下を向くことなく堂々とした態度をとれるようになっていったことも大きかったのかなあ。

ウ　生徒C―きっと、離れて周りを見てみることで、「わたし」は自分のことも振り返れるようになったのよ。それで、仲間外れにされた原因が自分にあると気づいて反省したから、それが周りに伝わっていったんだと思うわ。

エ　生徒D―このあとも、「わたし」は頭の中で実況を続けていくんだろうな。実況の楽しさを知ったって書いてあるし、そのことが気持ちを切り替えるのに役立つということがはっきり分かったんだもの。

2024(R6) 智辯学園和歌山中
教英出版

三　次の各文における――部のカタカナをそれぞれ漢字に直しなさい。

① けが人のオウキュウ処置をする。
② 白熱したテンカイの試合だった。
③ 検査のため、血液をサイシュする。
④ 自分の力不足をツウカンする。
⑤ 記念館を建てるためにキフ金を集める。

四　次の①～③各組のA・B各文における（　　）内に共通して入ることばをひらがなでそれぞれ答え、ことわざ・慣用句を完成させなさい。さらにその意味として適切なものを後からそれぞれ選び、記号で答えなさい。

①
A（　　）定規
B 猫も（　　）も

②
A 豆腐に（　　）
B 子は（　　）

③
A（　　）が立つ
B（　　）が取れる

ア 容易に行えること。
イ 誰もかれもみんな。
ウ 融通のきかない考え方ややり方。
エ 子どもは親によく似るものだということ。
オ 手ごたえや効き目が少しもないこと。
カ さまざまなことを経験して、人柄が穏やかになること。
キ やり方が穏やかでないため、険悪な雰囲気になること。
ク 子どもは夫婦の縁をつなぎ保つ力を持っているということ。

五 次の①～③のことばを意味の通る自然な文になるように並び替え、その順序を記号で答えなさい。
ただし、不要なことばがそれぞれ一つずつあります。

① ア 公園で イ ある ウ ない エ 向こうに オ いる カ 遊んで

② ア 話して イ 少し ウ ください エ もう オ もっと カ ゆっくり

③ ア ある イ 六月十二日は ウ 我が校の エ そろそろ オ 創立記念日で カ 来る

令和五年度

入学試験問題

国語（前期）

（六十分）

智辯学園和歌山中学校

注意

◎ 合図があるまで、問題用紙に手をふれてはいけません。
◎ 答えはすべて解答用紙に書きなさい。
◎ 解答用紙には、名前を書かず、受験番号だけを書きなさい。

2023(R5) 智辯学園和歌山中
教英出版

一　次の文章を読んで後の問いに答えなさい。なお、本文には一部省略したところがあります。

ちょっと前に、テレビで見たんですが、正確には覚えていないので、(ア)サイブは違っているかもしれません。ただ、その内容がとても印象的だったのでお話ししようと思います。

あるとき、錯視の実験をしようと呼ばれ、十人の学生が一つの部屋に集まりました。AとBの鉛筆があって、どちらが長いと思うか答えよ、というような質問です。ほんとうは錯視などではなく、同調圧力をテーマとした実験です。錯視って、例えば実際は違いがないのに、周囲の図形などの影響で、違っているように知覚される現象のことです。けれど、行われたのは、周りに影響を与えるものが何もない環境で、問題の鉛筆はと言えば、錯視でもなんでもない、測るまでもなくAの方が長いんです。純粋にAが長い。小さな子どもが見ても即答できるくらい明らかに違う。なのに、じつは十人のうち九人は、あらかじめ、短いBの方を長いと言うように、つまり事実と反することを言うようにスタッフから言い含められています。けれど最後の十人目の人にはそのことは知らされていません。十人目を田中さん、ということにしましょう。まず、一人目。事前に言われていたとおり、「Bです」と答える。［1］自信たっぷりなんです。そのとき田中さんは、え？　という驚きの表情をします。二人目、三人目、と同じ答えをしていくうち、田中さんは、さかんに首を傾げ始めます。自分の見ているものは違うのか、まさか、と、きっとどんなにか不安になったことでしょうね。そして九人目までが「Bです」と答えた。さあ、十人目の田中さんの答える番です。彼の答えは、「Aです」「Bです」「同じ長さです」「わかりません」、の四つのうちのどれかです。彼はなんて答えたと思いますか。

なんと田中さんは、［　　　　　］。

ああ、と思いました。

これが「同調圧力」というものなのですね。

同調圧力、「どう」は同じ、「ちょう」は調子のちょう、つまり、他と同じ調子になるように、ぜんぶ同じ調子になるように、圧力がかけられる状態のことを言います。このときだれも、田中さんに直接、「Bと言え」、と言った人はいないのです、でも、田中さんはBと言わなければならないような空気を［2］感じてしまった。そして、［3］そう言ってしまった。カラスは白い、と言ってしまったわけです。そう思ってないにもかかわらず。

けれどもね、考えてみてください。彼はずっと、首を傾げる、という動作を続けていたのです。もし、同調圧力がとても強くて、自分が他と違うことを考えているということすら、知られてはならないという状況だったら、彼にあんな動作はできなかったはずです。表面上はごく普通の顔をしていたはずです。首を傾げる、ということが、そのとき彼にできた精一杯の自己表現だったのです。彼は①そういうサインを出すことで、彼に同調してくれるだれかを求めていたのではないでしょうか。彼に、同調して、「ねえ、おかしいよねえ、それ」って言ってくれる人を求めていたのではないでしょうか。でもそう言ってくれる人は出てこなかった。

そして、(イ)タゼイについてしまったのですね。

このとき問われたのは、鉛筆の長さでした。鉛筆に心があるとしたら、鉛筆Aは気分を悪くしたかもしれません。田中さんも、鉛筆に心があれば、もう少し頑張ったかもしれません。けれど、もし、例えば自分の大切に育ててきたペットだったら。そのペットの命がかかっていたら……。もし、友人の生命がかかっていたら……。

そういうことを考えてなんになる、と言う人がいるかもしれませんが、②私はこういうことを考えることは無駄ではないと思います。

(注1)吉野さんの『君たちはどう生きるか』のなかで、コペル君のお母さんが思い出話をするところがあります。お母さんが若い頃、石段を登るおばあさんに、「おばあさん、もってあげましょう」、とどうしても言い出せなかった、そういう後悔の思い出です。けれど、お母さんは、その思い出は厭なものではないと言う。また同じようなことが起こったときに、自分の気持ちを素直に行動に表すことが少しはできるようになった、それはやはり、あの思い出のおかげだから、と。私たちは、本を読むことによって主人公の失敗を疑似体験することができます。もし、〇〇だったら、と考えることによって、同調圧力に負けない自分をイメージすることができます。実際には思うようにいかなかったとしても、たぶん、心の準備がまるでないときよりも、マシだと思うのです。そして、次の機会に備えることができる……。

みなさんのなかにも、同調圧力を感じたことがあると思う人は大勢いると思います。③むしろ、感じたことなどないという人はいないと思います。ええ、感じないはずがないんです。私たちは大昔から、基本的に群れを作って生き延びてきた動物です。まとまらないと、いざというとき、群れとしてやっていけないから、群れは基本的に、まとまろう、まとまろうとする傾向がある。まとまるためには、みんな同じほうが、無駄がなくていいんです。スピーディーで(ウ)ケッソク力も強い。

いざというとき、ってどういうときか。それは、非常時、という言葉で呼ばれたこともありました。この話はまた、いつかしましょうね。今回はまず、「群れ」のことについて考えてみましょう。

じゃあ、群れって、何か一方的にこちら側に圧力を、同調圧力にしろ、どんなたぐいの圧力にしろ、圧力をかけてくるだけのものなんでしょうか。

「私と小鳥と鈴と」という金子みすゞの有名な詩があって、そのなかに「みんなちがって、みんないい」という言葉があります。ここ数十年、教育の現場ではしょっちゅう出てくる言葉だと思うので、知らない方はいないかと思うのです。けれど、

④みんなちがって、みんないい、ってほんと？　ほんと？

みんなちがって、みんないい、って、ほんとにそう思ってる？

みんなとちがっていたら、不安ではない？　みんなおなじで、みんなあんしん、っていうのが、今の日本の空気なんじゃないかと思います。なのに、いまだにこの言葉が生き残っているのは、やはり、この言葉が、真実の一面をついているからだと思います。ほんとうは、これはだれでも言える言葉ではない。うんと歳をとって、世界のすべてを愛しく思い、しみじみ感慨に耽ったときに出てくる(エ)シュクフクの言葉です。例えば祖父母が様ざまなタイプの元気な孫たちに目を細めて、かける言葉だと思うのです。リアルタイムで社会を駆け抜けようとしているときにこういう(注2)視座を持ってこられると、そこですべてが判断停止になってしまう。だから「みんなちがって、みんないい」と言われたときに

感じる、受容された感覚、社会的な肯定感は、大切に自分のなかに保ちつつ、それはそれ、これはこれで現実に対処しなければならない。この言葉がいまだにあちこちで引き合いに出されるのは、「群れの長老に優しく微笑まれ、受け入れてもらえた」ような、温もりがあるからだと思います。つまり、群れというのは、生きていくときに大切な、そういう温もりを(オ)キョウキュウできるものでもあるのですね。

「みんな同じになるべき」という同調圧力や「優秀なほど偉い」という能力主義があまりにも強烈に現場を縛り始めたときに初めて、「みんなちがって、みんないい」という一言が発せられることで、緊張感を緩和する力を持つのです。

(梨木香歩『ほんとうのリーダーのみつけかた』岩波現代文庫)

(注) 1 吉野さん……吉野源三郎のこと。小説『君たちはどう生きるか』の著者。
2 視座……物事を見る立場。視点。

問一 ═部(ア)~(オ)のカタカナをそれぞれ漢字に直しなさい。

問二 [ ]部1~3に入ることばとして最も適切なものをそれぞれ次の中から選び、記号で答えなさい。ただし、同じ記号をくり返して使ってはいけません。

ア ひしひしと　イ まんまと　ウ めったに　エ いかにも

問三 [ ]部に当てはまる適切なことばを考えて答えなさい。

問四 ――部①「そういうサイン」とあるが、これはどういうことを伝えている「サイン」か、簡潔に答えなさい。

問五 ――部②「私はこういうことを考えることは無駄ではないと思います」とあるが、筆者がこのように言うのはなぜか、その説明として最も適切なものを次の中から選び、記号で答えなさい。

ア 同調圧力のいろいろな側面について考えることで、人間の行動パターンを分析することにつながるから。

イ 同調圧力のマイナス面について考えることで、それに対処できる自分を思い起こすことにつながるから。

ウ 同調圧力のプラス面について考えることで、多くの人が集まる場での振るまい方を学ぶことができるから。

エ 同調圧力の心理的な側面について考えることで、いじめなどの社会問題の解決方法を探ることができるから。

問六 ───部③「むしろ、感じたことなどないという人はいないと思います」とあるが、それはなぜか、説明しなさい。

問七 ───部④「みんなちがって、みんないい、ってほんと？　ほんと？／みんなちがって、みんないい、って、ほんとにそう思ってる？」とあるが、筆者がこのように言うのはなぜか、その説明として最も適切なものを次の中から選び、記号で答えなさい。

ア 現実の社会では、優秀(ゆうしゅう)な者ほどねたまれたり、陰(かげ)で悪口を言われたりする事例がよく見られるから。

イ 現実の社会では、元気な孫たちに恵(めぐ)まれて目を細めるような境遇(きょうぐう)に誰(だれ)もがなれるとは限らないから。

ウ 現実の社会では、みんな同じになるべきで、その方が落ち着いていられるという感覚をみんなが持っているから。

エ 現実の社会では、あらゆるところで争いが起こっており、みんなが世界のすべてを愛(いと)しいとは思えていないから。

問八 〰〰部「群れって、何か一方的にこちら側に圧力を、同調圧力にしろ、どんなたぐいの圧力にしろ、圧力をかけてくるだけのものなんでしょうか」とあるが、この問いかけに対する筆者の考えとして最も適切なものを次の中から選び、記号で答えなさい。

ア 群れが集団で生きていくには同調圧力が必要なのだから、それがあるのは仕方のないことだと考えている。

イ 群れは心の通じ合った者同士の集まりではないから、圧力をかけるだけではまとまることができないと考えている。

ウ 群れには、生きる上で大切な温(ぬく)もりを与(あた)えてくれるところもあるから、圧力をかけるだけのものではないと考えている。

エ 群れは今、現代社会という競争の中にいるのだから、同調圧力からの解放はもっと後になってからになるだろうと考えている。

問九 「みんなちがって、みんないい」という言葉について、あなたの考えを二百字以内で書きなさい。

三 次の文章を読んで後の問いに答えなさい。

【ここまでのあらすじ】

小学五年生の「勇希」の自宅は動物病院である。しかし、「勇希」は動物があまり好きではなく、獣医である父にも反発している。以前、ひとりで留守番を命じられた日に、入院中の「チャッピー」という犬をうっかり逃がしてしまったこと（〝チャッピー事件〟）がある。

やがてエリカさんが帰り、父さんはなんたらかんたらのセミナーに出席のため外出、姉ちゃんは新しいラケットを買いにスポーツ用品店へ、そして母さんは買い物に行った。だからおれひとりで留守番をすることになった。こんな時間、きらいじゃない。だって思う存分、ゲームができるからね。特に母さんや姉ちゃんがいると、「もうやめなさい。」とか「あと何分よ。」とか、うるさいったらありゃしないんだ。まあ、あの〝チャッピー事件〟みたいなことが起こらない、という前提でね。

「よっしゃ、そこで右へ曲がってつっ走れ～！」

とひとり、ゲームで盛り上がっていたそのとき、玄関のチャイムが鳴った。それも何度も何度もだ。

「なんだよ～、いいところなのに。今日は休診日だぞ。それとも宅配便かな？」

おれはしかたなくゲームを一時停止して、玄関に出た。すると、見たことのある顔が二つ。そうだ、みずき小の三年生だったかな？　とにかく同じ学校の男子であることはまちがいない。

①自転車をひっくり返したまま、ガラス張りのドアの向こうに立っていた。

「どうしたの。今日は休診日で～す。」

ところがふたりの顔は、真剣そのものだ。

「あの……、子ネコが下りられなくて、こわがっちゃって、だめなんです。」

まったく通じない。

「ちょっと落ち着けよ。はい、一回深呼吸して。何がどうしたって？」

本当に深呼吸してる。

「ええと、子ネコが学校の横の木に登ったんだけど、下りられなくなっちゃったみたいで、かわいそうなんです。動物病院なら、助けてくれるかと思って。」

②うわ～っ、さっそくやってきた、第二のチャッピー事件。どうしていつも、おれひとりのときに起きるんだ！

「あのね、動物病院はレスキュー隊じゃないんだぞ。そういうのは、消防署とかにたのむといいんじゃないか？」

「でも、もうすぐ雨が降りそうで、急いでるんです。」

んもう、しょうがないな。このままじゃ帰りそうもないので、おれは戸じまりをし、ふたりと一緒に外へ出た。せっかくのゲームタイムだったのに！

おれはふたりのあとについて自転車を走らせた。そして学校横の雑木林までくると、ふたりが「あそこ、あそこ。」と指をさす。よくもまあ、こんな人のこないところに登ってる子ネコなんかを見つけたもんだ。確かに一本の太い木の上のほうから、「ニャアニャア」という鳴き声が聞こえてくる。

1 よく見ると、白黒模様の子ネコが見えた。

「ははあ、あんな高い所まで登ったのか。バカだな、あいつ。」

そうは思ったけど、ふたりの三年生が、祈るような目をしてこっちを見てる。③どうにも、引っこみがつかなくなった。

おれは太い木の幹に手をかけて、慎重に登りはじめた。といっても実はおれ、木登りってあんまり経験がない。

一歩、二歩とゆっくり、足もとを確かめながら登っていく。なのに子ネコのやつ、おれから逃げるように、さらに上へと登っていくんだ。

「こら、逃げるんじゃない。待てっていってるのに!」

一歩進めば、あっちも一歩登る。そのうち、足もとの枝がミシミシと音を立てはじめた。

「だめだぁ。これ以上進むと、枝が折れちまう。弱ったな。」

そのとき、三年生のひとりが何かを思い出したかのように、「そうだ。」と声を上げた。

「この近くに動物にくわしい友だちがいるの。呼んでくるね。」

ふたりがそろって自転車に乗った。なにも、ふたりで行くこともないだろうに。

おれが手をのばすと、いっちょまえに、「シャーッ」とおこっている。ちぇっ、おれはおまえを助けてやろうとしてるんだぞ。少しは感謝したらどうなんだ。

そんなことをつぶやきながら、ふと考える。

(おれ、いったい何をやってるんだ。こんな子ネコ一匹のために。バカか。)

それからまもなくふたりの三年生がもどり、その後ろからもうひとりの男子が。

「あれっ、あれれれ。お前って確か、秀平だよな。」

まちがいなかった。ちょくちょく動物を見にきてる、あの「秀平」だった。その秀平はおれにあいさつもなく、子ネコの様子をさぐりはじめた。

「あー、やっぱり、枝の先へ逃げたか。こうなると、こまっちゃうんだよね。話を聞いて、一応これ持ってきたから。」

そういって差し出したのは、虫取り網だった。

「これを使えば届くかも。ぼくが今から登っていくから、勇希さんは下りて。」

こいつ、いつおれの名前を覚えたんだ。

「ぼくのほうが体重が軽いからもっと先に行けるし、たぶん、ぼくのほうが運動神経いいと思うから。」

ムカッ。だけどここはいう通り、秀平に任せたほうがよさそうだ。

「大丈夫。こう見えてもぼく、木登りにはけっこう自信があるんだ。幼稚園のとき、よく園庭の木に登っておこられてたくらいだからね。」

そんなことが自慢になるのか、とも思ったけど、やっぱりおれよりずっと身軽に登っていく。虫取り網を手にしていても、するすると登っていく。おれはさっさと木から下りて、様子をうかがった。

いつの間にか、雨が降り出していた。

秀平は、さっきおれがいた場所よりも、二メートルは先に進んだと思う。それでも子ネコまでは、まだだいぶ距離がある。

「ようし、ここからはこれが役に立つ。」
そういって秀平は、手にした虫取り網をぬっとつき出した。
「いいぞ、もう少しだ。がんばれ！」
おれたちは両手を振り上げて、秀平の応援だ。
「よしよし、おとなしく網の中に……。」
と、そのときだ。細い枝の上で二本足で立ち上がった子ネコが、バランスをくずした。
「あっ、落ちる！　下で受け止めて！」
「よっしゃあ！」
おれのかけ声と同時に、子ネコが空中に投げ出された。おれは落下地点に向かって、ダーイビング！
「キャン！」
しまった、届かなかった。子ネコはまともに地面にたたきつけられた。それだけじゃない。ダイビングした足が当たった勢いで、自転車がドッとたおれてきたんだ。それもなんと、子ネコの上に。
ガシャン！
子ネコは声もたてず、自転車の下じきになった。
「だ、大丈夫か、おい、ニャンコ！」
おれが自転車をどけると、力なくニャアと答える。よかった、生きていた。生きてはいたが、足が動いていない。その上、顔のどこかをケガしたらしく、血が出ている。
「こりゃまずい！　おれ、うちに連れて帰るよ。父さん、もう帰ってるといいんだけど……。」
すると秀平が、着ていたトレーナーをぬいで、動けない子ネコを包みこんだ。それを自分の自転車の荷物かごに、そっと入れる。
「ぼくも行く。急がなくちゃ。」
四台の自転車が、いっせいに走り出す。

「おい、どうしたんだ、勇希！」
途中で類とすれちがった。けれど、今は相手にしているひまはない。全速力で、自転車を飛ばす。
「あら、ゆっくん、何かあったの？」
美波ともすれちがう。こいつも相手にしていられない。雨も強くなってきた。急げ、急げ！
「もう少しだ。ダッシュ、ダッシュ！」
と、そのときだ。おれたちを追いぬいていく見慣れた車が……。
「あっ、父さん！」
なんというラッキー。父さんが、ちょうど帰ってきたところだった。
家に着くと父さんが、［2］顔で、おれたちを見た。
「何やってるんだ、こんな雨の中をぶっ飛ばして。」
「あの、実はこの子ネコが……。」
「まあ、いいからみんな、中に入りなさい。」
母さんも姉ちゃんも、もう帰っていた。おれたちの様子を見た母さんが、タオルを四枚持ってきた。

令和５年度

入　学　試　験　問　題

算　　　数（前期）

（６０分）

智辯学園和歌山中学校

注　　意

◎　あいずがあるまで，問題用紙に手をふれてはいけません。
◎　答えはすべて解答用紙に書きなさい。
◎　解答用紙には，名前を書かず，受験番号だけを書きなさい。

【１】 次の計算をしなさい。

(1) $100-76\div 3\div(3\times 5+4)\times 21$

(2) $1.5+1\frac{1}{3}-\frac{4}{5}-\frac{5}{6}-\frac{6}{7}$

【２】 次の□にあてはまる数を答えなさい。

(1) 365 日 ÷ 500 ＝ □時間□分□秒

(2) $\frac{1}{2}-(1-5\times 10\div 77)\times\left(0.5+\square\right)=\frac{16}{77}$

【３】 次の各問いに答えなさい。

(1) １から100までの整数のうち，約数の個数が３個のものは何個ありますか。

(2) 太郎君と次郎君が買い物に行きました。太郎君はパンを買って1000円をはらっておつりをもらいました。次郎君が持っていた金額は，そのおつりの５分の１で，２人はおつりと次郎君が持っていたお金を全部使って，ちょうど900円分の果物を買いました。太郎君が買ったパンはいくらですか。

(3) 下の図で，四角形ABCDはAB＝６cm，BC＝12cmの長方形で，半円はBCを直径としています。長方形の頂点Aから辺CD上の点Eまでまっすぐな線を引くと，図形は６つの部分ア～カに分かれます。アの面積と，ウとオの面積の和が等しいとき，ECの長さは何cmですか。ただし，円周率は3.14とします。

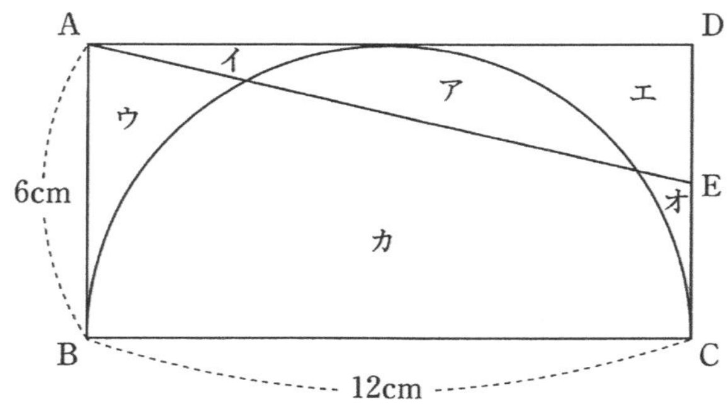

(4)　ある3桁(けた)の整数と，その百の位と一の位を入れかえた数をかけると，127087になりました。この数の十の位は何ですか。

(5)　1辺が1 cmの立方体を積み重ねて立体を作ります。10個の立方体を積み重ねて立体を作ると，正面から見た図と真上から見た図が次のようになりました。この立体の表面積は何 cm^2 ですか。

正面から見た図

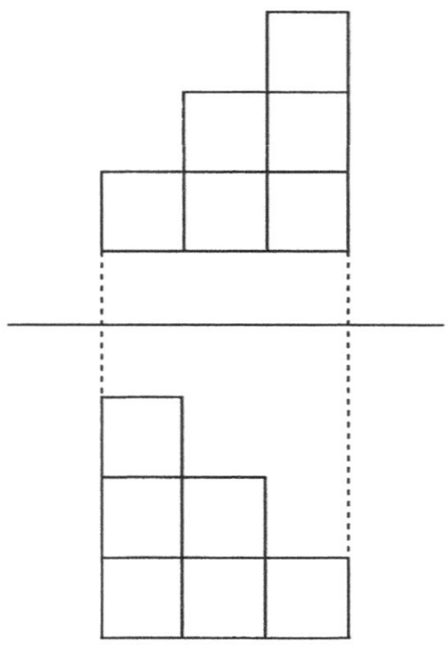

真上から見た図

【4】 太郎君と次郎君は，地点Aから地点Bに荷物を運ぶことにしました。太郎君は自転車に荷物を積んで乗り，次郎君は荷物を持って歩いて同時に地点Aを出発しました。太郎君は12時に地点Bに着くと荷物を降ろしすぐ引き返しました。太郎君と次郎君は地点Aと地点Bの間にある地点Cで出会いました。太郎君は次郎君から荷物を受け取り，すぐに地点Bに向かい，12時45分に着きました。次郎君の歩く速さは毎時5 km，太郎君の自転車の速さは荷物を積んでいないときは毎時30 km，荷物を積んでいるときは毎時20 kmでした。次の問いに答えなさい。

(1) 太郎君と次郎君が地点Cで出会った時刻は12時何分でしたか。

(2) 地点Aから地点Bまでの道のりは何kmですか。

令和５年度

入　学　試　験　問　題

理　　科（前期）

（６０分）

智辯学園和歌山中学校

注　意

◎　あいずがあるまで，問題用紙に手をふれてはいけません。

◎　答えはすべて解答用紙に書きなさい。

◎　解答用紙には，名前を書かず，受験番号だけを書きなさい。

〔1〕ある地域にすむ生物とそれをとりまく環境(かんきょう)をまとめたものを生態系といいます。生物たちは①「食べる－食べられる」などでおたがいがかかわり合いながらバランスを保っています。

その地域に，もともとはいなかった種類の生物が，人の活動で運ばれ住みついた生物を（　あ　）といいます。（　あ　）によって，②その地域にもともといる生物が食べられたり，住む場所がうばわれたりして，生態系のバランスがくずれることがあります。

たとえば，フイリマングース（図１）は，1910年にハブ（図２）などを駆除(くじょ)するためにバングラデシュから沖縄島につれてこられました。しかし，フイリマングースはハブをあまり食べず，代わりにヤンバルクイナ（図３）など沖縄島にもとから生息する多くの動物を食べてしまいました。その結果，③フイリマングースは生活する地域を広げ，増加しました。

生態系のバランスがくずれる原因として考えられるものに（　あ　）の侵入(しんにゅう)のほか，むやみに生物が大量に捕獲(ほかく)されることなどがあります。④生態系のバランスをくずさないためにわたしたちにできることはたくさんあります。あとの問いに答えなさい。

図１

図２

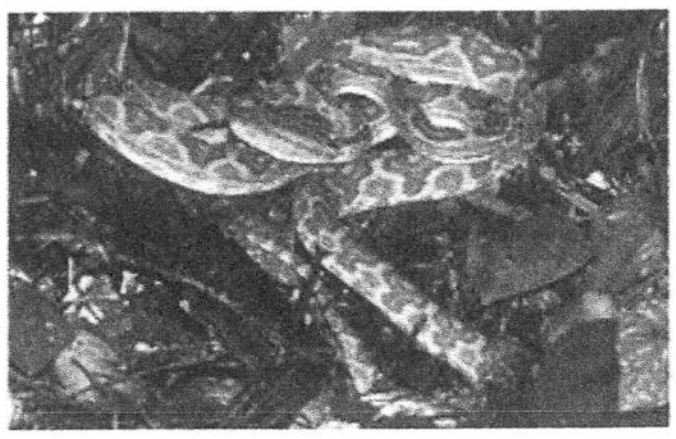

図３

出典：環境省ホームページ

問１　下線部①について，このようないろいろな生物の「食べる－食べられる」のひとつながりの関係を何といいますか。

問２　文中の（　あ　）にあてはまる言葉は何ですか。

問３　下線部②について，日本にもともといる生物はどれですか。次の（ア）～（エ）から１つ選び，記号で答えなさい。

（ア）アライグマ　　（イ）サワガニ

（ウ）オオクチバス　　（エ）アメリカザリガニ

問4　下線部②について，ニホンイシガメは日本にもともといる生物です。また，ニホンイシガメと生活場所とえさが共通しているカメに，ミシシッピアカミミガメがいます。次の表は，1匹(びき)のめすから増えるニホンイシガメとミシシッピアカミミガメの数についての資料です。ただし，表中の生き残り率は，卵からかえった幼体(ようたい)が成体(せいたい)になるまでに生き残る割合のことを表しています。

表

	1回の産卵(さんらん)数	卵からかえる割合	生き残り率	1年間の産卵回数
ニホンイシガメ	10個	50%	20%	2回
ミシシッピアカミミガメ	20個	50%	20%	3回

（1）表より，ミシシッピアカミミガメのめす1匹が1回に産卵する卵のうち，成体まで生き残る数は何匹ですか。

（2）表より，ミシシッピアカミミガメのめす1匹が1年間に産卵する卵のうち，成体まで生き残る数は，ニホンイシガメのめす1匹が1年間に産卵する卵のうち，成体まで生き残る数の何倍ですか。

（3）ニホンイシガメが生息していた場所に，ミシシッピアカミミガメがやってきました。時間が経過すると，この場所でニホンイシガメの数が変化しました。この変化のようすとして正しいものはどれですか。次の（ア）～（エ）から1つ選び，記号で答えなさい。

（ア）ミシシッピアカミミガメはニホンイシガメより成長がはやく数が増えやすいため，ニホンイシガメの生活場所とえさをうばった。やがて，ニホンイシガメの数は減少した。

（イ）ミシシッピアカミミガメはニホンイシガメより成長が遅(おそ)く数が増えにくいため，ニホンイシガメの生活場所とえさをうばった。やがて，ニホンイシガメの数は増加した。

（ウ）ミシシッピアカミミガメはニホンイシガメより成長がはやく数が増えやすいため，ニホンイシガメが生活場所とえさを得た。やがて，ニホンイシガメの数は増加した。

（エ）ミシシッピアカミミガメはニホンイシガメより成長が遅く数が増えにくいため，ニホンイシガメが生活場所とえさを得た。やがて，ニホンイシガメの数は減少した。

問5　下線部③について，沖縄島でフイリマングースが増加した理由として考えられるものはどれですか。次の（ア）～（エ）から2つ選び，記号で答えなさい。

（ア）フイリマングースがバングラデシュから沖縄島に新たにやってきたのは一度だけであったため。

（イ）フイリマングースをえさとする生物が少ないため。

（ウ）沖縄島にもともといる生物の数が減少したため。

（エ）フイリマングースのえさとなる生物や農作物が豊富にあるため。

問6　下線部④について，生態系のバランスをくずさないためにわたしたちにできることとして正しくないものはどれですか。次の（ア）～（エ）から1つ選び，記号で答えなさい。

（ア）国立公園を設(もう)け，森林の開発を規制する。

（イ）河川(かせん)じきで清そう活動を行う。

（ウ）生活排水(はいすい)を下水処理場できれいにしてから流す。

（エ）飼っていたペットを川や池に放す。

問7　アメリカのアラスカ沿岸では，海の中でジャイアントケルプ（図4）という世界最大の海そうが生息しています。ジャイアントケルプがたくさん生えている海域(かいいき)はさまざまな魚やエビ・カニなどの産卵場所やかくれ場所となり，ラッコやアザラシのすみかとなっています。図5は，この海域に生息する生物での「食べる－食べられる」の関係を表したものです。図5の矢印（➡）は食べられる方から食べる方に向かっています。たとえば，ウニはラッコに食べられ，ジャイアントケルプはウニに食べられます。矢印の太さは，ある生物が別の生物を食べる量が多いほど太くなっています。図5の矢印（⇨）は，ジャイアントケルプが枯(か)れることを表しています。枯れたジャイアントケルプは，やがてエビ・カニなどのえさとなります。

図4

図5

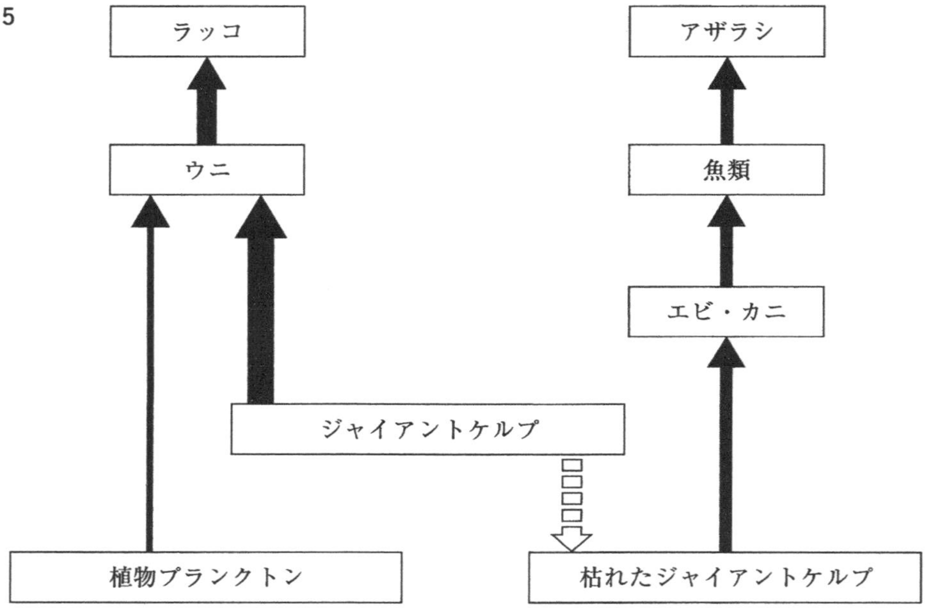

（1）この海域でラッコが大量に捕獲されて減少しました。このあと，他の生物の数はどのように変化していきますか。次の文中の（　a　）～（　d　）に「増加」または「減少」のどちらかを入れなさい。

ラッコが減少すると，ウニが（　a　）してジャイアントケルプは（　b　）する。その結果，枯れたジャイアントケルプは（　c　）して魚類やアザラシは（　d　）する。

（2）図5および上の文から考えて，次の（ア）～（ウ）について，この海域の生態系の説明として正しいものには○を，正しくないものには×を書きなさい。

（ア）ラッコとアザラシは食物をめぐって争う。

（イ）この海域のウニの数の変化は，植物プランクトンよりジャイアントケルプの影響(えいきょう)を強く受けている。

（ウ）ラッコが存在することで，多くの種類の生物が生息できている。

〔2〕は次のページから始まります。

〔2〕空気中でいろいろなものを燃やす実験1～4をしました。あとの問いに答えなさい。ただし，表中の二重線の上には燃やす前のものの重さと，燃やすときに使われた空気中の酸素の重さを，二重線の下には燃やした後にできたものの重さを表しています。

実験1　いろいろな重さの粉の炭素をすべて燃やした。粉の炭素を燃やすと，空気中の酸素と結びついて，二酸化炭素ができた。

炭素と結びついた空気中の酸素の重さと，できた二酸化炭素の重さを調べた。表1はその結果を表している。この結果から，炭素の重さ，結びついた酸素の重さ，できた二酸化炭素の重さの比はつねに同じになることがわかった。

表1

炭素（g）	0.3	0.6	0.9
酸素（g）	0.8	1.6	（ア）
二酸化炭素（g）	1.1	2.2	3.3

実験2　いろいろな重さの気体の水素をすべて燃やした。気体の水素を燃やすと，空気中の酸素と結びついて，水ができた。

水素と結びついた空気中の酸素の重さと，できた水の重さを調べた。表2はその結果を表している。この結果から，水素の重さ，結びついた酸素の重さ，できた水の重さの比はつねに同じになることがわかった。

表2

水素（g）	0.1	0.2	0.3
酸素（g）	0.8	1.6	2.4
水　（g）	0.9	1.8	（イ）

問1　表1の（ア）と表2の（イ）にあてはまる数字はそれぞれ何ですか。

図

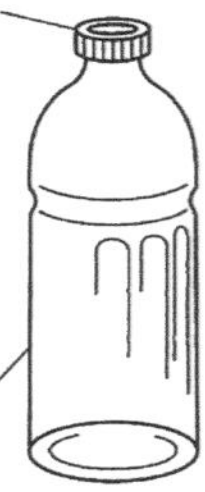

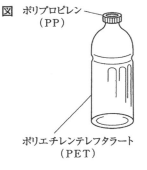

わたしたちの身の回りにはプラスチックでできた製品がいろいろあります。ペットボトル容器はプラスチックでできていますが，図のようにフタの部分と本体の部分はちがう種類のプラスチックです。フタの部分はポリプロピレン（PPと呼ぶことにします），本体の部分はポリエチレンテレフタラート（PETと呼ぶことにします）というプラスチックでそれぞれできています。PPとPETは，どちらもすべて燃やすと二酸化炭素と水だけができます。

問2　プラスチックでできた製品はどれですか。次の（あ）～（え）から1つ選び，記号で答えなさい。

（あ）ガラスのコップ　　（い）発泡（はっぽう）スチロールの食品トレイ
（う）ティッシュペーパー　　（え）えんぴつのしん

実験3　いろいろな重さのPPをすべて燃やした。PPと結びついた空気中の酸素の重さと，できた二酸化炭素の重さと水の重さを調べた。表3はその結果を表している。

表3

PP（g）	1.4	2.8	4.2
酸素（g）	4.8	9.6	14.4
二酸化炭素（g）	4.4	8.8	13.2
水　（g）	1.8	3.6	5.4

問3　実験3の結果から，PPをすべて燃やすと，PPの重さ，結びついた空気中の酸素の重さ，できた二酸化炭素の重さ，水の重さの比はつねに次のようになっていることがわかります。（　ウ　），（　エ　）にあてはまる数字は何ですか。

PP：酸素：二酸化炭素：水　＝　7：24：（　ウ　）：（　エ　）

問4　ガラス容器に酸素96 g とPP21 g だけを入れて密閉しました。ガラス容器内でPPを燃やすと，PPはすべて二酸化炭素と水になりました。ガラス容器に残った酸素で，あと何 g のPPを燃やすことができますか。

問5　次の文は実験3の結果から考えたものです。文中の（　オ　）～（　ク　）にあてはまる数字は何ですか。

PP1.4 g を燃やすと二酸化炭素が4.4 g できた。できた二酸化炭素4.4 g と同じ量の二酸化炭素を，粉の炭素と酸素だけから作るためには，表1から粉の炭素（　オ　）g と酸素（　カ　）g が必要である。つまり，PP1.4 g には粉の炭素（　オ　）g と同じ役割をするものが同じ量だけふくまれていることがわかる。これを炭素分（たんそぶん）と呼ぶことにする。

同じように考えると，PP1.4 g を燃やしてできた水1.8 g と同じ量の水を，気体の水素と酸素だけから作るためには，表2から気体の水素（　キ　）g と酸素（　ク　）g が必要である。つまり，PP1.4 g には気体の水素（　キ　）g と同じ役割をするものが同じ量だけふくまれていることがわかる。これを水素分（すいそぶん）と呼ぶことにする。

よって，PP1.4 g には炭素分（　オ　）g と水素分（　キ　）g がふくまれているといえる。

問6　PP4.9 g にふくまれている炭素分と水素分はそれぞれ何 g ですか。

実験4　PET2.4 g をすべて燃やすと，空気中の酸素4 g と結びつき，二酸化炭素5.5 g と水0.9 g ができた。また，いろいろな重さのPETをすべて燃やしたところ，PETの重さ，結びついた空気中の酸素の重さ，できた二酸化炭素の重さ，水の重さの比は，PET2.4 g をすべて燃やしたときと同じだった。

問7　次の文は実験4の結果から考えたものです。文中の（　ケ　）～（　シ　）にあてはまる数字は何ですか。

PET2.4 g をすべて燃やすと二酸化炭素5.5 g と水0.9 g ができた。問5と同じように考えると，PET2.4 g には炭素分（　ケ　）g と水素分（　コ　）g がふくまれていることがわかる。二酸化炭素5.5 g と水0.9 g がどちらもできるためには，表1，表2から合わせて酸素（　サ　）g が必要だと考えられる。しかし，実際に結びついた空気中の酸素は4 g であり，（　サ　）g よりも（　シ　）g 少ない。これはPET2.4 g には炭素分と水素分だけでなく，（　シ　）g 分の空気中の酸素と同じ役割をするものが同じ量だけふくまれていると考えることができる。これを酸素分（さんそぶん）と呼ぶことにする。よって，PET2.4 g には炭素分（　ケ　）g，水素分（　コ　）g，酸素分（　シ　）g がふくまれているといえる。

問8　空のペットボトル容器1本をすべて燃やしました。このペットボトル容器1本はPP2.1 g のフタとPET21.6 g の本体でできています。次の（1），（2）の重さは何 g ですか。

（1）空のペットボトル容器1本にふくまれている，酸素分の重さ

（2）空のペットボトル容器1本をすべて燃やしてできた二酸化炭素の重さ

問9　PPとPETだけでできた容器をすべて燃やすと，二酸化炭素46.2 g と水10.8 g ができました。この容器のPPとPETの重さはそれぞれ何 g ですか。

〔３〕次のＡ・Ｂの問いに答えなさい。

Ａ　和歌山県のすさみ町には「フェニックス褶曲」と呼ばれるぐにゃぐにゃに曲がった大地がみられます（図１）。フェニックス褶曲について，あとの問いに答えなさい。

図１

フェニックス褶曲は「付加体」というものが変化したものです。次の文は，付加体について説明したものです。

地球の表面は，プレートというかたい岩石の層でおおわれている。図２のように，和歌山県の沖には，海洋プレートと大陸プレートという２つのプレートがぶつかっている場所がある。

図２の直線 ―― に沿って切った断面は図３のようになっている。海洋プレートは，大陸プレートの下に沈み込むように，矢印の方向に動いている。海洋プレートの上には，海の中の小さな生物の死がいなどがたい積しており，さらにその上に (a) 川などの流れる水によって，陸から運ばれてきた土砂が積み重なり，やがて地層がつくられる。できた地層はプレートよりやわらかいため，海洋プレートが大陸プレートに沈み込むときに，海洋プレートと一緒に沈み込まず，大陸プレートに地層がどんどん押しつけられていき，日本列島に付け加わっていく（図３）。このようにしてできた大地を，付加体という。(b) 和歌山県では，いろいろな時代にできた付加体が観察されている。

図２

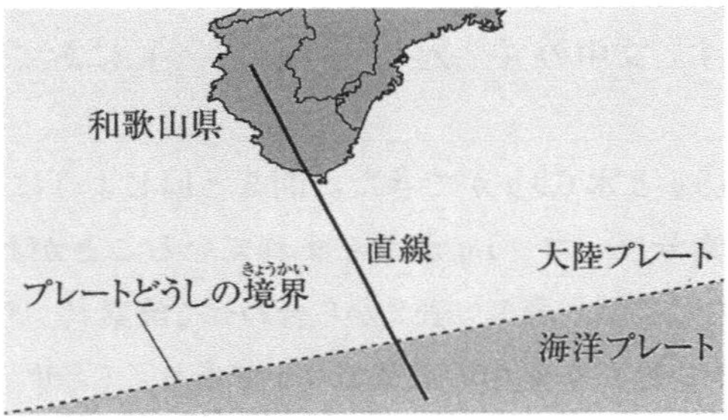

図３

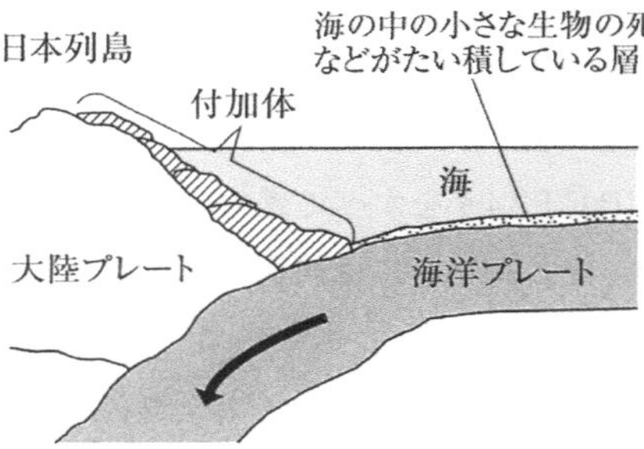

問１　下線部（ａ）について，次の（１），（２）に答えなさい。

（１）川からいろいろな大きさの土砂が一度に運ばれてきたとすると，河口側からどのようにたい積すると考えられますか。次の（ア）～（エ）から１つ選び，記号で答えなさい。ただし，図の左側が河口とします。

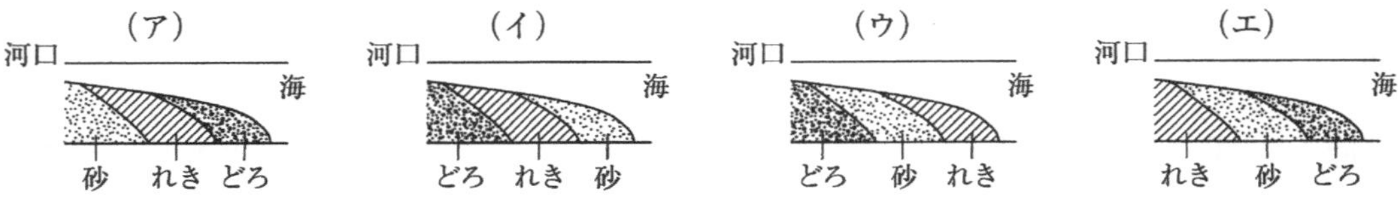

（２）（１）のように考えた理由を説明しなさい。

令和五年度　国語解答用紙（前期）

「句読点（くとうてん）」や「かぎかっこ」なども、一字として数えます。

一

問一　ア　イ　ウ　エ　オ

問二　1　2　3

問三

問四

問五

問七

問八

問六

問九

【4】

(1)	(2)
12時　　分	km

【5】

(1)	(2)	(3)
m	m	通り

【6】

(1)	(2)

【7】

(1)	(2)
cm^2	cm^2

〔3〕	A	問1	(2)
		問2	問3 1 ／ 2 ／ 3
		問4	→ → → エ
	B	問1	問2
		問3	a ／ b ／ c ／ 問4 秒速 km
		問5	10 時 分 秒 ／ 問6 10 時 分 秒
		問7	問8 km

〔4〕	問1	図2 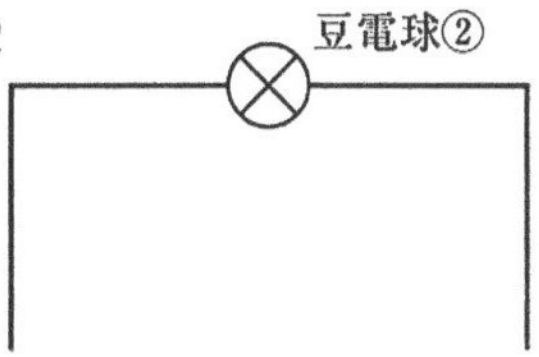 図3 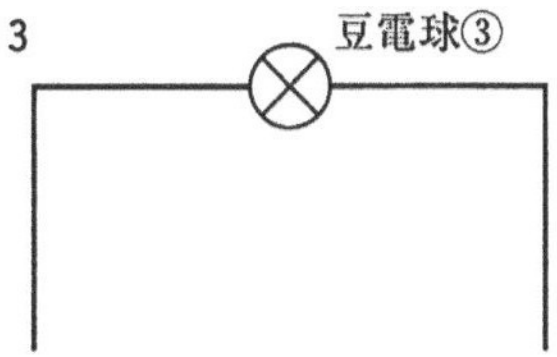
	問2	つなぎ
	問3	つなぎ
	問4	豆電球② ／ 豆電球③
	問5	④の方が大きく ／ ⑤の方が大きく ／ 同じに
	問6	⑤の方が大きく ／ ⑥の方が大きく ／ 同じに
	問7	⑤の方が大きく ／ ⑥の方が大きく ／ 同じに
	問8	
	問9	
	問10	, , ,
	問11	豆電球⑯ ／ 豆電球⑰ ／ 豆電球⑱ ／ 短い導線

受験番号	

令和５年度
（前期）
理科解答用紙

得　点	※100点満点 （配点非公表）

〔1〕	問1		問2		問3						
	問4	(1)	匹	(2)	倍	(3)					
	問5			問6							
	問7	(1)	a		b		c		d		
		(2)	ア		イ		ウ				
〔2〕	問1	ア		イ		問2					
	問3	ウ		エ		問4	g				
	問5	オ		カ		キ		ク			
	問6	炭素分	g	水素分	g						
	問7	ケ		コ		サ		シ			
	問					問	P		P		

【解答

令和5年度

算数解答用紙

（前期）

受験番号	

得　点	※100点満点 （配点非公表）

【1】

(1)	(2)

【2】

(1)	(2)
時間　分　秒	

【3】

(1)	(2)	(3)
個	円	cm

(4)	(5)
	cm^2

【解答用

三

①

②

③

④

⑤

⑥

四

五

①

②

③

問七

問六

問八

問五

問四

受験番号

得　点

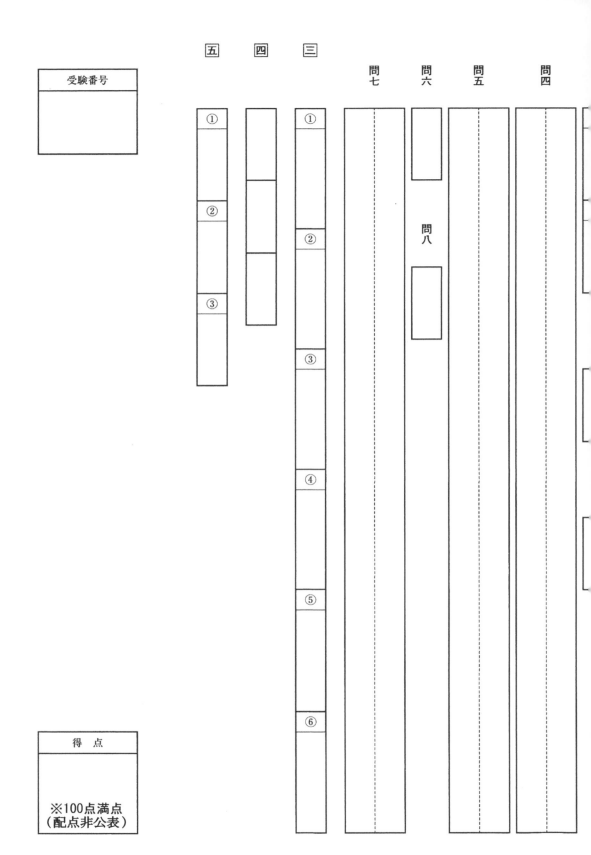

※100点満点
（配点非公表）

問２　下線部（ｂ）について，図４は，和歌山県の地図に，いろいろな時代にできた付加体の分布をおおまかにかき加えたものです。（ア）〜（ウ）は違（ちが）った時代にできた付加体を表しています。この中で一番新しい時代にできたと考えられる付加体はどれですか。図４の（ア）〜（ウ）から１つ選び，記号で答えなさい。

図４

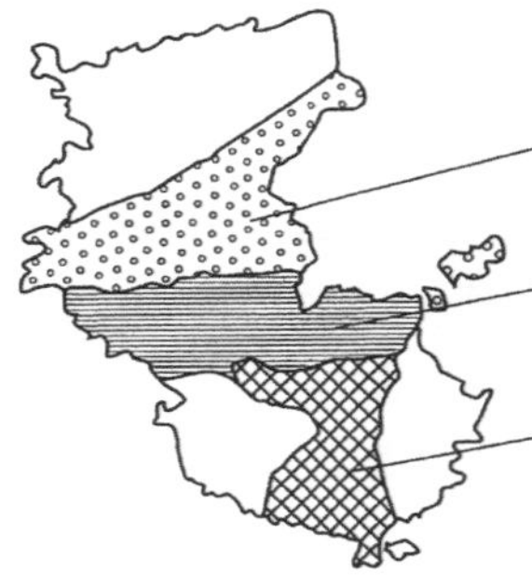

問３　地層に力が加わると，地層の形が変わることがあります。次の文は，どのようにして付加体が折れずに曲がったのかを考えたものです。文中の（　１　）〜（　３　）にあてはまる文は何ですか。あとの（ア）〜（エ）から１つずつ選び，記号で答えなさい。ただし，同じ記号は２回以上選べません。

図５

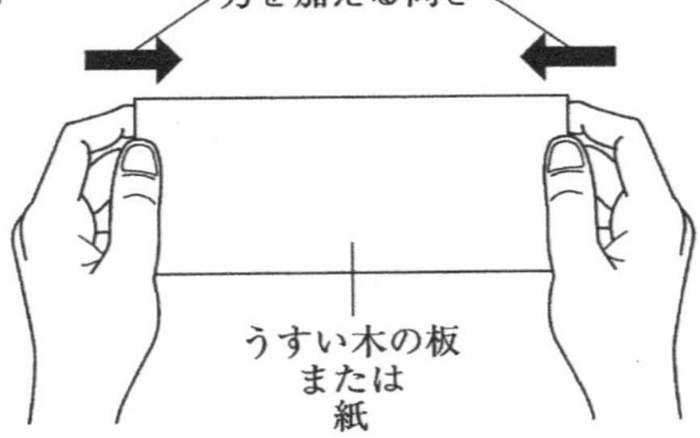

図５のように，うすい木の板に横から力を加えると，やがて木の板は（　１　）。一方，木の板のかわりに紙に横から力を加えると，（　２　）。このことから考えると（　３　）に横方向から押す力が加わることで，付加体が折れることなく曲がったと考えられる。

（ア）割れてしまう　　　　　（イ）割れることなく曲がる
（ウ）たい積して強く押し固められた地層
（エ）たい積してあまり押し固められていない地層

問４　これまでのことから，図１のようなフェニックス褶曲はどのようにしてできたと考えられますか。次の（ア）〜（エ）のできごとを起こった順番に並（なら）べかえなさい。ただし，（エ）が一番最後に起こったことがわかっています。
（ア）地層に力が加わって，地層が変化した。
（イ）海洋プレートの上にさまざまなものがたい積し，地層ができた。
（ウ）曲げられた地層が，押し固められた。
（エ）地層が海の中から陸にあらわれ，風や波などで地層の一部がけずられることで現在のような大地になった。

B　地震が起こる震源では地震波と呼ばれるゆれが発生します。地震波には2種類あります。地面を速く伝わり，地震の観測点に伝わると小さなゆれを起こす地震波をP波といいます。また地面を遅く伝わり，地震の観測点に伝わると大きなゆれを起こす地震波をS波といいます。

地震が観測される所では，まずP波が先に伝わり，遅れてS波が伝わります。日本にはP波をすばやく感知することで，次にS波がくるということをいちはやく住民に伝えるためのシステムがあります。

下の表は，ある地震について，ゆれが観測された観測点①～④の震源からの距離，P波による小さなゆれが起こった時刻，S波による大きなゆれが起こった時刻を表しています。ただし，P波とS波は震源で同時に発生し，それぞれ速さが変わることなく地面のゆれを伝えていくものとします。

表

観測点	震源からの距離	小さなゆれが起こった時刻	大きなゆれが起こった時刻
①	16km	10時30分 0秒	10時30分 2秒
②	48km	10時30分 4秒	10時30分10秒
③	64km	10時30分 6秒	A
④	96km	10時30分10秒	10時30分22秒

問1　上の文中の波線部のような，地震が発生したときにその情報をいちはやく伝えるシステムを何といいますか。

問2　小学生のあなたは海沿いの道（海からの高さは0mとします）を散歩していました。そのとき，立っていられないくらい大きな地震が起こり，津波警報が発令されました。このとき，あなたがとるべき行動として正しいものはどれですか。次の（ア）～（エ）から1つ選び，記号で答えなさい。

（ア）近くの川のようすを見に行って写真を撮る。
（イ）ゆれがおさまるまでブロックべいの近くで体を低くして待つ。
（ウ）3階建て以上の建物など，できるだけ高い所を目指して避難する。
（エ）車や公共交通機関を使ってできるだけ遠い所に避難する。

問3　次の文はP波の速さを求める考え方です。文中の（　a　）～（　c　）にあてはまる数字は何ですか。

「震源から観測点①までの距離」と「震源から観測点②までの距離」の差は（　a　）kmである。この2つの観測点①と②で小さなゆれが起こった時刻の差は（　b　）秒であるから，P波の速さは，秒速（　c　）kmとなる。

問4　問3と同じように考えると，S波の速さは秒速何kmですか。

問5　震源で地震が発生した時刻は，10時何分何秒ですか。

問6　表の A にあてはまる時刻は，10時何分何秒ですか。

問7　「小さなゆれが起こった時刻と大きなゆれが起こった時刻の差」と「震源からの距離」の関係は，比例ですか，反比例ですか。

問8　ある観測点では「小さなゆれが起こった時刻と大きなゆれが起こった時刻の差」が15秒でした。震源からこの観測点までの距離は何kmですか。

〔4〕は右のページから始まります。

〔4〕右の図のように立方体の各辺に導線を並べてその一部をつないだ装置（以下，装置Xとします）を用意しました。図の（ア）～（シ）の部分は導線がつながっておらず，この部分に電池，豆電球，短い導線をつなぐことで回路を作ることができます。この装置Xを使って，次の実験1～6をしました。あとの問いに答えなさい。ただし，実験に使われる電池，豆電球，短い導線はすべて同じものとし，導線がつながっている長さは豆電球の明るさには影響しないものとします。

装置X

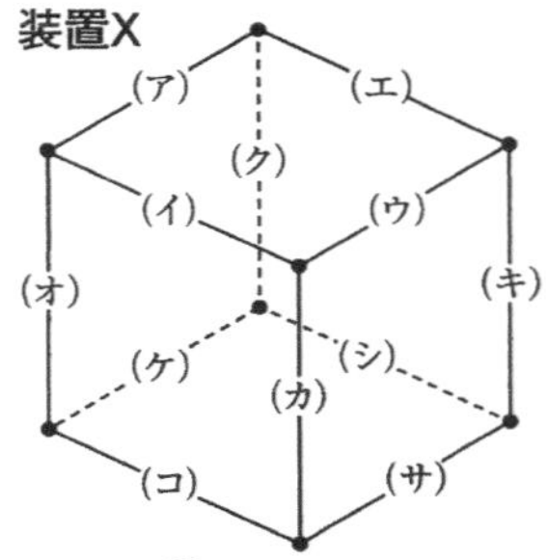

このあとの図にある —|├— は電池(長い線が＋極，短い線が－極)を，—⊗— は豆電球を，•は導線の接続点を表し，点線部分は装置Xの裏側にあることを表しています。また，図に（ア）～（シ）の記号がかかれている部分は何もつながっていないことを表しています。

実験1　図1のように，装置Xの（イ）の部分に電池を，（エ）の部分に豆電球①を，（ア），（ウ）の部分にそれぞれ短い導線をつないで回路を作った。このとき，（オ）～（シ）の部分は何もつながっていない。同じように，装置Xに電池，豆電球②，③，短い導線をつないで，図2，3のような回路をそれぞれ作った。このとき，豆電球①～③の明るさを比べた。

図1

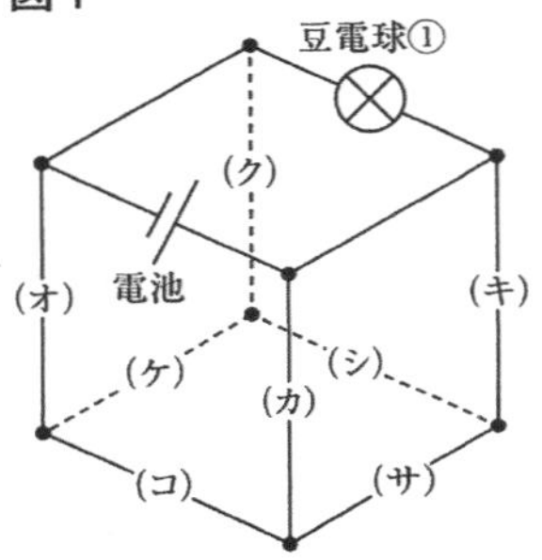

図2

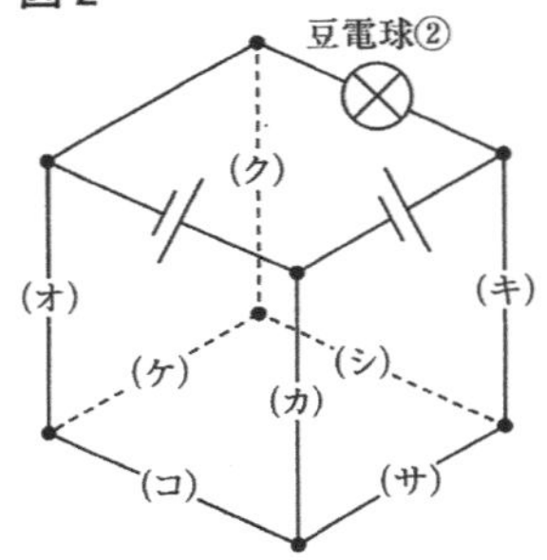

図3

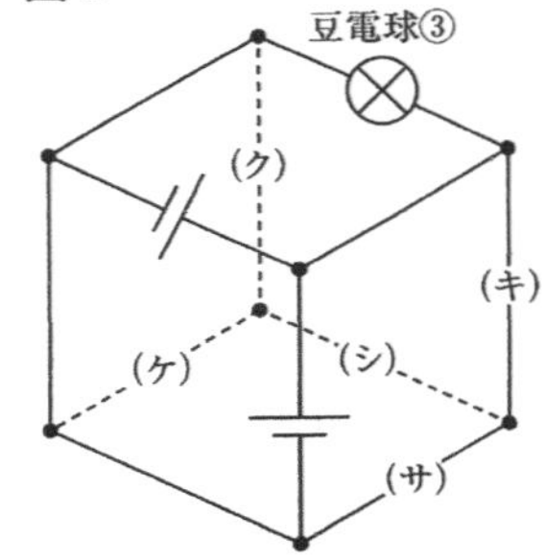

問1　図1の回路がつながっている部分だけを考えて，平面の図にかき直すと右の図のようになります。図2，3を平面の図にかき直すとき，電池の部分はどのようになりますか。解答用紙の図に電池のつなぎ方がわかるようにかきなさい。ただし，接続点はかかなくてもよいものとします。

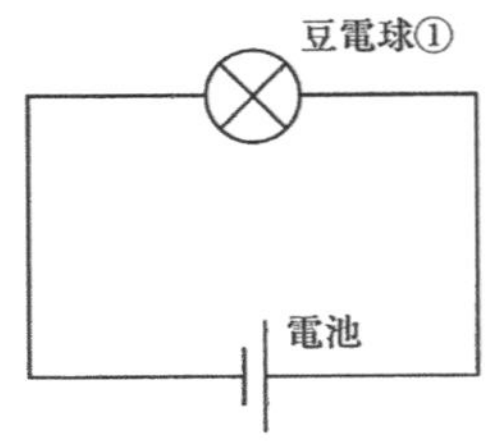

平面にかき直した図

問2　図2のような電池のつなぎ方を何つなぎといいますか。

問3　図3のような電池のつなぎ方を何つなぎといいますか。

問4　図2，3の豆電球②，③の明るさは図1の豆電球①の明るさと比べると，それぞれどのように見えますか。次の（あ）～（う）から1つずつ選び，記号で答えなさい。

(あ) 図1の豆電球①より明るく見える。

(い) 図1の豆電球①より暗く見える。

(う) 図1の豆電球①と同じ明るさに見える。

(A)同じ豆電球であれば，豆電球に流れる電流の大きさが大きくなるほど，その明るさは明るくなることが知られています。豆電球の明るさから豆電球に流れる電流の大きさを考えてみましょう。

実験2　装置Xに電池，豆電球④，⑤，短い導線をつなぎ，図4のような回路を作った。このとき，豆電球④と⑤の明るさを比べると，同じ明るさに見えた。

図4

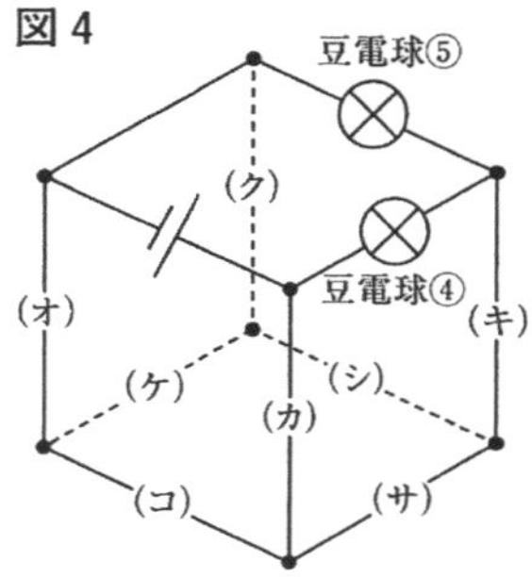

問5　実験2について書かれた次の文中の［　　］にあてはまる言葉を［　　］内から1つ選び，解答用紙の言葉を丸で囲みなさい。

豆電球④と⑤の明るさと下線部（A）から考えると，④と⑤それぞれに流れる電流の大きさは［④の方が大きく ／ ⑤の方が大きく ／ 同じに］なっている。この結果から，豆電球に流れる電流の大きさは接続点で枝分かれしなければ，豆電球を通り過ぎても変化しないと考えることができる。

実験3　図4の（キ）の部分に豆電球⑥を，（オ），（ケ），（シ）の部分にそれぞれ短い導線をつなぎ，図5のような回路を作った。このとき，豆電球④～⑥の明るさを比べると，④がもっとも明るく，⑤と⑥は同じ明るさに見えた。

図5

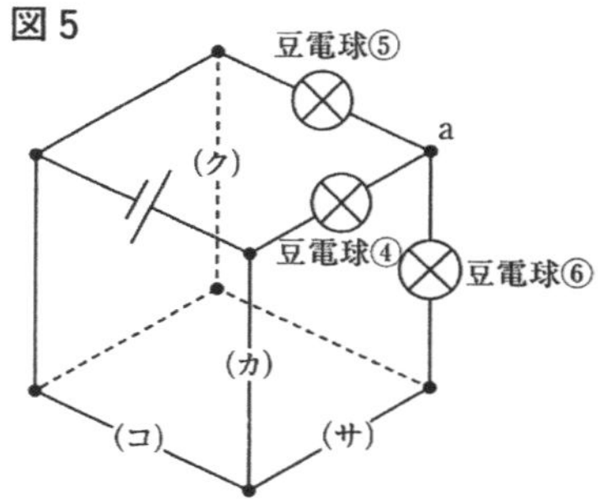

問6　実験3について書かれた次の文中の［　　］にあてはまる言葉を［　　］内から1つ選び，解答用紙の言葉を丸で囲みなさい。

豆電球⑤と⑥の明るさと下線部（A）から考えると，(B)⑤と⑥それぞれに流れる電流の大きさは［⑤の方が大きく ／ ⑥の方が大きく ／ 同じに］なっている。図5の回路では豆電球④から点aに流れてきた電流が点aで枝分かれして，それぞれの導線に流れていく。豆電球④がもっとも明るくなっていることと下線部（A）から考えると，④に流れる電流の大きさがもっとも大きくなっている。豆電球④に流れる電流が豆電球⑤，⑥に分かれて流れていくため，⑤と⑥それぞれに流れる電流の大きさが④に流れる電流の大きさよりも小さくなっている。

実験4　図5の（シ）の部分につないでいた短い導線を豆電球⑦につなぎかえ，図6のような回路を作った。このとき，豆電球⑤と⑥の明るさを比べると，豆電球⑤の方が明るく見えた。

図6

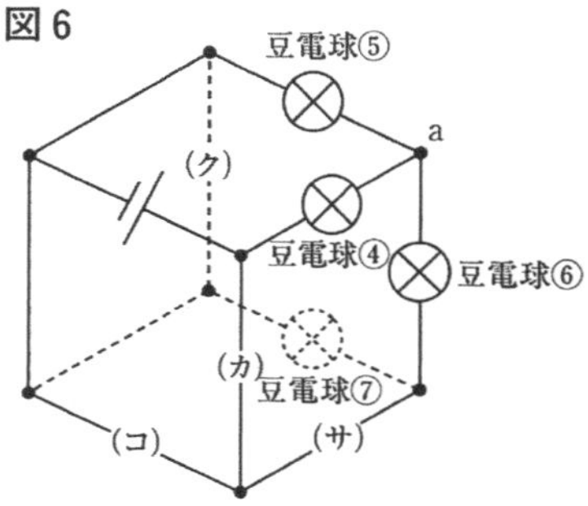

問7　実験4について書かれた次の文中の［　　］にあてはまる言葉を［　　］内から1つ選び，解答用紙の言葉を丸で囲みなさい。

豆電球⑤と⑥の明るさと下線部（A）から考えると，(C)⑤と⑥それぞれに流れる電流の大きさは［⑤の方が大きく ／ ⑥の方が大きく ／ 同じに］なっている。

問8　図6の豆電球④〜⑦のうち，もっとも明るく見える豆電球はどれですか。図6の④〜⑦から1つ選び，番号で答えなさい。

問9　下線部（B），（C）から考えて，接続点で電流が枝分かれしたあと，それぞれの導線に流れていく電流の大きさについて説明した文として正しいものはどれですか。次の（あ）〜（え）から2つ選び，記号で答えなさい。

（あ）枝分かれしたあと，電流が電池にもどるまでの間にある豆電球の数が同じときは，枝分かれして流れていく電流の大きさも同じになる。

（い）枝分かれしたあと，電流が電池にもどるまでの間にある豆電球の数が違っても，枝分かれして流れていく電流の大きさは同じになる。

（う）枝分かれしたあと，電流が電池にもどるまでの間にある豆電球の数が違うときは，豆電球の数が多いほうに流れていく電流の方が小さくなる。

（え）枝分かれしたあと，電流が電池にもどるまでの間にある豆電球の数が違うときは，豆電球の数が多いほうに流れていく電流の方が大きくなる。

実験5　装置Xに電池，豆電球⑧〜⑬，短い導線をつなぎ，図7のような回路を作った。このとき，豆電球⑧〜⑬の明るさを比べた。

図7

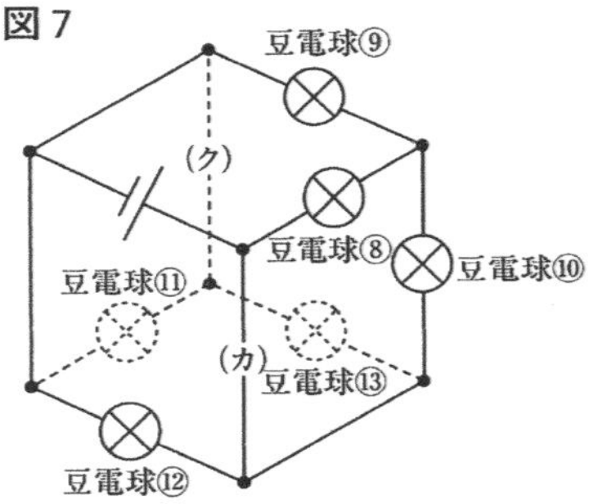

問10　実験2〜4から考えて，豆電球⑧〜⑬のうち⑧，⑨，⑪，⑫を明るく見えるものから順に，左から並べなさい。

実験6　装置Xに電池，豆電球⑭，⑮，短い導線をつなぎ，図8のように回路を途中（とちゅう）まで作った。その後，図8の導線がつながっていない部分に，豆電球⑯，⑰，⑱と2本の短い導線をすべてつないで，次のすべての条件にあてはまる回路を作った。

図8

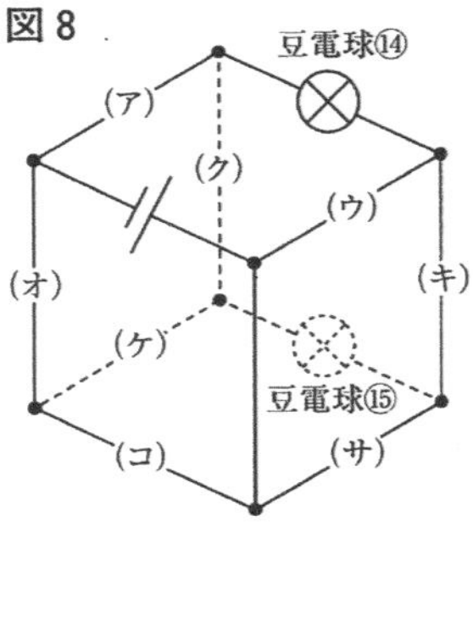

条件
・豆電球⑭〜⑱はすべて光る。
・豆電球⑯がもっとも明るく見える。
・豆電球⑭，⑮，⑰，⑱はすべて同じ明るさに見える。
・（ウ）の部分には何もつながない。
・（ウ）の部分以外で何もつながっていない部分が2つある。

問11　実験6の条件にあてはまる回路は，いくつかあります。このうちの1つの回路を考えたとき，豆電球⑯，⑰，⑱，2本の短い導線をつないだ部分はどこですか。図8の（ア）〜（サ）から1つずつ選び，記号で答えなさい。

【5】 赤い旗と白い旗を次のルールで左から順番に一直線上に立てていきます。

① コインを投げ，表が出たら白い旗，裏が出たら赤い旗を立てる。

② 白い旗どうしが隣(とな)り合うとき，間隔(かんかく)は 5 m あける。

③ 赤い旗どうしが隣り合うとき，間隔は 2 m あける。

④ 違う色の旗が隣り合うとき，間隔は 3 m あける。

例えば，コインが裏→裏→表→裏→表→表と出た場合，旗は赤→赤→白→赤→白→白の順に並び，下の図のように両端の旗の間隔は 16 m になります。次の問いに答えなさい。

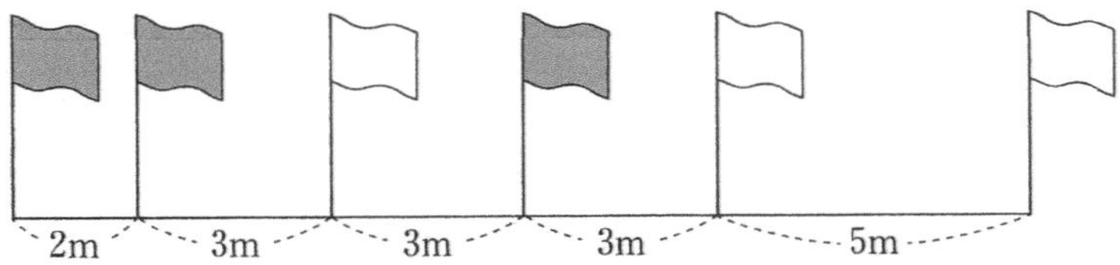

(1) コインを 10 回投げ，表と裏が交互(こうご)に出たとき，両端の旗の間隔は何 m になりますか。

(2) 初めに表が 6 回出て，次に裏が 3 回出て，最後に表が 1 回出たとき，両端の旗の間隔は何 m になりますか。

(3) コインを 10 回投げると両端の旗の間隔が 41 m になりました。このようなコインの表裏の出方は何通りありますか。

【6】 2桁（けた）の整数について，次の3つの条件を考えます。

① 3で割ると1余る。

② 十の位の数より一の位の数の方が大きい。

③ 7の倍数である。

次の問いに答えなさい。

(1) 3つの条件すべてにあてはまる数は何ですか。すべて書きなさい。

(2) 3つの条件のうち2つだけにあてはまる数は何ですか。大きい方から2個書きなさい。

【7】 下の図の三角形 ABC，三角形 DEF は各辺の長さが 3 cm， 4 cm， 5 cm の合同な直角三角形で，これらは辺 BC，辺 DE が同じ直線上にあるように移動します。このとき，次の問いに答えなさい。

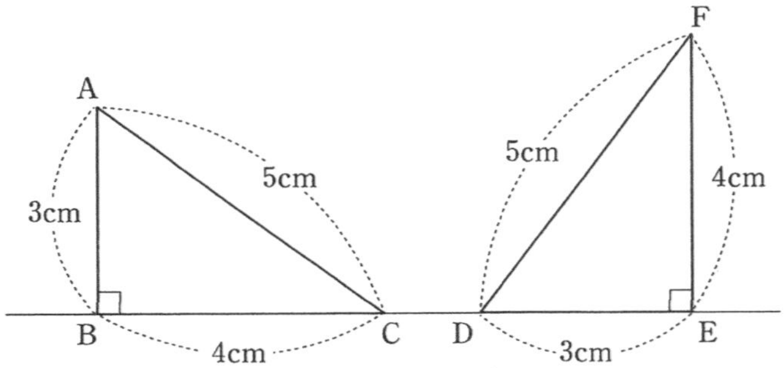

(1) 頂点C，Eが重なっているとき，下の図の色のついた部分の面積は何 cm^2 ですか。

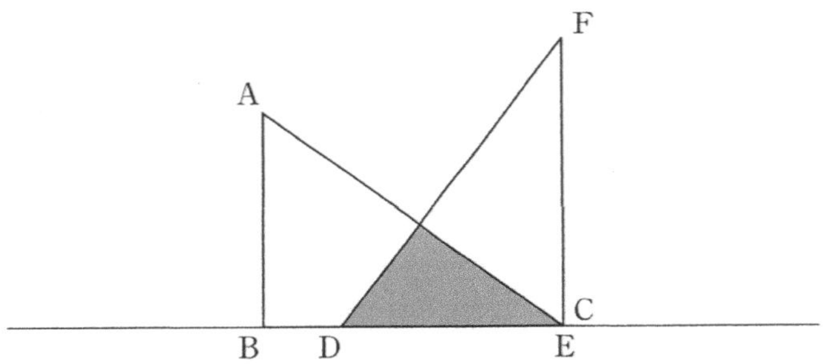

(2) 頂点C，Dが重なっているとき，下の図のように，直線上に PB＝ 1 cm となる点P をとり，頂点Fと点Pをまっすぐな線で結びました。下の図の色のついた部分の面積は何 cm^2 ですか。

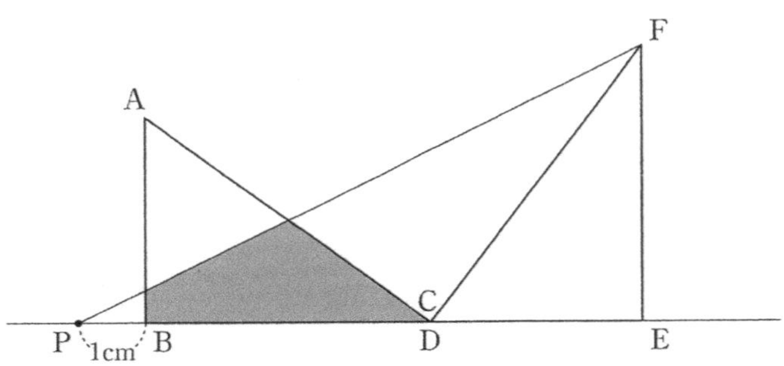

頭をゴシゴシとこすりながら、おれが子ネコのことを早口で説明した。なんとか通じたようだ。
「わかった、わかった。とにかく見せてみなさい。」
秀平のトレーナーから、子ネコがぴょこんと顔を出す。そっとだき上げる父さん。
「どうやら、左の後ろ足が折れてるみたいだな。それに耳の後ろをだいぶ切ってる。肋骨が内臓にささってなきゃいいんだが……。母さん、ガンちゃんに電話をしてくれないかな。」
助手が必要なのか。そんなに大けがなのか。
「父さん、おれがこいつを受け止めてやらなかったからなんだ。それに自転車も……。」
「風花、レントゲンの準備をしてくれ。」
えっ、姉ちゃんにそんなことができるのか。いつ、そんなことを教えてもらったんだ。おれだって、ひだまり動物病院の一員なのに、何も知らない。何もできない。
「うーん、やっぱり足は折れてるな。肋骨も折れてる。ちょっとやっかいだぞ。」
父さんは、そんなひとり言をつぶやきながら、治療の手順を考えてるみたいだった。
「こんちゃーっす。ネコちゃんは、どこにおりまんのや？」
おちゃらけた調子で、ガンちゃんがかけつけてくれた。
「ガンちゃん、手術。麻酔、たのむ。」
こんな短いやりとりで、ガンちゃんが行動に移る。まさに、(注)ツーといえばカーだ。
「はい、きみたちは待合室で待っててちょうだいね～。」
とびらが閉まる。あたりが急にシーンと静まりかえった。耳をすますと、となりの部屋からカチャカチャという、金属のふれあう音が聞こえてくる。
「手術、うまくいってるのかな。」
秀平がドアに耳をつけて、心配そうな顔をしている。みずき小のふたりも心配そうだ。そのとき、血相を変えて入り口から飛び込んでくるふたりがいた。
「類！　美波も！　どうしたんだ、何かあったか。」
「何かあったか、じゃないよ。勇希がすごい顔して自転車飛ばしてたから、いったい何事かと思ってきてみたんじゃないか。」
すると、おれに代わって秀平が、ここまでのことをゆっくりと説明しはじめた。ちぇっ、おれよりずっと落ち着いていやがる。
「ふーん、そうなの。ゆっくんが、子ネコをねえ。」
「勇希ってやっぱり、動物ぎらいなんかじゃなかったんだな。」
そんなこと、どうでもよかった。今のおれは、ただ自分が情けないだけだった。
「おれがちゃんと受け止めてやれば、こんなことになってないのに。なんで、受け止められなかったんだろう。」
「そんなの、しかたないよ。だって、急に落ちてきたんだもん。なあ。」
みずき小のひとりがそういうと、もうひとりも「うん。」とうなずいた。④そんな言葉も、今は胸につきささる。秀平と同じように、おれも手術室のドアに耳をつけた。
「助けてやってくれ。助けてくれよう、父さん！」

おれには、祈ることしかできない。たのむ、父さん。たのむ！

いつの間にか、一時間半もの時間がたっていた。おれが何度目かのため息をついたそのとき、手術室のドアがカチャッと開いた。

「終わったでやんす。」

ガンちゃんだ。おちゃらけてるってことは……。続いて父さんが顔を見せた。

「うまくいったよ。手術は成功だ。」

「やったぁ！」

どっと上がる歓声(かんせい)。待合室が、パーティ会場みたいなさわぎになった。

「ありがとう、父さん。」

思わずそんな言葉がこぼれ落ちた。

「ほい、これがきみたちが助けた命だ。」

四人でいっせいに、手術台の上の子ネコを見つめた。麻酔でぐっすりねむっている。こんなちっぽけな命が、一時間半の手術にたえたのか。

「がんばったな、おまえ。すごいぞ、すごいぞ！」

無意識にそうつぶやいて、タオルでふいたら、うっかり涙(なみだ)が出そうになった。

（やべっ！）

だれにも見られないように、シャツのそでで目のあたりをゴシゴシこする。そのあと、おれは一歩下がり、ほかの三人を前におし出した。

⑤「命の恩人は、おれじゃないよ。まず、みずき小のふたり。子ネコを見つけたのも、ここに知らせにきたのもこのふたりだし。それから、高いところまで登ってくれた秀平。おまえが落ちなくてよかったよ。」

そんなおれの横に、父さんの笑顔(えがお)があった。

「とまあ、とりあえずこのネコはうちであずかろう。首輪もしていないし、たぶんノラだよ。それに、手術の経過も気になるからな。」

そういって子ネコを見つめる父さん。⑥そんな父さんのことを、おれは初めて「かっこいい。」と思った。

そう、おれの父さんは医者だ。かっこいい動物のお医者さん。そしておれんちは、この町になくてはならない、〝ひだまり動物病院〟なんだ。

（山口理『おれんち、動物病院』）

（注）ツーといえばカーだ……気持ちが通じあっていて、ちょっと話をするだけでその内容が通じること。

問一　□部1・2に入ることばとして最も適切なものをそれぞれ後から選び、記号で答えなさい。

□部1

ア　目をぬすんで　　イ　目をまわして　　ウ　目をこらして　　エ　目をかけて

□部2

ア　きょとんとした　　イ　がっかりした　　ウ　にんまりとした　　エ　のんびりした

問二　――部①「自転車をひっくり返したまま、ガラス張りのドアの向こうに立っていた」とあるが、ここから読み取れるふたりの男子の心情として最も適切なものを次の中から選び、記号で答えなさい。

ア　「おれ」の気の抜けた返事にいらだっている。

イ　初めて動物病院を訪れたので心おどらせている。

ウ　「おれ」から突然話しかけられ、驚いている。

エ　子ネコを助けるために必死になり、慌てている。

問三　――部②「うわ〜っ、さっそくやってきた」とあるが、このときの「おれ」の心情として最も適切なものを次の中から選び、記号で答えなさい。

ア　ふたりの男子が子ネコを助けてほしいと、消防署ではなく動物病院にたのみに来たことに対して、非常識だと怒りを覚えている。

イ　ふたりの男子の申し出に、以前と同じような失敗をするのではないかという不安がよぎり、面倒なことになってしまったと思っている。

ウ　子ネコを助けてほしいとふたりの男子に言われて、急いで助けに行かなければと焦りを感じながらも、全力で向き合おうとやる気になっている。

エ　ゲームをしている時にばかり邪魔が入ってうんざりしていたが、ふたりの男子の事情を聞くと子ネコの救出の方がおもしろそうだと思い始めている。

問四　――部③「どうにも、引っこみがつかなくなった」とあるが、それはなぜか、説明しなさい。

問五　――部④「そんな言葉も、今は胸につきささる」とあるが、それはなぜか、説明しなさい。

問六 ―――部⑤「命の恩人は、おれじゃないよ」とあるが、このときの「おれ」についての説明として最も適切なものを次の中から選び、記号で答えなさい。

ア 子ネコを助けるにあたって何もできなかった自分の無力さを感じるとともに、「みずき小のふたり」と「秀平」の三人の働きを素直にたたえようとしている。

イ 動物嫌いの自分が子ネコを助けるのに必死になったと知られるのが恥ずかしくて、慌てて「みずき小のふたり」と「秀平」の三人の話に切り替えようとしている。

ウ 子ネコを助けた自分の働きばかりが評価されている気がしたので、「みずき小のふたり」と「秀平」の三人も少しはほめてやってほしいと思っている。

エ 子ネコがケガをしたのはもとはといえば自分のせいなので、それを責められないうちに「みずき小のふたり」と「秀平」の三人を話題にしようとしている。

問七 ―――部⑥「そんな父さんのことを、おれは初めて『かっこいい。』と思った」とあるが、「おれ」が「父さんのこと」を『かっこいい。』と思った」のはなぜか、説明しなさい。

問八 本文の表現についての説明として最も適切なものを次の中から選び、記号で答えなさい。

ア 子ネコに起こった様々な出来事が少しずつ明らかになっていくことで、物語全体に謎解きのような面白さが出ている。

イ 会話文を多用することによって、子ネコを助けるためにみんなが必死にがんばっている様子がありありと描かれている。

ウ 雨の様子を中心に気象の変化を描くことで、今後の話の展開がどのようになっていくかがそれとなく示されている。

エ 子ネコを救おうと必死になる子どもと、ふざけた態度を取る大人を対比させることで、両者の考え方の違いを示している。

三 次の――部のカタカナをそれぞれ漢字に直しなさい。送り仮名(おくりがな)の必要なものは、それも含(ふく)めて答えなさい。

① 今度の遠足ではハクブツカンに行くことになっている。
② 自転車を修理するためのヒヨウがかかる。
③ その会議には多くのセンモンカが出席する。
④ 銀行の役割は、人のお金をアズカルことだ。
⑤ 服装の乱れをトトノエル。
⑥ 知りたいジョウホウをインターネットで探す。

四 「悲しい」ということばからは、「悲しさ」と「悲しみ」という二つのことばを作ることができます。このように、「〜さ」と「〜み」の両方のことばを作ることができるものを三つ選び、ア〜ケの記号で答えなさい。

ア おいしい　イ 熱い　ウ 寂(さび)しい　エ 赤い　オ 難しい
カ おもしろい　キ 多い　ク うまい　ケ 賢(かしこ)い

五　次の①〜③の各組の中から、ことばの使い方が適切な文をそれぞれ一つ選び、ア〜エの記号で答えなさい。

①
ア　我(わ)が家(や)を訪(おとず)れたその客は、私は優(やさ)しそうに感じた。
イ　私の希望は、これからいろんな国に行きたいです。
ウ　あなたがお持ちの本を私が読んでもらってもいいですか。
エ　緊張(きんちょう)しながらも間違(まちが)えずに発表できたことが、自信につながった。

②
ア　選挙の期間中、町は上へ下への大騒(おおさわ)ぎだった。
イ　世界を足にかけて活躍(かつやく)する彼(かれ)の才能は、認めざるをえない。
ウ　夏休みは気が置けない友人と過ごし、充実(じゅうじつ)した時間となった。
エ　ニュースでアナウンサーが水をさすようにすらすらと原稿(げんこう)を読み上げた。

③
ア　宝くじが当たるなんて、まるで夢のようだ。
イ　どうか彼女(かのじょ)には、会場に遅(おく)れずに来てもらう。
ウ　たとえ雨が降ったら、遠足は翌日に延期する予定です。
エ　環境(かんきょう)問題に真剣(しんけん)に取り組まないと、決して地球温暖化が進むのだ。

令和四年度

入学試験問題

国語（前期）

（六十分）

智辯学園和歌山中学校

注意

◎合図があるまで、問題用紙に手をふれてはいけません。
◎答えはすべて解答用紙に書きなさい。
◎解答用紙には、名前を書かず、受験番号だけを書きなさい。

2022(R4) 智辯学園和歌山中
K 教英出版

一　次の文章を読んで後の問いに答えなさい。

「全自動洗濯機」が発売されたのは、一九六五年のことでした。そう聞くと、「えっ、そんなに昔のことかなあ」と思います。わたしの実感では、周りの人たちが全自動洗濯機を使うという話を聞くようになったのは、一九九〇年ごろからと記憶しています。

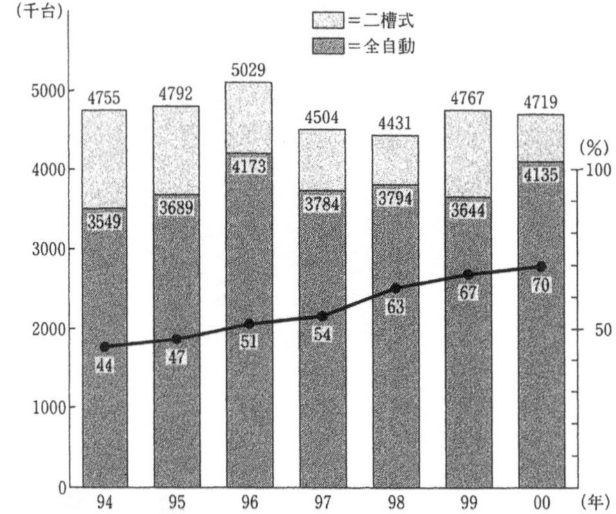

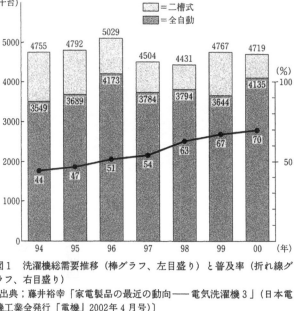

図１　洗濯機総需要推移（棒グラフ、左目盛り）と普及率（折れ線グラフ、右目盛り）
〔出典；藤井裕幸「家電製品の最近の動向――電気洗濯機３」（日本電機工業会発行「電機」2002年４月号）〕

（注1）普及率の数字がその記憶を裏付けてくれます（図１）。一九八六年の全自動洗濯機の普及率は、一八%。発売から二〇年たっても二〇%に届いていませんでした。それが五〇%を超えたのは、さらに一〇年後の一九九六年のことで、現在（二〇〇六年）では、八〇%を超えています。

①全自動洗濯機を買い、はじめて使ったときは、「世の中にこんなに便利な機械があるのか！」とばかりに感動しました。ただの「自動」ではなく「全自動」ですから。洗濯槽と脱水槽が分かれていたそれまでの（注2）二槽式洗濯機と　1　比較してしまいます。二槽式洗濯機では、洗濯槽で洗い、脱水槽に移して脱水し、すすぎのためにふたたび洗濯槽へと、数分ごとに洗濯物を行き来させなければなりません。放っておこうものなら、洗濯物はいつまでも石けん液の中をゆらゆらと漂っているだけです。これでは洗濯になりません。水道の栓の開け閉めも自分で管理しなければなりませんから、洗濯の間うっかり洗濯機のそばを離れることもできません。

それに比べて、なんと言っても全自動です。洗濯物を放り込んで洗剤を入れ、スイッチをセットすれば、次に洗濯機のそばに来るのは洗い上がった合図のあと。数十分は、別のことに集中できます。全自動の底力に感心するとともに、洗濯中の時間が（ア）ユウコウに使えて、うれしかったものでした。

かつて「自動」は生活における技術の進歩を象徴するキーワードとして、無条件に輝いていました。自動ドア、自動販売機、自動巻き腕時計、自動変速装置、自動改札機、自動現金支払機……。最近では、　2　「自動」と言わずとも、自動式の機械が増えています。オフィスビルなどでよく見かけるのは、利用頻度の低いトイレや廊下、エスカレーターなどで、人を（イ）サッチすると「自動的」に明かりがついたり、作動したりする装置。自動は、わかりやすい技術の成果としてわたしたちの手間を減らすことに貢献し、これらを受け入れたわたしたちは、ひとりでに動く機械にちょっと未来的なイメージと先進的な優越感を感じてもいました。その「自動」の代表選手として登場した全自動洗濯機は、家事に大いに貢献してくれました。

ところが……、その感動も、ありがたみもつかの間のことだったのです。

「そこまでやってくれるのなら、もっともっと楽をしたい」

全自動といっても、スイッチを入れ洗濯が終了すればそれで洗濯が完結するわけではありません。洗濯物を干し、乾いた洗濯物を取り込むという手間をめんどうと感じるようになっていきました。「いっそのこと、たたんでタンスにしまってくれたら……。だって全自動なんだから……」などと、乾いた洗濯物を見るたびに思うようになりました。いささか極端な望みとは思いつつも、さらなる「便利」を求めるのは自然なことです。わたしは、二槽式洗濯機で洗濯槽と脱水槽の間で洗濯物を(ウ)オウフクさせたことなど、[3]忘れていました。最近では、干すところまでやってくれる乾燥機能つきの洗濯機も出てきましたが、この便利さもやがてあたりまえのものになってしまうのでしょうか。

なんとも勝手なものですね。でもこれは、人間が持っている「便利さ」に対する共通の心の動きなのかもしれません。ある家電メーカーの開発者は、新製品のセールスポイントとして取り扱いやメンテナンスが簡単であることを強調すると、ユーザーからは「もっと簡単なものがほしい」という感想が返ってくると話していました。どこまでも簡単に、どこまでも便利に。もっと楽に、もっと速く、もっと正確に、もっとたくさん、もっときれいに……。わたしたちがこのような「もっと」を持っているために、便利さはすぐに「インフレ」を起こします。便利なものが増えたり便利さに慣れたりすることで、便利さの価値が(注3)相対的に下がっていくのです。そして、意外と底の浅かった「自動の底力」にちょっと失望し、全自動洗濯機による洗濯は「軽減された家事」ではなく、「[4]」へと格下げされました。そしてはじめて手にしたときの目の覚めるような驚きやうれしさは、「全部が自動じゃない全自動洗濯機」への不満、もしくはあきらめへと姿を変えていきました。

新しい機械を手に入れて感動と落胆を繰り返す。みなさんにも覚えがありませんか。

かつて、家庭に普及し始めたころの電話機は、留守番機能も、発信元表示も、リダイヤルも短縮ダイヤルも、ファクスもなく、もちろん写真を撮ることも、画像を送ることもできませんでした。色はまっ黒。ダイヤル式です。それでも、はじめて電話を設置した人々は、「なんと便利な機械だろう」と思ったことでしょう。それが今ではどうでしょうか。「[5]」です。よほどの風流人か、趣味的な意味合いがなければ、黒電話を使う理由はありませんし、回線は、高速で巨大な情報を処理することが求められるインターネットなど現在の通信事情にも合わなくなっています。携帯電話の普及は、持ち運べない固定電話を「ふつう」から「不便」に(エ)コウカクさせました。

カメラも、デジタル式が登場し、かつてフィルム式の「写真機」をはじめて手に入れたときのうれしさは遠くかすんでしまいました。

わたしが子どものころ、新幹線は「夢の超特急」というキャッチフレーズをそのまま信じていました。世界に誇るスピードを持った「夢の」列車と言われましたし、今でも世界でトップレベルの鉄道技術です。名前もよかった。あこがれを込めて、

「あ、『ひかり』だ！　今度は『こだま』がくるよ」

と指さしたものです。

その(注4)憧憬は、数十年を経てこんな表現に変わりました。

「こだま？　あ、各駅停車ね」

愕然としました。「夢の超特急の各駅停車化」は、新しく、すばらしく、歓喜に満ちて迎えられた科学技術が、聞き慣れ、見慣れ、使い慣れるに従って輝きを失い、「フツーの技術」になっていく様子をよく表しています。

②便利な機器が並ぶ平坦な大地の上で「便利さ」というきわだった輝きが薄れていってしまっているようです。

いくら洗濯のすべてを機械に任せたいからといっても、洗濯した衣類を着用して汚すところまで、「全自動」にお任せしたいとは思いません。なんだか変なことを言うな、と思われるかもしれませんね。自動の機械を求めたとしても、③逆にすべてが自動になってしまうことの味気なさが生まれることもあります。

「便利」というのは、ほんの少しの動作で用事がすみ、思い通りの結果に変化すること、自分が行った動作に対して得られる結果が非常に大きいことです。ボタンひとつ、かけ声ひとつ、ハンドルとアクセルを操作するだけで、何百キロも移動できる、お金をやりとりするだけで食べ物が手に入る、力仕事や細かい手仕事をしなくてよい……。そんなことが「便利」の魅力です。ものごとが変化していく過程をじっと見たり、変化の度合いをコントロールする必要はなくなります。過程がどのようなものか知らなくてもすんでしまい、たとえ知ったところで、自分の意志を生かしたり、工夫する余地を見つけるなど、自ら影響を及ぼすことができない場合も多くあります。

自動を歓迎しながらも、一方でわたしたちは頭を使って考えたり、手を使って工夫してものを作り上げることを楽しいと感じる力を持っています。

現在のわたしたちが趣味として行っていることの中には、昔の人たちが生活のための生業として行っていたことが少なくありません。釣りやキャンプ、カヌーなどのアウトドア・レジャー、キノコ狩り、木の実拾い、日曜大工、陶芸や板金なども生活するために必須の作業。その中から環境を整えたり道具を作る技術が生み出されました。縫い物や編み物やパッチワークは、寒さや(オ)キケンから身を守る衣服を作るのに必要でした。

「アウトドア・レジャー」ということばがあるのは、世界中でも限られた国だけだそうです。アウトドアを「レジャー」として位置づけることができるのは、あまりにも便利さが進んでしまっていることを表しています。そして同時に、生活に手間をかけたり自分で工夫したりするのは楽しいことなのだと教えてくれているようにも思います。

もっともっと便利にと「多くの自動化」を求めても、やがてそのありがたみが薄れたり、味気なさを感じることもあります。自動化して楽をしたいというのも生活や未来を作っていくことのひとつですが、自動だけじゃつまらない、と考えるのも、未来のひとつです。また、便利さをお金で買うのもひとつの選択ですが、できるだけ多くの工程を自分の手で行うこともまた、創造的で楽しい仕事です。

（佐倉統・古田ゆかり『おはようからおやすみまでの科学』ちくまプリマー新書）

(注) 1 普及率……ある商品がどれだけ世間に広まっているかを示す比率。
2 二槽式洗濯機……電気洗濯機のうち、洗い・すすぎを行う槽と、脱水を行う槽の二つを備えるもの。(下図参照)
3 相対的に……他と比べて。
4 憧憬……あこがれ。
5 愕然と……非常におどろくさま。

問一 ＝＝＝部(ア)～(オ)のカタカナをそれぞれ漢字に直しなさい。

問二 □部1～3に入ることばとして最も適切なものをそれぞれ次の中から選び、記号で答えなさい。ただし、同じ記号をくり返して使ってはいけません。

ア わざわざ　イ ついつい　ウ こそこそ　エ てっきり　オ すっかり

問三 □部4・5に入ることばとして最も適切なものをそれぞれ後から選び、記号で答えなさい。

□部4
ア 退屈な家事　イ たのしい家事
ウ 古臭い家事　エ ふつうの家事

□部5
ア 華々しいけど邪魔な機械　イ めずらしいけど大げさな機械
ウ 懐かしいけど不便な機械　エ ややこしいけど個性的な機械

問四 本文と図1のグラフからわかることの説明として最も適切なものを次の中から選び、記号で答えなさい。

ア 二槽式洗濯機の需要数(必要とされた数)は年によって増減があるものの、二槽式洗濯機の普及率は安定して増加している。
イ 全自動洗濯機の需要数(必要とされた数)は年によって増減があるものの、全自動洗濯機の普及率は安定して増加している。
ウ 二槽式洗濯機の需要数(必要とされた数)が毎年減少していくのにともなって、全自動洗濯機の普及率が増加している。
エ 全自動洗濯機の需要数(必要とされた数)が毎年増加していくのにともなって、全自動洗濯機の普及率も増加している。

問五 ———部①「全自動洗濯機を買い、はじめて使ったときは、『世の中にこんなに便利な機械があるのか!』とばかりに感動しました」とあるが、「全自動洗濯機」は「二槽式洗濯機」と比べてどのような作業を省くことができるのか、二つ答えなさい。

問六　――――部②「便利な機器が並ぶ平坦な大地の上で『便利さ』というきわだった輝きが薄れていってしまっている」とあるが、これはどういうことか、説明しなさい。

問七　――――部③「すべてが自動になってしまうことの味気なさが生まれることもあります」とあるが、それはなぜか、説明しなさい。

問八　～～～～部「自動を歓迎しながらも、一方でわたしたちは頭を使って考えたり、手を使って工夫してものを作り上げることを楽しいと感じる力を持っています」とあるが、この筆者の意見に対するあなたの考えを自身の経験を踏(ふ)まえて二百字以内で書きなさい。

二 次の文章を読んで後の問いに答えなさい。

街は夕暮れの光の中で、淡い金色に輝いていた。その光を浴びながらコンビニエンスストアの前を過ぎまっすぐに歩く。

ふっといい匂いがした。焼きたてのパンの匂いだ。

「あら、千穂ちゃん、お久しぶり」

『ベーカリーYAMANO』のドアが開いて、白いエプロン姿の女の人が出てきた。丸い顔がにこにこ笑っている。優しげな笑顔だ。同級生の山野真奈の母親だった。笑った目もとが真奈とよく似ている。千穂は特に食パンが好きだった。小学生の時から真奈とは仲よしで、この店でよく焼きたてのパンやクッキーをごちそうになった。窯から出されたばかりのほかほかの食パンは、バターもジャムも必要ないぐらいおいしいのだ。しかし、

「他人さまのおうちで、たびたびごちそうになるなんて、a はしたないわよ。もう、やめなさい。欲しいなら買ってあげるから」

母の美千恵にそう言われてから、『ベーカリーYAMANO』に寄るのをやめた。

美千恵はときどき、食パンやケーキを買ってきてくれる。有名な店の高価なケーキをおやつに出してくれたりもする。けれど、そんなにおいしいとは思えない。どんな有名店のケーキより、真奈たちとくすくす笑ったり、おしゃべりしたりしながら、口いっぱいに頬張ったパンのほうがずっとおいしい。

①もう一度、ほかほかの食パンにかじりつきたい。

そんなことを考えたせいだろうか、キュルキュルとおなかが音をたてる。頬がほてった。

やだ、恥ずかしい。

しかし、山野のおばさんは気がつかなかったようだ。千穂の提げている布製のバッグをちらりと見やり、尋ねてきた。

「これから、塾?」

「はい」と答えた。バッグの中には塾で使う問題集とノートが入っている。

「千穂ちゃん、偉いわねえ。真面目に勉強して。それに比べて、うちの真奈ったら、受験なんてまだまだ先のことだって涼しい顔してるのよ。塾にも通ってないし。ほんと、千穂ちゃんをちょっとでも見習って、しっかりしてほしいわ」

そんなこと、ありません。

千穂は胸の内で、b かぶりを振った。

真奈は偉いと思います。しっかり、自分の将来を考えてます。あたしなんかより、ずっと……。

「千穂、これ、まだ誰にも言ってないんだけど……あたし、お父さんみたいになりたいなって思ってるんだ。パン職人」

今日のお昼、一緒にお弁当を食べていた時、真奈がぼそりとつぶやいた。昼食の前、四時限めに、来年にひかえた受験に向けて志望校をどう決定していくか、どう絞っていくか、担任の教師から説明を受けたばかりだった。

「……高校受験というのは、ただの試験じゃない。きみたちの将来につながる選択をするということなんだ。具体的な職業までは無理としても、自分は将来、何がしたいのか、あるいはどんな人間になりたいのか、そういうことをじっくり考えて進路を選択してもらいたい。自分の意志が必要なんだ。自分の将来を自分自身で選択するという意志をもってもらいたい」

いつもはのんびりした口調の担任が、生徒一人一人の顔を見やりながら、きっぱりと言いきった。

意志をもってもらいたい。

その一言を千穂が心の中で反芻(注1)していた時、「パン職人」という言葉が耳に届いたのだった。

「なんかさ、うちのお父さん、普通のおじさんなんだけど、パンを作ってる時だけは、どうしてだかかっこよく見えるんだよね。作ったパンもおいしいしさ。お客さん、すごく嬉しそうな顔して買いに来てくれるんだよね。なんか、そういうの見てるといいかなって、すごくいいなって。もちろん、大変なのもわかってる。朝なんてめちゃくちゃ早いしさ、うちみたいに全部手作りだと、ほんと忙しいもの。嫌だなあって思ってた時もあったんだけど……実はね、千穂」

「うん」

「この前、お父さんと一緒にパン、作ってみたの」

「へえ、真奈が？」

「うん。もちろん、売り物じゃなくて自分のおやつ用なんだけど、すごく楽しくて……あたし、パン作るの好きなんだって、本気で思った。だからね、高校卒業したらパンの専門学校に行きたいなって……思ってんだ」

少し照れているのか、頬を赤くして真奈がしゃべる。そこには確かな自分の意志があった。

②真奈って、すごい。

心底から感心してしまう。すごいよ、真奈。

③真奈が顔を覗き込んでくる。

「千穂は画家志望だよね。だったら、やっぱり芸術系の高校に行くの？」

「え……あ、それはわかんない」

「だって、千穂、昔から言ってたじゃない。絵描きさんになりたいって。あれ、本気だったでしょ？」

「……まあ。でも、それは……」

夢だから。口の中で呟き、目を伏せる。うつむいて、そっと唇を噛んだ。

山野のおばさんに頭を下げて、また、歩きだす。さっきより少し足早になっていた。

花屋、喫茶店、スーパーマーケット、ファストフードの店、写真館……見慣れた街の風景が千穂の傍らを過ぎていく。

足が止まった。

香りがした。とてもいい香りだ。焼きたてのパンとはまた違った芳しい匂い。

立ち止まったまま視線を辺りに巡らせた。写真館と小さなレストランの間に細い道がのびている。アスファルトで固められていない土の道は緩やかな傾斜の上り坂になっていた。この坂の上には小さな公園がある。そして、そこには……。

令和４年度

入　学　試　験　問　題

算　　　数（前期）

（６０分）

智辯学園和歌山中学校

注　　意

◎　あいずがあるまで，問題用紙に手をふれてはいけません。

◎　答えはすべて解答用紙に書きなさい。

◎　解答用紙には，名前を書かず，受験番号だけを書きなさい。

【1】 次の計算をしなさい。

(1) $77\times31-48\times7-77\times7+48\times32$

(2) $\left(10-9\times\frac{7}{8}\right)\times6-5\div\left(4\div3-\frac{1}{2}\right)$

【2】 次の $\square$ にあてはまる数を答えなさい。

(1) $3\frac{3}{4}\times\left(\square\div\frac{5}{7}+2.4\right)-0.125=13$

(2) 20202 秒＝$\square$時間$\square$分$\square$秒

【3】 次の各問いに答えなさい。

(1) 長いすが何脚(きゃく)かあり，7人ずつ座るとちょうどいっぱいになります。5人ずつ座るため，長いすを6脚増やすと，最後の1脚には3人座ることになりました。初め長いすは何脚ありましたか。

(2) 下の［ウ］にあてはまる数は何ですか。ただし，［ア］，［イ］，［ウ］は1から9までの異なる数とします。

	［ア］	［ア］	4
＋		［イ］	［イ］
	3	［ウ］	［ア］

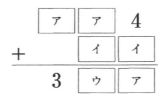

(3) 太郎君がある池の周りを2周しました。1周目は毎分150 mの速さで走り始めましたが，途中から毎分240 mの速さで走り，2周目は毎分90 mの速さで走ったそうです。毎分240 mの速さで走った時間は，毎分150 mの速さで走った時間のちょうど2倍でした。2周の平均の速さは毎分何mですか。

(4) 下の図の三角形ABCは，AC ＝ BCの二等辺三角形で，点Dは辺AB上にあって，BD ＝ CDとなっています。また，角イの方が角ウよりも15°大きいそうです。このとき，角アの大きさは何度ですか。

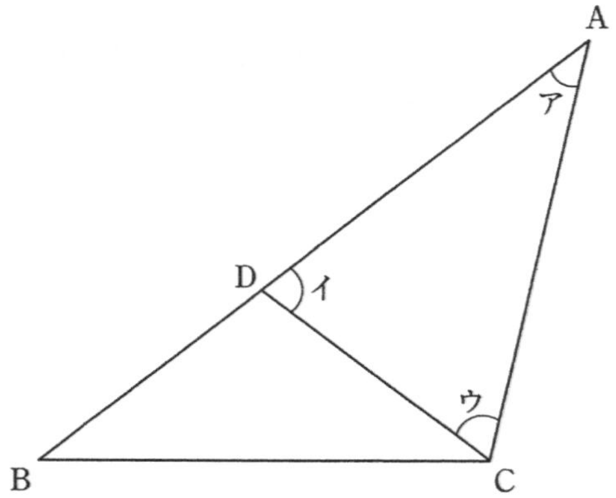

(5) 下の図の色のついた部分を，直線Lを軸として180°回転させてできる立体の体積は何cm^3ですか。ただし，円周率は3.14とします。

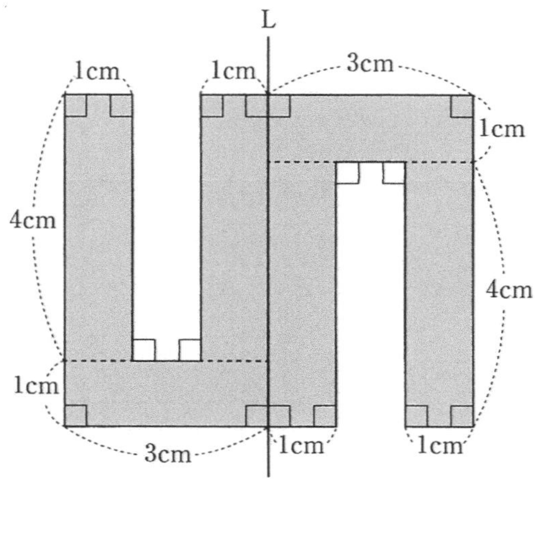

【4】 ある果物屋でバナナ 7 本，いちご 3 個，みかん 12 個を買うと 935 円，バナナ 8 本，いちご 12 個，みかん 3 個を買うと 940 円でした。次の問いに答えなさい。

(1) バナナ 1 本といちご 1 個とみかん 1 個の値段の和は何円ですか。

(2) バナナ 3 本，いちご 2 個，みかん 2 個の値段の和が 300 円のとき，みかん 1 個の値段は何円ですか。

令 和 4 年 度

入　学　試　験　問　題

理　　　科（前期）

（６０分）

智 辯 学 園 和 歌 山 中 学 校

注　　意

◎　あいずがあるまで，問題用紙に手をふれてはいけません。

◎　答えはすべて解答用紙に書きなさい。

◎　解答用紙には，名前を書かず，受験番号だけを書きなさい。

〔1〕植物の種子の発芽に興味をもった太郎(たろう)君は，ダイズやレタスの種子について調べてみました。次の問いに答えなさい。

問1　ダイズを使った食品は，日本の食卓(しょくたく)で数多く見られます。主にダイズから作られる食品はどれですか。次の（ア）～（オ）からすべて選び，記号で答えなさい。

（ア）納豆(なっとう)　（イ）そば　（ウ）しょう油　（エ）ちくわ　（オ）とうふ

問2　ダイズは「畑の肉」と呼ばれることがあります。これは，ダイズには動物の肉と同じようにからだをつくるもとになる栄養素が多く含(ふく)まれているからです。その栄養素は何ですか。

問3　ダイズはインゲンマメと同じマメ科のなかまで，ダイズの種子のつくりは，インゲンマメの種子とよく似ています。図1は発芽する前のダイズの種子を切ったようすです。種子が発芽するときに使われる養分が含まれている部分はどこですか。図1のア，イから1つ選び，記号で答えなさい。

図1

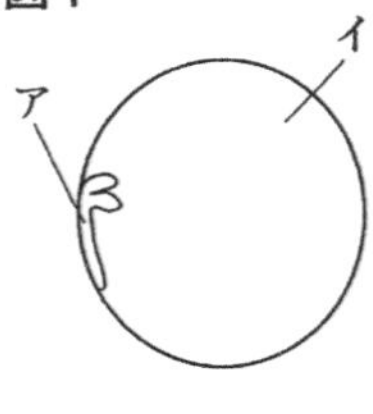

太郎君は，ダイズの種子が発芽する条件を調べるために，次の実験1をしました。

実験1　容器（あ）～（お）を用意し，日光がよく当たる25℃の部屋で，それぞれの容器を次のような条件にした。図2はそれらの容器のようすを表している。

容器（あ）　乾(かわ)いた脱脂綿(だっしめん)の上に，ダイズの種子を置いた。
容器（い）　湿(しめ)らせた脱脂綿の上に，ダイズの種子を置いた。
容器（う）　湿らせた脱脂綿の上に，ダイズの種子を置いて，箱をかぶせた。
容器（え）　ダイズの種子を置き，種子が完全につかるまで容器に水を入れた。
容器（お）　ダイズの種子を置き，種子が完全につかるまで容器に水を入れ，箱をかぶせた。

図2

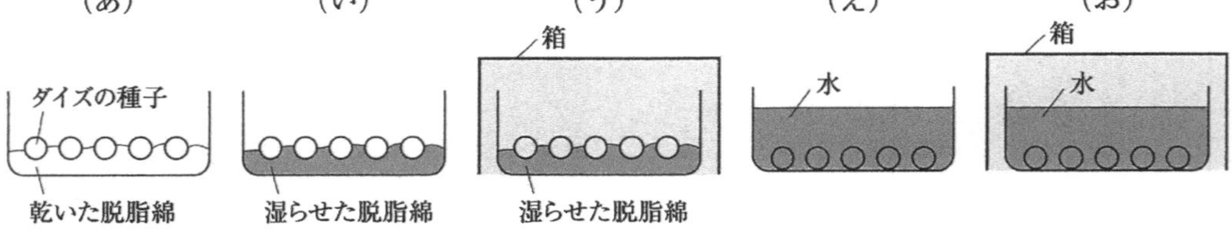

実験中は湿らせた脱脂綿が乾いたり，容器の水がなくなったりしないように，ときどき水を加え，7日後に種子が発芽したかを調べた。ただし，容器（う）と（お）にかぶせた箱は，空気は通すが，光は通さないものとする。

実験1の結果から，ダイズの種子が発芽する条件は，太郎君が授業で習ったインゲンマメが発芽する条件と同じであることがわかりました。

問4　次の（ア）～（エ）のうち，インゲンマメの種子が発芽するために必要なものはどれですか。（ア）～（エ）からすべて選び，記号で答えなさい。

（ア）光　　（イ）暗やみ　　（ウ）水　　（エ）空気

問5　実験1でダイズの種子が発芽したのはどの容器でしたか。（あ）～（お）からすべて選び，記号で答えなさい。

問6　実験1で発芽した種子を，容器の条件を変えず，そのまま育てました。発芽してから約10日後に，もやしになるのはどの容器の種子だと考えられますか。（あ）～（お）から1つ選び，記号で答えなさい。

次に太郎君は，レタスの種子が発芽する条件を調べるために，実験2をしました。

実験2　脱脂綿を置いた容器（か）～（さ）を用意し，脱脂綿の上にレタスの種子をそれぞれ50個ずつ置いた。その後，それぞれの容器を下の表に書かれた条件にした。湿らせた脱脂綿は乾かないように，ときどき水を加えた。

それぞれの条件にしてから48時間後に容器を観察し，発芽したレタスの種子の数を数えた。そして容器ごとに，置いた種子の数に対する発芽した種子の数の割合を計算した。この割合を種子の発芽率（はつがりつ）といい，百分率（%）で表される。表には，容器（か）～（さ）のレタスの種子の発芽率の結果も書かれている。

表

容器	（か）	（き）	（く）	（け）	（こ）	（さ）
温度	25℃	15℃	25℃	15℃	25℃	25℃
脱脂綿	湿らせる	湿らせる	乾いたまま	乾いたまま	湿らせる	乾いたまま
日光	当てる	当てる	当てる	当てる	当てない	当てない
発芽率	86%	76%	0%	0%	6%	0%

問7　発芽率から考えると，容器（き）では何個の種子が発芽しましたか。

問8　容器（か）～（さ）のうちの2つの結果を比べると，「温度が25℃のときには，光を当てることでレタスの種子がよく発芽するようになる」とわかります。どの2つの結果を比べるとよいですか。（か）～（さ）から2つ選び，記号で答えなさい。

問9　ダイズの種子は，発芽したあとしばらくは，主に種子に含まれる養分を使って成長します。一方でレタスの種子は，発芽したあとは，主に光合成によって作られた養分を使って成長します。このことから考えると，次の写真のうち，レタスの種子はどれですか。下の（ア）～（ウ）から1つ選び，記号で答えなさい。なお，それぞれの写真には1cmを表す線が引いてあるので，参考にしなさい。

（ア）

（イ）

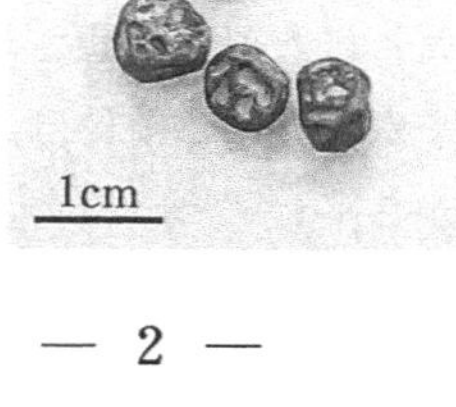

（ウ）

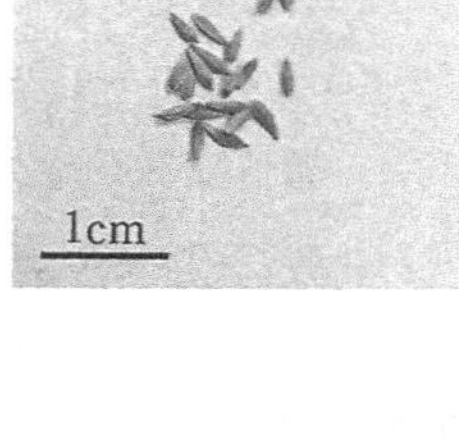

太郎君は，レタスの種子の発芽率が，種子に当たる光の種類によって変わることを先生に教えてもらいました。そこで違(ちが)う種類の電灯（電灯Ａと電灯Ｂ）を切りかえることで，当てる光の種類や当てる時間を自由に変えられる装置を使って，実験３をしました。ただし，電灯Ａが出す光の種類をＡ光，電灯Ｂが出す光の種類をＢ光とします。

実験３　25℃の部屋で，脱脂綿を置いた容器（し）～（て）を用意し，脱脂綿の上にレタスの種子を置いた。すべての容器を光が当たらない暗やみに置き，脱脂綿を湿らせて種子に十分に水を吸わせた。

その後，装置を使って実験を始めた。図３は，それぞれの容器の光の条件を表している。例えば，容器（す）は，実験を始めて３時間後までは暗やみ（図３の■）に置き，３～６時間後までは電灯Ａを使ってＡ光（図３の□）を当て，その後６～48時間後までは暗やみに置いたことを表している。また，容器（そ）は，実験を始めてから３時間後までは暗やみに置き，３～６時間後までは電灯Ｂを使ってＢ光（図３の▨）を当て，６～９時間後までは電灯Ａを使ってＡ光を当て，その後９～48時間後までは暗やみに置いたことを表している。実験を始めてから48時間後の種子の発芽率を調べ，図３に表した。なお，実験中は脱脂綿が乾かないように，ときどき水を加えた。

図３

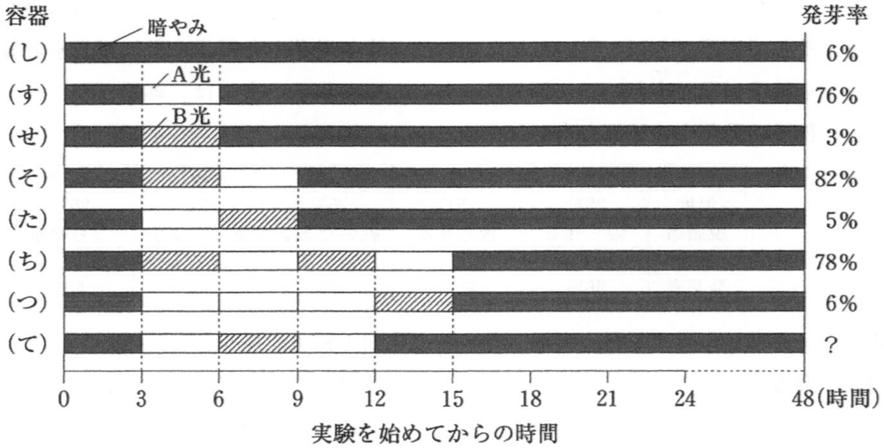

問10　次の文は，太郎君が実験３の結果についてまとめたものです。

容器（し）～（せ）の結果から，レタスの種子に，（ア）［①Ａ光　②Ｂ光］が当たるとよく発芽することがわかる。また，容器（た）では容器（そ）と違って発芽がおさえられたことから，発芽率はＡ光やＢ光が当たる（イ）［①時間の長さ　②順番］と関係があると考えられる。さらに容器（せ）・（た）・（つ）では種子の発芽がおさえられたことから，種子の発芽にはＡ光やＢ光が当たる回数は関係なく，最後に（ウ）［①Ａ光　②Ｂ光］が当たると発芽がおさえられると考えられる。よって，これらのことから考えると，容器（て）の種子の発芽率は，およそ（エ）［①０～10%　②75～85%］になると予想される。

調べてみると，レタスの種子が発芽する前には，種子の中で発芽に必要な成分が作られることがわかった。実験３の結果から，（　　オ　　）と考えられる。

2022(R4) 智辯学園和歌山中
教英出版

（1）文中の（ア）～（エ）にあてはまる語句は何ですか。それぞれあとの［①・②］から1つずつ選び，番号で答えなさい。

（2）文中の（　　オ　　）にあてはまる文はどれですか。次の①～④から1つ選び，番号で答えなさい。

① A光が当たると発芽に必要な成分が作られ，その後，B光が当たると，さらに発芽に必要な成分が作られる

② B光が当たると発芽に必要な成分が作られ，その後，A光が当たると，さらに発芽に必要な成分が作られる

③ A光が当たると発芽に必要な成分が作られるが，その後，B光が当たると，作られた発芽に必要な成分がなくなる

④ B光が当たると発芽に必要な成分が作られるが，その後，A光が当たると，作られた発芽に必要な成分がなくなる

〔2〕固体を溶けるだけ溶かした水溶液のことを飽和水溶液といいます。飽和水溶液を冷やすと，溶けきれなくなった固体が出てきます。次の問いに答えなさい。

図1

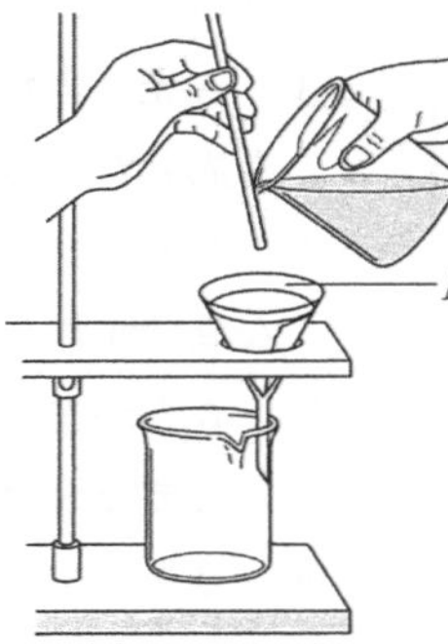

問1　溶けきれずに出てきた固体を，図1のような実験をして取り出そうとしました。次の（1）～（3）に答えなさい。

（1）図1のような固体の取り出し方を何といいますか。

（2）図1のAの，ガラスでできた器具の名前は何ですか。

（3）図1は，器具の使い方が1つだけまちがっています。どの器具をどのような使い方に直せば，正しい取り出し方になりますか。説明しなさい。

図2のように，粉のミョウバンをあたたかい水にすべて溶かして，ミョウバンの水溶液をつくります。その後，水溶液を冷やすと，ミョウバンが溶けきれずに固体で出てきます。溶けきれずに出てきたミョウバンを取り出すと，このミョウバンは小さなかたまりになっていて，水に溶かす前の粉のミョウバンとは違って見えます。これは，溶けきれずに出てきたミョウバンが，水を取り込んだ固体になったためです。この固体を「ミョウバンの水和物」といいます。

取り出したミョウバンの水和物を強く加熱することで，ミョウバンの水和物に取り込まれた水を水蒸気として追い出すことができ，水に溶かす前の，粉のミョウバンの状態にもどせます。

ミョウバンの水和物は，「ミョウバンの水和物に含まれるミョウバン」と「ミョウバンの水和物に含まれる水」の重さの比がいつも同じであることがわかっています。

図2

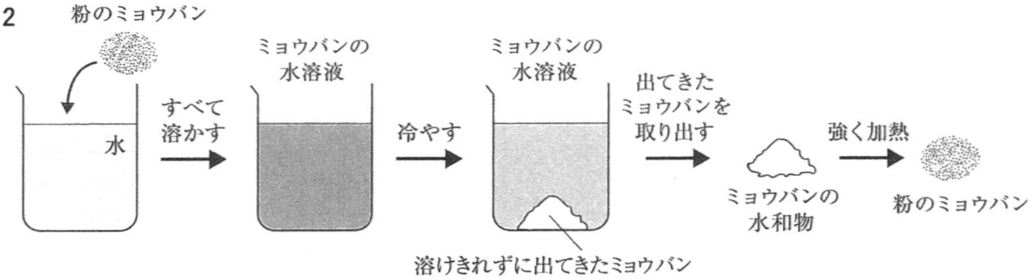

問2　下線部について，ミョウバンの水和物12.1gを強く加熱すると，粉のミョウバン6.6gができました。「ミョウバンの水和物に含まれるミョウバン」と「ミョウバンの水和物に含まれる水」の重さの比はいくつですか。最も簡単な整数の比で答えなさい。

図３のように，ミョウバンの水和物をすべて水に溶かします。すると，ミョウバンの水和物に含まれていた水は，溶かすために用意した水といっしょになり，ミョウバンの水和物に含まれていたミョウバンが水に溶けた水溶液ができます。この水溶液の濃度（のうど）は，粉のミョウバンを溶かしたときと同じように考えることができ，できたミョウバンの水溶液の濃度は，次の式で計算できます。

図３

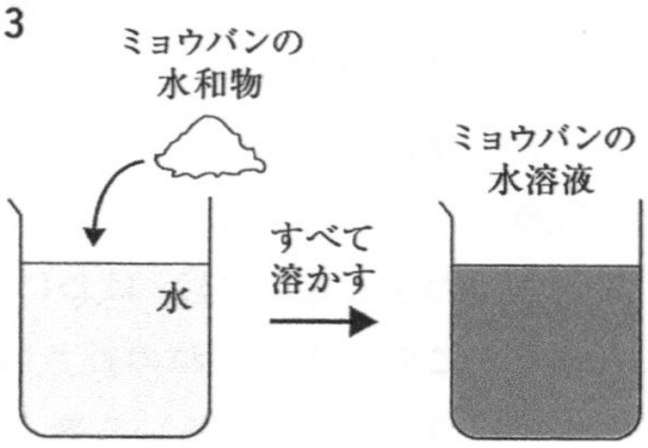

$$\text{ミョウバンの水溶液の濃度（\%）} = \frac{\text{ミョウバンの水和物に含まれるミョウバンの重さ（g）}}{\text{ミョウバンの水溶液の全体の重さ（g）}} \times 100$$

問３　ミョウバンの水和物11ｇを，35℃の水100ｇにすべて溶かし，ミョウバンの水溶液をつくりました。

（１）問２から考えると，ミョウバンの水和物11ｇに含まれるミョウバンの重さは何ｇですか。

（２）できたミョウバンの水溶液の濃度は何％でしたか。答えが割り切れなければ，小数第２位を四捨五入し，小数第１位まで答えなさい。

問４　ミョウバンの水和物を，40℃の水にすべて溶かすと，4.8％のミョウバンの水溶液が200ｇできました。はじめに用意した40℃の水は何ｇでしたか。

問５　粉のミョウバンを50℃の水に溶かしてミョウバンの飽和水溶液をつくったあと，その水溶液を冷やし，ミョウバンの水和物を取り出す実験をしました。次の文は，この実験について書かれたものです。文中の（ ア ）～（ ウ ）にあてはまる数字は何ですか。

50℃の水100ｇに，粉のミョウバンは最大で17ｇ溶ける。50℃の水550ｇで，ミョウバンの飽和水溶液をつくると，（ ア ）ｇの粉のミョウバンが水に溶けた。この飽和水溶液を35℃に冷やすと，ミョウバンの水和物が溶けきれずに出てきた。出てきたミョウバンの水和物を取り出し，重さをはかると77ｇだった。ミョウバンの水和物を取り出したあとの水溶液の重さは（ イ ）ｇで，この水溶液に溶けている粉のミョウバンは（ ウ ）ｇだったと考えられる。

問６　60℃の水100ｇに，粉のミョウバンは最大で25ｇ溶けます。60℃の水440ｇに，粉のミョウバンを溶けるだけ溶かし，飽和水溶液をつくりました。この飽和水溶液を20℃に冷やすと，ミョウバンの水和物159.5ｇが溶けきれずに出てきたので，すべて取り出しました。ミョウバンの水和物を取り出したあとの，ミョウバンの水溶液の濃度は何％でしたか。答えが割り切れなければ，小数第２位を四捨五入し，小数第１位まで答えなさい。

〔3〕電磁石について調べるために，次の実験１～５をしました。あとの問いに答えなさい。ただし，ばねや軽い棒，糸の重さは考えないものとし，実験に使ったばねや乾電池，棒，糸，電源装置，棒磁石はすべて同じものとします。

実験１　図１のように，何もつけていないときの長さが４cmのばねを天井につけ，ばねに10gのおもりをつるして静止させた。このとき，ばねの長さは4.2cmになった。その後，おもりの重さだけをいろいろ変え，同じようにしてばねの長さを調べた。表１はその結果を表している。

次に図２のように，図１と同じばねを床につけ，ばねの上にいろいろな重さのおもりをのせて静止させ，ばねの長さを調べた。表２はその結果を表している。

図１

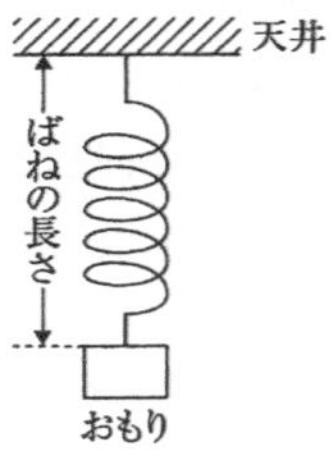

図２

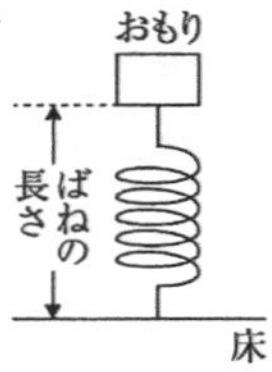

表１

おもりの重さ（g）	10	20	30	40	50
ばねの長さ（cm）	4.2	4.4	4.6	①	5

表２

おもりの重さ（g）	10	20	30	40	50
ばねの長さ（cm）	3.8	3.6	②	3.2	3

実験１について

問１　表１より，おもりの重さとばねののびには，どのような関係がありますか。

問２　表１の①と表２の②にあてはまる数字は何ですか。

実験２　エナメル線を，図３のように鉄の棒にまいてコイルＡを作った。さらに，コイルＡとまき方だけを変えてコイルＢを作った。次に図４のように，コイルＡに乾電池をつなぎ，方位磁針を近づけた。このとき方位磁針の針は，図４のような向きになった。さらに図５のように，コイルＢにも乾電池をつないだ。ただし，方位磁針は黒い部分がＮ極を表している。

図３

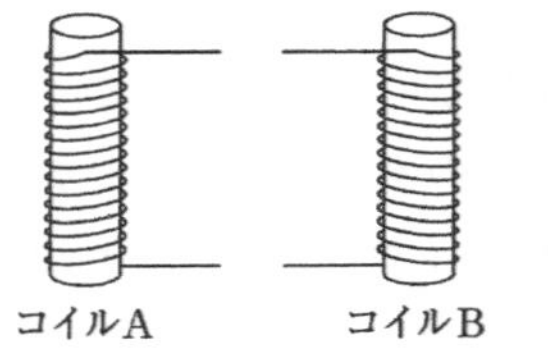

図４

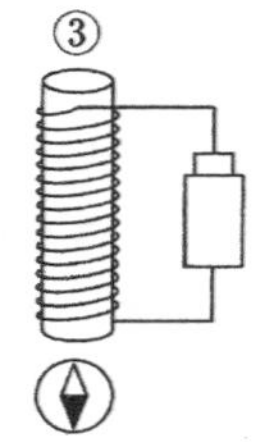

図５

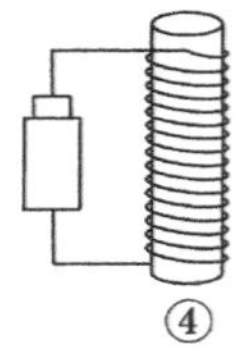

実験２について

問３　図４の③の位置に方位磁針を近づけると，方位磁針の針の向きはどうなりますか。右の（ア）～（エ）から１つ選び，記号で答えなさい。

（ア）　（イ）　（ウ）　（エ）

問４　図５の④の位置に方位磁針を近づけると，方位磁針の針の向きはどうなりますか。問３の（ア）～（エ）から１つ選び，記号で答えなさい。

実験３　太さがどこでも同じで，長さが40cmの軽い棒を用意した。この棒の中心に糸をつけ，天井につるすと棒は水平になった。この棒の中心を点Ｏとする。その後，図６のように棒の左はしに20gのおもりをつるし，さらに40gのおもりをつるすと，棒は水平になった。

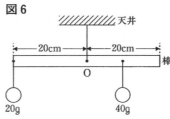

図６

実験３について

問５　40gのおもりは，点Ｏから右に何cmの位置につるしましたか。

2022(R4) 智辯学園和歌山中
教英出版

令和四年度　国語解答用紙（前期）

「句読点（くとうてん）」や「かぎかっこ」なども、一字として数えます。

一

問一　ア　イ　ウ　エ　オ

問二　1　2　3

問三　4　5

問四

問五　・　・

問六

問七

問八

円	円

【5】

(1)	(2)	(3)

【6】

(1)	(2)
cm^2	回

【7】

(1)	(2)	(3)
cm^2	cm^2	cm^2

【8】

(1)	(2)	(3)
cm	cm^2	cm

	問6	%

〔3〕	問1		問2	①		②		問3		問4	
	問5	cm	問6	⑤		⑥		問7			
	問8	g分	問9	g	問10						
	問11	⑦		⑧							
	問12										

〔4〕	問1	ア	座	イ	座	問2					
	問3		問4	ア		イ		ウ		エ	
	問5										
	問6	オ		カ		キ		ク			
	問7	m	問8		問9		問10				

受験番号	

令和４年度
（前期）
理 科 解 答 用 紙

得　点	

※100点満点
（配点非公表）

〔1〕	問1		問2									
	問3		問4		問5		問6					
	問7	個	問8									
	問9											
	問10	(1)	ア		イ		ウ		エ		(2)	
〔2〕	問1	(1)		(2)								
		(3)										
	問2	：										
	問3	(1)	g	(2)	%	問4	g					

【解答

令和４年度

算数解答用紙

（前期）

受験番号	

得点	

※100点満点
（配点非公表）

【１】

(1)	(2)

【２】

(1)	(2)
	時間　分　秒

【３】

(1)	(2)	(3)
脚		毎分　m
(4)	(5)	
度	cm^3	

【解答】

二

問一 a b c

問二

問三

問四

問五

問六

問七

問八

三

① ② ③ ④ ⑤ ⑥

四

① 誤【　　】→正【　　】・意味【　　】

② 誤【　　】→正【　　】・意味【　　】

③ 誤【　　】→正【　　】・意味【　　】

五

① ② ③ ④

受験番号

得　点

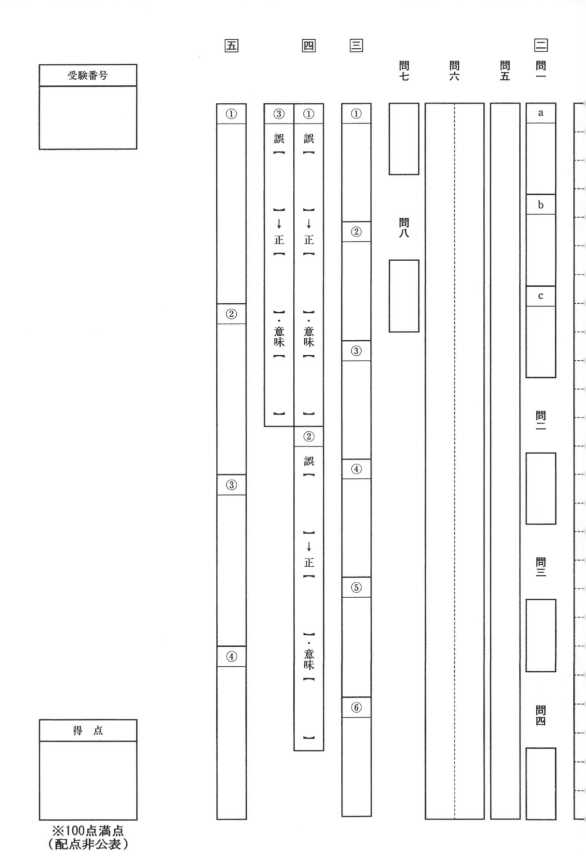

※100点満点
（配点非公表）

実験４　図６の40gのおもりを取りはずし，図７のように，点Oから右に５cmのところに実験１で使ったばねを取りつけた。ばねを手で引くと，ばねがのび，棒が水平になった。

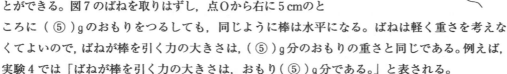

図７

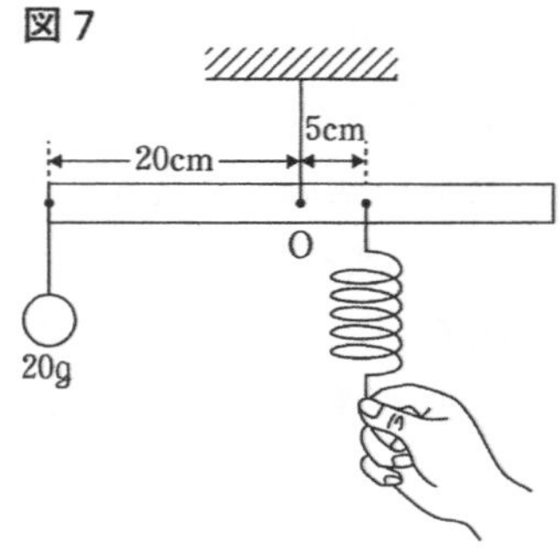

実験４について

問６　次の文は，実験４について書かれたものです。(　⑤　)と(　⑥　)にあてはまる数字は何ですか。

図７のばねが棒を引く力の大きさは，次のように考えることができる。図７のばねを取りはずし，点Oから右に５cmのところに(　⑤　)gのおもりをつるしても，同じように棒は水平になる。ばねは軽く重さを考えなくてよいので，ばねが棒を引く力の大きさは，(　⑤　)g分のおもりの重さと同じである。例えば，実験４では「ばねが棒を引く力の大きさは，おもり(　⑤　)g分である。」と表される。

よって実験１の結果から考えると，図７のときのばねの長さは(　⑥　)cmとわかる。

実験５　図８のように，実験３と同じ棒の右はしに，重さのわからない棒磁石をつるした。図３のコイルAに電源装置をつなぎ，つるした棒磁石の真下にコイルAを置いた。コイルAに100mAの電流が流れるようにしてから，200gのおもりを点Oから左に10cmのところにつるすと，棒は水平になった。

次にコイルAに流す電流の大きさをいろいろ変え，棒が水平になるように200gのおもりをつるす位置を変えた。おもりは点Oの左側につるし，おもりをつるした位置を点Cとする。コイルAに流れる電流の大きさと，点Oと点Cの距離の関係を調べた。表３はその結果を表している。ただし，電流の大きさを変えたり，おもりの位置を変えたりするときに，コイルAや電源装置の場所は動かさず，いつもコイルAは棒磁石の真下にくるようにした。

図８

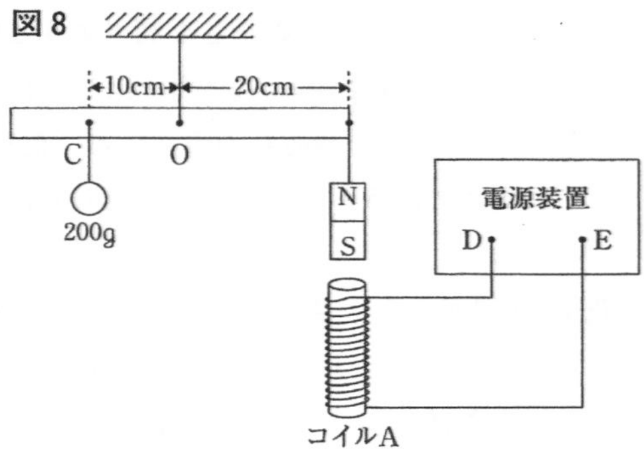

表３

電流の大きさ（mA）	100	150	200	250	300
点Oと点Cの距離（cm）	10	12	14	16	18

実験５について

問７　図８の電源装置の＋たんしを表しているのは，D，Eのどちらですか。D，Eから１つ選び，記号で答えなさい。

問８　流した電流の大きさが100mAのとき，「電磁石が棒磁石を引く力の大きさ」と「棒磁石の重さ」を合計すると，おもり何g分になりますか。

問９　棒磁石の重さは何gですか。

問10　電流の大きさを2倍，3倍にすると，電磁石が棒磁石を引く力の大きさは，どうなりますか。次の（ア）～（オ）から１つ選び，記号で答えなさい。

（ア）２倍，３倍となる。　　（イ）４倍，９倍となる。

（ウ）$\frac{1}{2}$倍，$\frac{1}{3}$倍となる。　　（エ）$\frac{1}{4}$倍，$\frac{1}{9}$倍となる。　　（オ）変わらない。

太郎君と花子さんは，実験１～５の結果から新しい実験をしようと考えています。次の文は２人が新しい実験について話しているようすです。

太郎 「実験５で使ったコイルＡ，棒磁石，電源装置と，実験１で使ったばねを使って図９のような実験装置を作ってみたよ。」

花子 「この実験で何を調べるの？」

太郎 「実験５で，電流の大きさと電磁石が棒磁石を引く力の関係を調べたよね。電流の大きさと電磁石が棒磁石を押(お)す力の関係も同じ関係だと先生に教えてもらったので，それを調べてみようと思うんだ。」

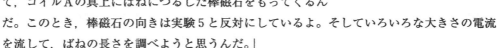

花子 「ふうん，どういうやり方で実験しようと考えているの？」

太郎 「電源装置とコイルＡのつなぎかたは実験５と同じようにして，コイルＡの真上にばねにつるした棒磁石をもってくるんだ。このとき，棒磁石の向きは実験５と反対にしているよ。そしていろいろな大きさの電流を流して，ばねの長さを調べようと思うんだ。」

図９

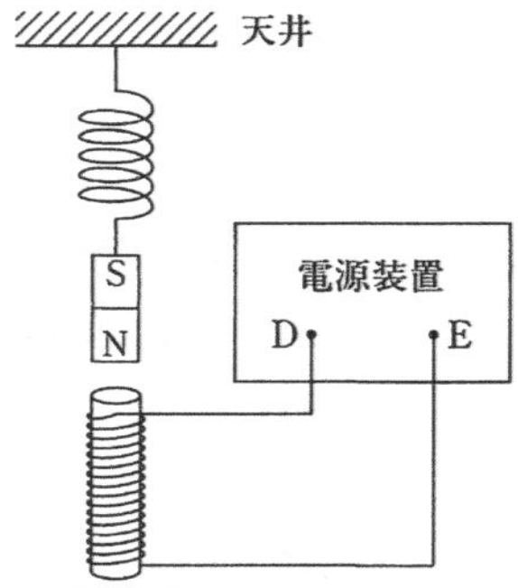

花子 「やってみようよ。まず150mAの電流を流してみよう。あ，ばねの長さは４cmになったね。」

太郎 「このとき『棒磁石の重さ』と『電磁石が棒磁石を押す力の大きさ』は，⑦［(ア) 棒磁石の重さのほうが大きい　(イ) 棒磁石の重さのほうが小さい　(ウ) 同じである］ことがわかるね。」

花子 「電流の大きさを150mAからだんだん大きくしてみよう。そうすると電磁石が棒磁石を押す力の大きさは，⑧［(ア) 大きくなっていく　(イ) 小さくなっていく］から，ばねの長さはだんだん短くなっていくよね。」

太郎 「そうだと思うよ。ばねがどれだけ縮んだりのびたりするか予想してみようよ。」

花子 「図10のように，流れる電流が０mAのときのばねの長さと150mAのときのばねの長さの差をＸcm，150mAのときのばねの長さと300mAのときのばねの長さの差をＹcmとして考えてみようか。」

図10

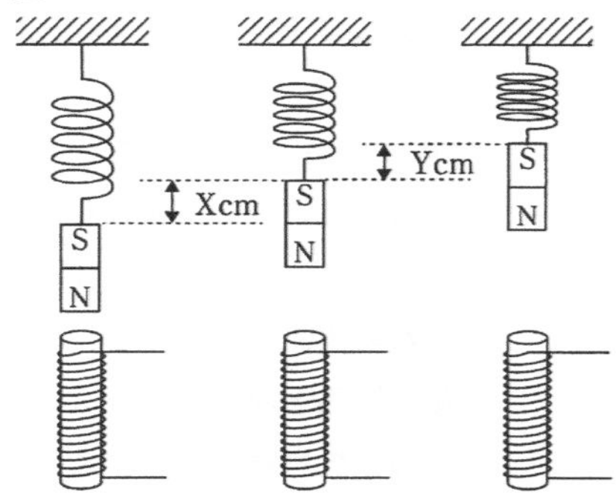

太郎 「実験１と実験５でわかったことから考えてみると，ＸとＹは全く同じになると思うよ。」

花子 「よし，じゃあやってみよう。あれ，ＸとＹは同じにならないよ。なんでだろう。」

太郎 「わかった！実験５と違って，この実験では［　　　　］から，電磁石が棒磁石を押す力の大きさが予想と違うんだ。」

花子 「そうか。実験５だと棒が水平になるようにしたから，棒磁石の位置がいつも同じだったんだね。同じような実験をしたと思ったけど違ってたんだね。」

太郎 「少しの違いが，実験の結果に影響(えいきょう)するんだね。やっぱり実験って楽しいなあ。」

問11　文中の⑦にあてはまる語句を，あとの［(ア) ～ (ウ)］から１つ選び，記号で答えなさい。
また⑧にあてはまる語句を，あとの［(ア)，(イ)］から１つ選び，記号で答えなさい。

問12　文中の［　　　　］にあてはまる文を考えて，書きなさい。

〔4〕星座や星について，あとの問いに答えなさい。

次の図1は，日本で見えるいろいろな星座を表しています。

図1

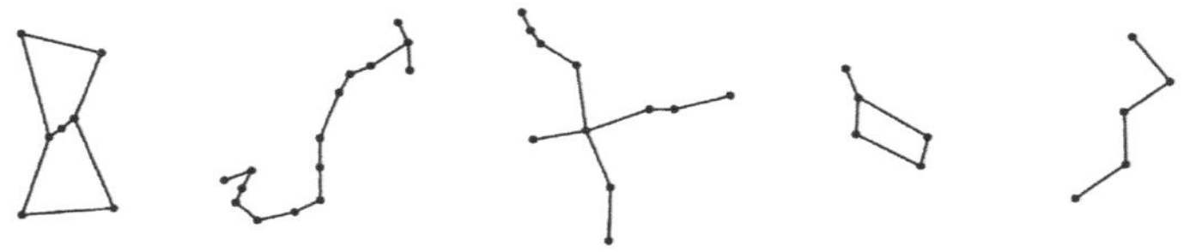

問1　図1のアとイは，それぞれ何という星座ですか。

問2　図1のウの星座に含まれる星の中で，一番明るい星の名前は何ですか。

問3　図1のア～オの中で，北極星を見つけるのによく使われる星座はどれですか。ア～オから1つ選び，記号で答えなさい。

太郎君は，「同じ時刻に星座を観察すると，季節が変わるとともに星座が見える位置は変わるが，それぞれの星座に含まれる星の並び方は変わらない」ことを学校で習いました。ところが星座に含まれる星の並び方が，季節によってわずかに違う星座があることを知りました。興味をもった太郎君は先生と協力して，次のような実験をしました。

図2

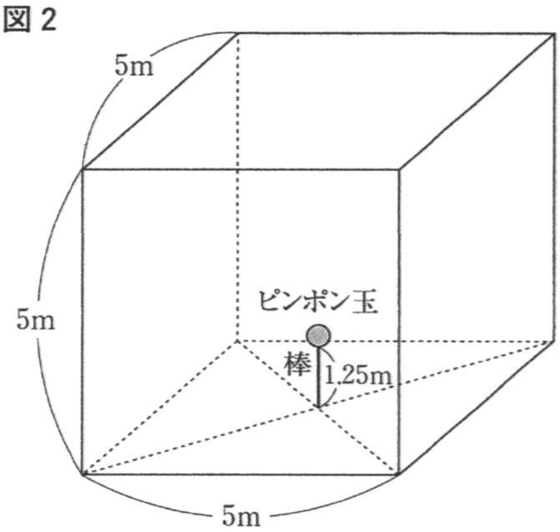

実験　図2のような立方体の部屋の床のちょうど中央に，高さ1.25mの棒を垂直に立て，その先にピンポン玉をつけた。

図3のように，一辺が5mの正方形の紙に0.5mごとに点を打ち，それぞれの点を「あ0」～「さ10」という名前で区別できるようにした。次に図4のように，一辺が2mの正方形の紙に0.5mごとに点を打ち，それぞれの点を「A0」～「E4」という名前で区別できるようにした。そして図3の紙を，図5のような向きで天井にはりつけた。また図4の紙を，図5のような向きで，棒が立ててある床のちょうど中央に「C2」がくるように置いた。

床に置いた紙のいろいろな点にカメラを置き，ピンポン玉にカメラを向けて写真を撮(と)り，ピンポン玉が天井のどの点の方向に見えるかを調べた。図5のように，床の「C2」からピンポン玉の写真を撮ると，ピンポン玉は天井の「か5」にあるように見えた。さらに<u>床の「C3」から写真を撮ると，ピンポン玉は天井の「か2」にあるように見えた</u>。

ただし，ピンポン玉やカメラの大きさは考えなくてよいものとする。

問4　次の文は，下線部について太郎君が考えたことです。文中の（ア）～（エ）にあてはまる数字は何ですか。ただし文中の距離とは，2点の間の最短の距離を表しています。

カメラを置いた床の「C3」と，床の「C2」の距離は（ア）mである。ピンポン玉と天井の「か5」の距離は（イ）mであり，この距離は，床の「C2」とピンポン玉の距離の（ウ）倍なので，カメラで撮ったピンポン玉は，天井の「か5」から（エ）mの距離にある天井の「か2」にあるように見えた。

図3

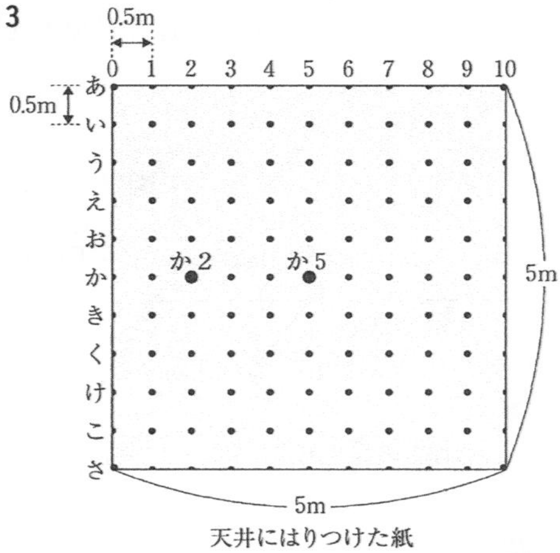

図4

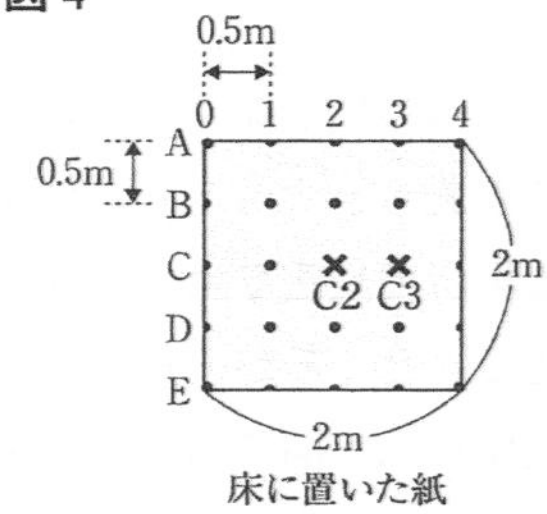

問5　床の「D２」にカメラを置いてピンポン玉の写真を撮りました。ピンポン玉は天井のどの点にあるように見えましたか。「あ０」～「さ10」の名前で答えなさい。

図5

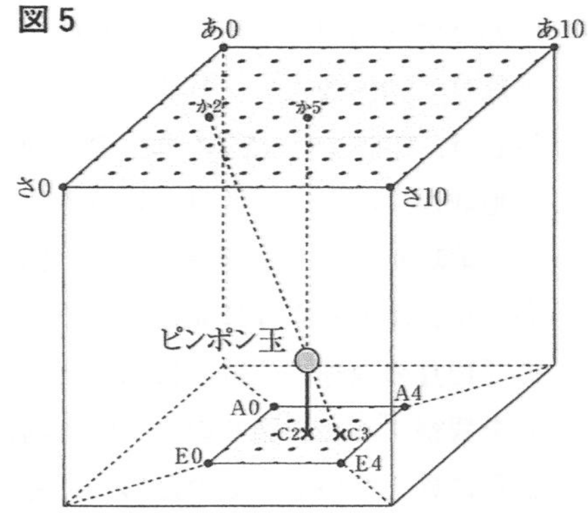

問6　太郎君はカメラを床の「B３→B１→D１→D３」の順に移動させながら，ピンポン玉にカメラを向けて動画を撮りました。ピンポン玉は天井の「（オ）→（カ）→（キ）→（ク）」の点を順に移り変わっていくように見えました。（オ）～（ク）にあてはまる天井の点はそれぞれどれですか。「あ０」～「さ10」の名前で答えなさい。

問7　問４～６で使った棒とピンポン玉を取り除いたあと，別の長さの棒を使って棒にピンポン玉をつけ，床の「C２」に棒を垂直に立てました。床の「E１」にカメラを置いてピンポン玉の写真を撮ると，天井の「う６」と天井の「う７」のちょうど真ん中の位置にピンポン玉があるように見えました。使った棒の長さは何mでしたか。

問8　問７の棒とピンポン玉を取り除いたあと，ピンポン玉に0.5mのひもをつけ，天井の「か５」にひもをつけてピンポン玉を天井からつるしました。「A０」～「E４」のどの点からピンポン玉の写真を撮っても，ピンポン玉は天井の「か５」の近辺（きんぺん）にあるように見えました。このことと問４～７から考えてわかることは，どんなことですか。次の①～③から１つ選び，番号で答えなさい。

①　見ている人から遠くの距離にあるものは，近くの距離にあるものよりも，見る位置によって，見える方向が変わりやすい。

②　見ている人から遠くの距離にあるものは，近くの距離にあるものよりも，見る位置によって，見える方向が変わりにくい。

③　見ている人から遠くの距離にあるものも，近くの距離にあるものも，見る位置によって，見える方向は同じように変わる。

太郎君は，「星座に含まれる星の並び方が，季節によってわずかに違う星座」を説明した本を見つけました。次の文は，その本に書かれていた内容です。

星Ｆと５つの星が並んでできている星座Ｇがあるとする。６月に北半球のある場所で星座Ｇは，図６のように見える。ところが，12月に同じ場所で星座Ｇは，図７のように星Ｆの位置が６月とわずかに違って見える。なぜ違って見えるのだろうか。

図６

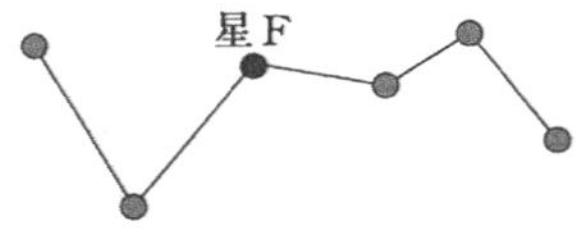

６月の星座Ｇの見え方

図７

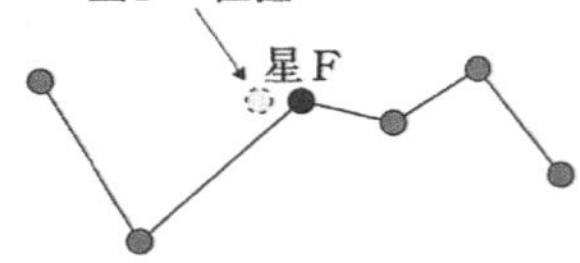

12月の星座Ｇの見え方

図８は，宇宙で見た太陽と地球，星Ｆの位置関係を表している。地球は，図８のように，太陽を中心とする円周上を反時計回りにまわっており，地球はこの円周上を一年間で１周している。また星Ｆは，宇宙では太陽の真上の方向にある。

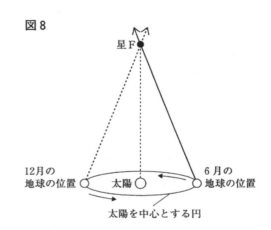

地球が，図８の「６月の地球の位置」にあるとき，地球から星Ｆを観察すると，図８の⟶の方向に星Ｆがあるように見えている。地球が，図８の「12月の地球の位置」にあるとき，地球から星Ｆを観察すると，図８の┈>の方向に星Ｆがあるように見えている。そのため，12月に地球で観察すると，図７のように星Ｆの位置が６月とわずかに違って見える。

図８

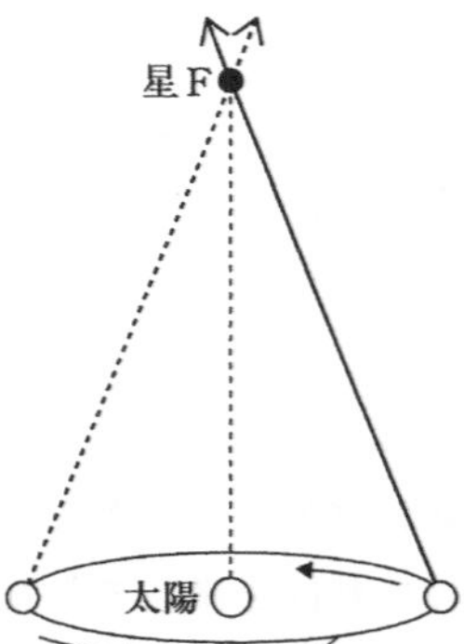

一方，星Ｆ以外の星座Ｇに含まれる星は，宇宙では地球からとても（ ケ ）にあるので，地球で観察すると，これらの星はどの季節でも並び方は変わらない。つまり，地球で観察すると，星座Ｇの中で星Ｆの位置だけが季節によってわずかに違って見えることになる。

問９　文中の（ ケ ）には「近く」と「遠く」のどちらがあてはまりますか。

問10　太郎君は，問６でした実験で，ピンポン玉を星Ｆ，カメラを地球におきかえると，地球で観察するときの星Ｆの位置の変化を考えることができることに気づきました。地球で観察するときの，一年間の星Ｆの位置の変化を，図９の⬚の中に書くと，どのような動きになりますか。

図８で表されている星Ｆの位置と，一年間の地球の動きから考え，次の①～⑤から１つ選び，番号で答えなさい。

図９

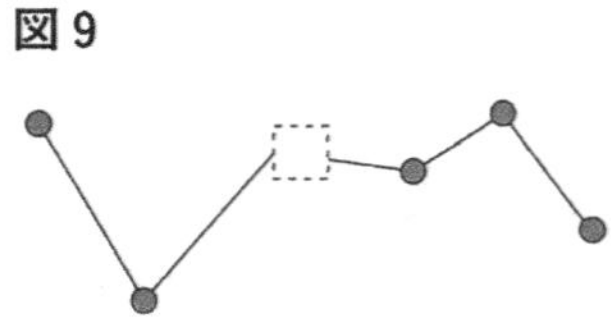

① ② ③ ④ ⑤

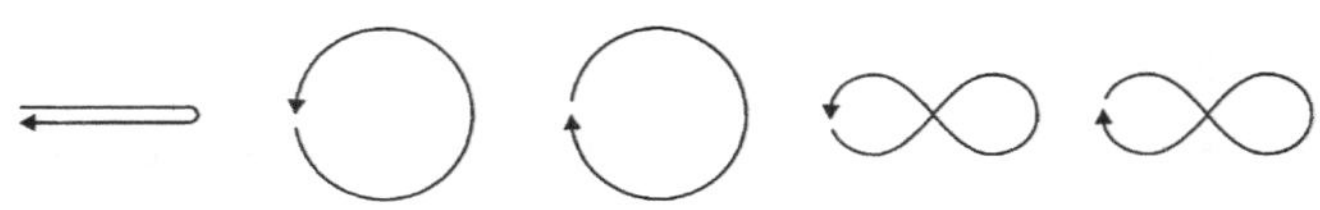

問題は左のページまでです。

2022(R4) 智辯学園和歌山中
K 教英出版

【5】〈ア〉は整数 ア の各位の数の和を表すものとします。

例えば，〈 6 〉+〈75〉+〈322〉は計算すると，〈 6 〉= 6 ，〈75〉= 7 + 5 =12,
〈322〉= 3 + 2 + 2 = 7 なので， 6 +12+ 7 =25 になります。次の問いに答えなさい。

(1) 〈 1 〉+〈 2 〉+〈 3 〉+……+〈97〉+〈98〉+〈99〉は計算するといくらになりますか。

(2) 〈 1 〉+〈 2 〉+〈 3 〉+……+〈997〉+〈998〉+〈999〉は計算するといくらになりますか。

(3) 〈 1 〉+〈 2 〉+〈 3 〉+……+〈□〉は計算すると 180001 になりました。
□にあてはまる整数は何ですか。

【6】 正六角形の各辺を 2 等分する点をとり，それらを結んで一回り小さい正六角形を作ります。この操作を 1 回とし，操作を繰り返してどんどん正六角形を作っていきます。初めに面積が 10 cm^2 の正六角形があります。図 1 はこの操作を 1 回行ってできた正六角形，図 2 はこの操作を 2 回行ってできた正六角形です。次の問いに答えなさい。

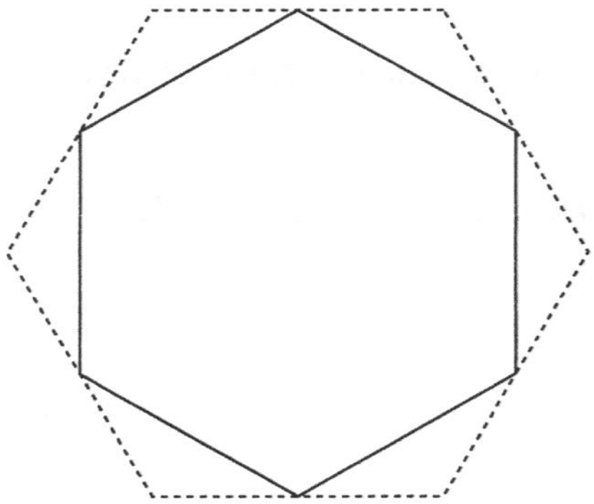

図 1

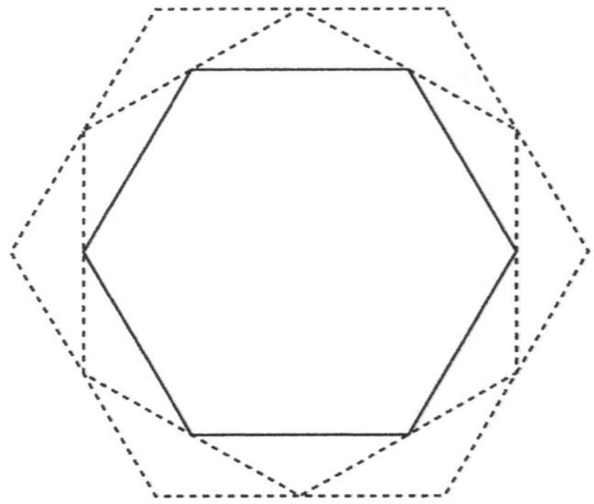

図 2

(1) 操作を 1 回行ってできた正六角形の面積は何 cm^2 ですか。

(2) できた正六角形の面積が初めて 3 cm^2 より小さくなるのは，操作を何回行ったときですか。

【7】 1辺の長さが10 cmの正方形の紙を2枚，図1のように切ります。これを紙①と紙②とします。紙①は動かさず，紙②を，A，B，C，Dが同じ直線上にあるように，⟶の方向へ毎秒1 cmで図2の位置から動かします。紙②を動かし始めてから3秒後には，図3のようになります。次の問いに答えなさい。

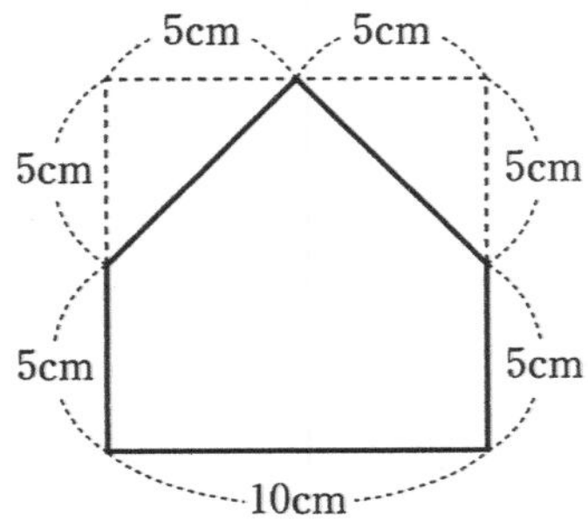

図1

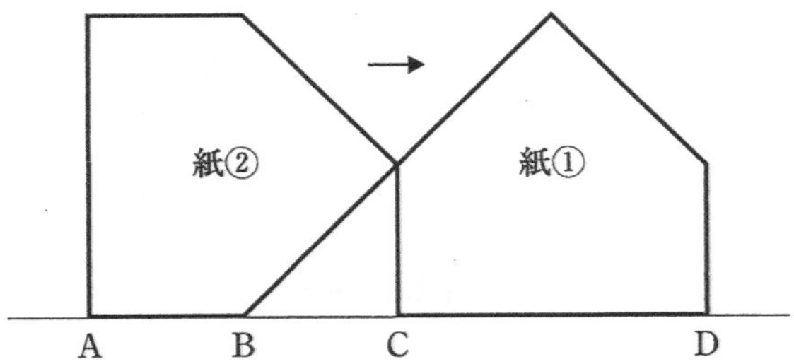

図2

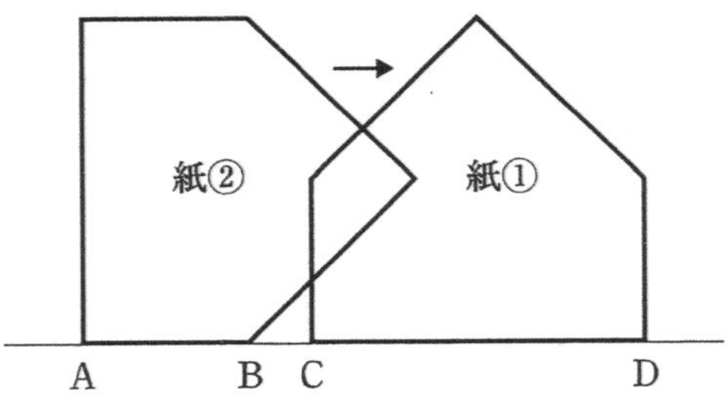

図3

(1) 紙②を動かし始めてから3秒後に，紙①と紙②が重なっている部分の面積は何 cm^2 ですか。

(2) 紙②を動かし始めてから7秒後に，紙①と紙②が重なっている部分の面積は何 cm^2 ですか。

(3) 紙②を動かし始めてから14秒後に，紙①と紙②が重なっている部分の面積は何 cm^2 ですか。

【８】 下の図の長方形 ABCD と辺上の点 E，F，G，H において，AH＝４cm，BE＝６cm，CF＝８cm，DG＝８cm です。EG と FH の交点を I とすると，三角形 EHI と三角形 FGI の面積はどちらも 40 cm^2 でした。次の問いに答えなさい。

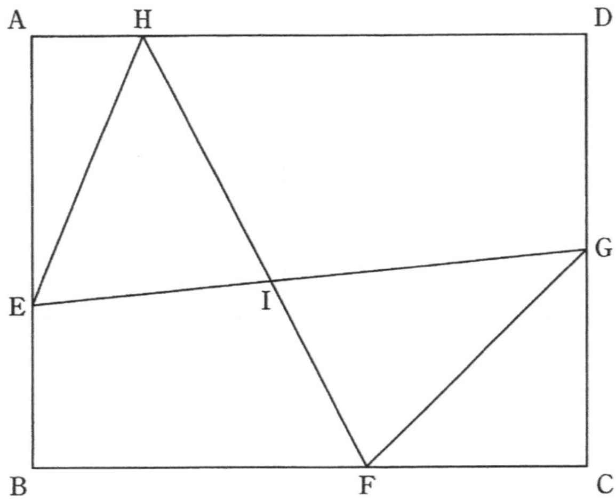

⑴ BF の長さは何 cm ですか。

⑵ 四角形 BFGE の面積は何 cm^2 ですか。

⑶ CG の長さは何 cm ですか。

大きな樹。
枝を四方に伸ばし、緑の葉を茂らせた大きな樹がある。小学校の三、四年生まで真奈たちとよく公園に遊びに行った。みんな、大樹がお気に入りで、競って登ったものだ。
あれは、今と同じ夏の初めだった。幹のまん中あたりまで登っていた千穂は足を踏み外し、枝から落ちたことがある。かなりの高さだったけれど奇跡的に無傷ですんだ。しかし、その後、大樹の周りには高い柵が作られ簡単に近づくことができなくなった。木登りができなくなると、公園はにわかに退屈なつまらない場所となり、しだいに足が遠のいてしまった。中学生になってからは公園のことも、大樹のことも思い出すことなどほとんどなかった。
それなのに、今、よみがえる。
大きな樹。卵形の葉は、風が吹くとサワサワと優しい音を奏でる。息を吸い込むと、緑の香りが胸いっぱいに満ちてくる。
千穂は足の向きを変え、細い道を上る。どうしても、あの樹が見たくなったのだ。塾の時間が迫っていたけれど、我慢できなかった。ふいに鼻腔をくすぐった緑の香りが自分を誘っているように感じる。大樹が呼んでいるような気がする。
だけど、まだ、あるだろうか。とっくに切られちゃったかもしれない。切られてしまって、何もないかもしれない。
心が揺れる。ドキドキする。
「あっ！」
叫んでいた。大樹はあった。四方に枝を伸ばし、緑の葉を茂らせて立っていた。昔と同じだった。何も変わっていない。周りに設けられた囲いはぼろぼろになって、地面に倒れている。だけど、大樹はそのままだ。
千穂はカバンを放り出し、スニーカーを脱ぐと、太い幹に手をかけた。あちこちに小さな洞やコブがある。登るのは簡単だった。
まん中あたり、千穂の腕ぐらいの太さの枝がにゅっと伸びている。足を滑らせた枝だろうか。よくわからない。枝に腰かけると、眼下に街が見渡せた。金色の風景だ。光で織った薄い布を街全部にふわりとかぶせたような金色の風景。そして、緑の香り。
そうだ、そうだ、こんな風景を眺めるたびに、④胸がドキドキした。この香りを嗅ぐたびに幸せな気持ちになった。そして思ったのだ。
あたし、絵を描く人になりたい。
理屈じゃなかった。描きたいという気持ちが突き上げてきて、千穂の胸を強く叩いたのだ。そして今も思った。
描きたいなあ。
今、見ている美しい風景をカンバスに写し取りたい。
画家なんて(注2)大仰なものでなくていい。絵を描くことに関わる仕事がしたかった。芸術科のある高校に行きたい。⑤けれど母の美千恵には言い出せなかった。母からは、開業医の父の跡を継ぐために、医系コースのある進学校を受験するように言われていた。祖父も曽祖父も医者だったから、一人娘の千穂が医者を目ざすのは当然だと考えているのだ。芸術科なんてとんでもない話だろう。

絵描きになりたい？　千穂、あなた、何を考えてるの。絵を描くのなら趣味程度にしときなさい。夢みたいなこと言わないの。

そう、(注3)一笑に付されるにちがいない。大きく、深く、ため息をつく。

お母さんはあたしの気持ちなんかわからない。わかろうとしない。なんでもかんでも押しつけて……あたし、ロボットじゃないのに。

ざわざわと葉が揺れた。

そうかな。

かすかな声が聞こえた。聞こえたような気がした。耳を澄ます。

そうかな、そうかな、本当にそうかな。

そうよ。お母さんは、あたしのことなんかこれっぽっちも考えてくれなくて、命令ばかりするの。

そうかな、そうかな、よく思い出してごらん。

緑の香りが強くなる。頭の中に記憶がきらめく。

千穂が枝から落ちたと聞いて美千恵は、c血相をかえてとんできた。そして、泣きながら千穂を抱きしめたのだ。

「千穂、千穂、無事だったのね。よかった、よかった。生きていてよかった」

美千恵はぼろぼろと涙をこぼし、「よかったよかった」と何度も繰り返した。

「だいじな、だいじな私の千穂」そうも言った。母の胸に抱かれ、その温かさを感じながら、千穂も「ごめんなさい」を繰り返した。ごめんなさい、お母さん。ありがとう、お母さん。

思い出したかい？

うん、思い出した。

そうだった。この樹の下で、あたしはお母さんに抱きしめられたんだ。しっかりと抱きしめられた。

緑の香りを吸い込む。

これから家に帰り、ちゃんと話そう。あたしはどう生きたいのか、お母さんに伝えよう。ちゃんと伝えられる自信がなくて、ぶつかるのが怖くて、お母さんのせいにして逃げていた。そんなこと、もうやめよう。お母さんに、あたしの夢を聞いてもらうんだ。あたしの意志であたしの未来を決めるんだ。

⑥<u>大樹の幹をそっとなでる。</u>

ありがとう。思い出させてくれてありがとう。

樹はもう何も言わなかった。

風が吹き、緑の香りがひときわ濃くなった。千穂はもう一度、深くその香りを吸い込んでみた。

（あさのあつこ「みどり色の記憶」）

（注）1　反芻……頭の中でくり返し考えたり、味わったりすること。
2　大仰な……わざとらしく、大げさな。
3　一笑に付される……取り合ってくれず、笑って終わりにされる。

問一 〰〰〰部a「はしたない」・b「かぶりを振った」・c「血相をかえて」の本文中での意味として最も適切なものをそれぞれ後から選び、記号で答えなさい。

a「はしたない」

ア もったいない。　イ 意地が悪い。

ウ みっともない。　エ 要領が良い。

b「かぶりを振った」

ア 頭を左右に振った。　イ 首を縦に振った。

ウ 手を小さく振った。　エ 腕を大きく振った。

c「血相をかえて」

ア 悲しみなげいて。　イ 落ち着きはらって。

ウ 怒りにふるえて。　エ 驚きあわてて。

問二 ———部①「もう一度、ほかほかの食パンにかじりつきたい」とあるが、それはなぜか、その理由として最も適切なものを次の中から選び、記号で答えなさい。

ア 母親の言いつけで、長い間「真奈」たちと一緒にパンを食べていないが、塾に行く途中で焼きたてのパンの匂いをかいだことで、みんなで食べたパンのおいしさがよみがえったから。

イ 塾に通うのが忙しくて、長い間「真奈」の両親が経営するパン屋さんに行けずにいたが、たまたま店の前を通ったことで、またみんなで集まってパンを食べたくなってきたから。

ウ 母親にパンなら自分が買ってやると言われて、長い間母親が選んだパンやケーキを食べていたが、久しぶりに自分で選んだパンを食べたいと思い、なじみのパン屋にやってきたから。

エ 母親に食べるなと言われ、「真奈」の店の焼きたてのパンを食べたことがなかったが、どうしても焼きたてのパンを食べてみたくて、母親に隠れて塾に行く途中に立ち寄ったから。

問三 ———部②「真奈って、すごい」とあるが、「千穂」は「真奈」のどのようなところを「すごい」と思っているのか、その説明として最も適切なものを次の中から選び、記号で答えなさい。

ア 両親のパン屋を継ぐために、自分が本当に望んでいる進路をあきらめて早くからパン作りを学び始めたところ。

イ パン職人は決して楽な仕事ではないが、多くの人々に愛される父の味を絶やしてはならないと考えているところ。

ウ 興味をもちながらも大変そうだと思っていたパン作りの楽しさを実感し、自らパン職人になる意志を固めたところ。

エ 両親から反対されているにもかかわらず、自分の意志を曲げずにパン職人になる夢をかなえようとしているところ。

問四 ――――部③「真奈が顔を覗き込んでくる」とあるが、それはなぜか、その理由として最も適切なものを次の中から選び、記号で答えなさい。

ア 自分と比べまじめに将来を考えていない「千穂」に対し優越感を持ち、自慢しようと考えたから。

イ 自分の夢を先に打ち明けたので、「千穂」にも将来の夢について語ってもらいたいと思ったから。

ウ 自分の夢に対する情熱は中途半端なものではないと、「千穂」だけには理解してほしかったから。

エ 自分が将来の話をしたことで、「千穂」がどのような感想を持ったのか聞かせてほしかったから。

問五 ――――部④「胸がドキドキした」とあるが、このときの「千穂」の気持ちを説明しなさい。

問六 ――――部⑤「けれど母の美千恵には言い出せなかった」とあるが、それはなぜか、説明しなさい。

問七 ――――部⑥「大樹の幹をそっとなでる」とあるが、このときの「千穂」の様子を説明したものとして最も適切なものを次の中から選び、記号で答えなさい。

ア 自分の将来の夢を一度は母に打ち明けようと決心したが、優しかったころの母の姿を思い出させてくれ、やはり母の望む道を歩もうと考えを改める機会をくれた大樹に対して感謝している。

イ 自分の将来の夢を母に正直に話すことをためらっていたが、自分のことを大切にしてくれている母の姿を思い出させてくれ、将来の夢をきちんと伝える勇気をくれた大樹に対して感謝している。

ウ 自分の夢をばかにする母を憎らしく思っていたが、木から落ちた自分を心配して抱きしめてくれた母の姿を思い出させてくれ、母の本当の優しさに気付かせてくれた大樹に対して感謝している。

エ 自分の夢を母に伝えることに自信を持てずにいたが、けがをした自分を心配する母の姿を思い出させてくれ、母が将来の夢を認めてくれるという確信を持たせてくれた大樹に対して感謝している。

問八　本文の表現についての説明として最も適切なものを次の中から選び、記号で答えなさい。

ア　色彩の移り変わりと「千穂」の心情の変化とが合わさって、文章全体に絵画のような味わいを持たせている。

イ　将来の夢という話題を中心に文章を展開することで、「千穂」と「真奈」の友情の深まりを強調している。

ウ　嗅覚に関わる表現が印象的に用いられ、匂いが「千穂」の強い思いを呼び起こすきっかけになっている。

エ　「美千恵」の「千穂」に対する接し方の変化を描くことで、二人の関係の改善が難しいことを暗示している。

三 次の各文における――部のカタカナをそれぞれ送りがなを含めて漢字に直しなさい。

① 信頼が<u>アツイ</u>。　② 例を<u>アゲル</u>。　③ 借りた本を<u>カエス</u>。
④ 席を<u>アケル</u>。　⑤ 税金を<u>オサメル</u>。　⑥ 太陽が地平線から姿を<u>アラワス</u>。

四 次の四字熟語にはそれぞれ誤った漢字が一字あります。その漢字を抜き出し、正しい漢字に直しなさい。さらに、その四字熟語の意味として最も適切なものをそれぞれ後から選び、記号で答えなさい。

① 意心伝心　② 自我自賛　③ 臨期応変

ア 自分で自分のしたことをほめること。
イ 口に出して言わなくても、心の中が通じ合うこと。
ウ 真心がこもっていれば、相手に気持ちが伝わること。
エ 弱いものに同情し、味方したり応援したりすること。
オ 状況の変化に対し、すばやい判断を下し、適切な対応をすること。
カ 事の成り行きをうかがって、自分に都合の良い方につこうとすること。

五 ――部①～④の表現には誤りがあります。それぞれ意味を変えずに正しい言葉づかいに直しなさい。

拝啓　まだまだ暑い日が続いていますが、お元気ですか。
　夏休みは一週間もお世話になり、ありがとうございました。川遊びや山登り、畑仕事の手伝いなど、おじさんやおばさん、それに健太君のおかげで、楽しい思い出をたくさん作れました。おじさんの畑でとれる野菜は本当においしく、特に驚いたのは、川の水で冷やしただけのトマトが、想像以上に甘くて①<u>おいしかったです</u>。おばさんもご存じのとおり、僕は大の野菜嫌いでしたが、今では毎日おいしい野菜を②<u>食べれる</u>健太君のことがうらやましくてなりません。
　来年は、僕もいよいよ中学生です。勉強も部活も忙しくなると思いますが、③<u>持ち前な</u>ねばり強さで頑張りたいと思います。
　今度はぜひ、こちらにも遊びにきてください。「おじさんの作った野菜ほどではありませんが、ごちそうを用意して待っています。」と、④<u>お母さん</u>が申しておりました。健太君にもよろしくお伝えください。

敬具

令和三年度

入学試験問題

国語（前期）

（六十分）

智辯学園和歌山中学校

注意

◎あいずがあるまで、問題用紙に手をふれてはいけません。
◎答えはすべて解答用紙に書きなさい。
◎解答用紙には、名前を書かず、受験番号だけを書きなさい。

2021(R3) 智辯学園和歌山中
教英出版

一　次の文章を読んで後の問いに答えなさい。

道を歩いているときに、ふと道端の小さな花に目がとまることがあります。先日、目がとまった花は、真冬なのに咲き始めている仏の座の紅色の花と、はこべの白い花でした。私は田舎で百姓をしているので、ほとんどが見慣れた草で、ありふれた草です。[1]、時々は「きれいだ」と感じるときがあります。しかし、そこで立ち止まることもなく、そのまま通り過ぎていきます。そして、数分経つと、もう先ほど目にとまった花のことなどすっかり忘れています。したがって「田んぼへの道を歩くのは楽しい。野の花に目がとまるから」などと思うこともなく、[2]誰かに話すこともありません。

しかし、あらためてふりかえると、①ふと目をとめていた草は、全部名前を知っている草ばかりです。目新しい名前を知らない草なら、[3]立ち止まってよく見るはずです。「なぜ、ここに生えているのか」と問いつめたい感じです。

ところで、いつも通るこの田舎道は果たして「自然」なのでしょうか。村の中にも田畑を(ア)タガヤす人がいなくなって、放棄された田畑が増えてきました。その横を通るときは「いやだな」と思います。無意識に目を背けてしまいます。しかし、その田んぼが藪になった場所にも、草は生えていて、よく見ると道端と同じ草も混ざって咲いています。しかし、その藪の中の花には私のまなざしは向けられません。まなざしが向けられないところには自然はない、ということでしょうか。

若い頃には、都会の中にはちゃんとした自然はないと思っていました。たとえは悪いのですが、田舎の藪みたいな、それも(イ)ヒンソウな自然しかないだろうと、正直思っていました。ところが友人から「都会にも自然はあります。(ウ)ガイロジュの根元に咲く野の花はいいものですよ」と言われて、驚きました。それから、都会に行って、街の中を歩くときは、道端の草に目をやるようになりました。田舎と同じ草もいっぱい生えています。

ですから、都会に住んでいる人も散歩のときや、通学・通勤の途中で、ふと道端の野の花に目をとめているのですね。そして名前を覚えたくなるのでしょうね。もっとも、急いでいるときは、気づかないで通り過ぎてしまうのは、田舎でも都会でも同じです。自然とは、いったい何なのでしょうか。どうも「自然は大切だ。自然は破壊してはいけない」と言うときの自然とはちがう自然が身の回りには、あたりまえにあふれています。

これが私たちの日常です。でもなぜ、私たちはふと野の花に目をとめるのでしょうか。なぜ、意識せずにまなざしを向けるのでしょうか（それもかなり個人差があります）。

「きれいだと思うから」という返事が聞こえてくるようですが、そうでしょうか。もっと深い理由がありそうです。

村に住んでいると、ある日突然に、②蛙の鳴き声が村中に響き渡ります。六月上旬の夜のことです。百姓でない人は「夏が来たな」と感じるでしょう（私は「誰か田植えを始めたな」と思いますが）。蛙のほとんどは田んぼで産卵します。鳴いているのは雄の蛙で、求愛の声なのです。蛙は田んぼが産卵できる状態になるまで鳴かずに待っているのです（注）（代掻き・田植えが終わると、田んぼの水は温まり、干上がることがなくなり、餌の藻類が一斉に発生し、卵からお玉杓子が生まれ育つための条件が整うからです）。

しかし私たちは「代掻きと田植えが引き金になって、蛙が鳴き始めたんだな」と因果関係を意識することはなく、蛙が鳴き始めるのは毎年くり返される「自然な現象」であって、「いよいよ本格的な夏が来た」と蛙の鳴く声という自然に季節を感じるのです。

赤とんぼが急に飛び始めるのは、田植えして四五日過ぎた頃です。日本で生まれる赤とんぼのほとんどは田んぼで生まれます。しかし、赤とんぼが群れ飛ぶ夏空や秋空は「自然な現象」であって、この赤とんぼはどこで生まれたのだろうか、と考えることはありません。まして、田植えをして四五日過ぎたから、そろそろ赤とんぼが飛び始める頃だ、などと待ちかまえることもありません。近年、東日本では赤とんぼ（秋茜）が激減しています。「少なくなった」と気づく人もいますが、「なぜ少なくなったのだろうか」と考える人は、百姓にもあまりいません。

どうも身近な自然というのは、ことさらに意識して、移ろいの原因を突きとめようとするようなものではありません。自然に、あるがままでいいのです。

夏の畑での百姓仕事は暑くて困ります。ところが③田んぼでの仕事は涼しいのです。とくに稲の葉を揺らしてこちらに吹いてくる風に包まれると、ほんとうに身体の中を風が吹き抜けて行くような気がして、気持ちがいいものです。これは百姓なら実感として誰でも感じています。でも、なぜ田んぼの風は涼しいのか、と問うことはありません。「田んぼには水が溜まっているからじゃないの」とは思うでしょうが、「ではなぜ、水が溜まっていると涼しいのか」と問われると、「冷たい水のイメージがするから、涼しい感じがする」と答える人が多いのですが、夏の田んぼは稲が繁っていて、水は見えません。

田んぼと畑の気温を(エ)チョウサした研究によると、その差は(オ)ヘイキンすると2・5℃ぐらいだったそうです。「へぇー、そんなに違うのか」とは思いますが、「なぜそんなにまで差が出るのか」と考えることはありません。

晴れた日の夏の夕暮れともなると、田んぼの稲のすべての葉先に、水滴が現れます。それが夕日に反射してきらきら輝いている風景はまるで星空を眺めているのかと錯覚するぐらいで、見とれてしまいます。しかし、昼間はさらに多量の水分が葉先から蒸散しますが、すぐに空気中に消えていくので、人間の目には見えません。夕方になると空気が水分を抱え込むことができなくなり、水滴として葉先に留まってしまうから見えるのです。

しかし、私たち百姓も「そうか、この水滴が昼間は蒸発して、風を冷やしているのか」などとは考えません。こうした科学的な説明は、涼しい風に身をまかせている気持ちや稲の葉先の露を星空に見立てている感性を台なしにしてしまいます。無粋な、出過ぎた、無駄な説明だ、と感じるのです。

このように私たちは四季折々の様々な自然に目をとめ、それを「自然な現象」として、満喫しています。生きものに目を向けることは気持ちのいいものです。しかし、その出現の原因を問い詰めたりはしません。そんな意識が持ち上がったりしたら、自然は楽しむことができません。自然は、自然なままに感じて身を任せて、離れるとすぐに忘れていくものです。④それがいいのではないでしょうか。

（宇根豊『日本人にとって自然とはなにか』ちくまプリマー新書）

（注）代掻き……田植えの前に田に水を入れ、土をかきならして準備をすること。

問一 ═══部（ア）〜（オ）のカタカナを漢字に直しなさい。

問二 [ ] 部1〜3に入ることばとして最も適切なものをそれぞれ次の中から選び、記号で答えなさい。ただし、同じ記号をくり返して使ってはいけません。

ア まして　イ つまり　ウ むしろ　エ それでも

問三 ━━部①「ふと目をとめていた草」とあるが、これはどのような草か、最も適切なものを次の中から選び、記号で答えなさい。

ア 時間が経っても心の中に美しさが残る草。

イ どんなときでも美しいと感じてしまう草。

ウ どこにでも生えているが名前は知らない草。

エ わざわざ歩みを止めて見るほどではない草。

問四 ━━部②「蛙の鳴き声が村中に響き渡ります」、③「田んぼでの仕事は涼しいのです」とあるが、これらの理由について説明した次の文章中の[ ]部A〜Cに当てはまる内容を、それぞれ答えなさい。

蛙の鳴き声が、ある日突然に村中に響き渡るようになるのは、夏を迎えて[A]が済むと、蛙が産卵し、お玉杓子が生まれ育つための条件が整い、[B]からである。
また、田んぼでの仕事が涼しいのは、[C]からである。

問五 ━━部④「それがいいのではないでしょうか」とあるが、筆者がそのように言うのはなぜか、「あるがまま」という語を必ず用いて説明しなさい。

問六 あなたがこれまでに自然の良さを感じた経験を、二百字以内で書きなさい。

三　次の文章を読んで後の問いに答えなさい。

【ここまでのあらすじ】

「僕(ぼく)」（本多）は中学二年生。一年生のとき、同じクラスの「松谷」から脅(おど)されて、それまで仲のよかったクラスメイトの「クロちゃん」（黒川）に対するいじめに加わった。「クロちゃん」はそれを苦にして遠くの町に転校してしまい、「僕」は会うことも許してもらえない。

一方、いじめに加わった親友の「啓太」（河野）は罪悪感から不登校になり、母の田舎(いなか)に引(ひ)っ越(こ)したが、最近もとの町に戻(もど)ってきて再びクラスメイトになった。

「松谷」は最近「クロちゃん」に謝罪をするためといって「僕」にお金をせびるようになっている。

教室を見回した。松谷はまだ来ていない。どうせ、いつものように始業時間ぎりぎりに駆(か)け込(こ)んでくるのだろう。

啓太はベランダに出ていた。僕に気づくと、よお、と笑って手を振(ふ)る。昨日の別れぎわの微妙(びみょう)な気まずさは消えていた。ほっとしてベランダに向かうと、啓太も一緒(いっしょ)にいた連中から離(はな)れて、僕と一対一になってくれた。

「……持ってきてない」

「トシ、お金持ってきたの？」

啓太はガッツポーズを小さくつくってくれた。①そういうところが、やっぱり僕たちは友だちなんだと思う。

並んで手すりに頬杖(ほおづえ)をついて、グラウンドを見つめた。どんよりと曇(くも)った空の下、グラウンドがふだんより一回り広く見えるのは、緊張(きんちょう)のせいだろうか。

「もし松谷があとからグチャグチャ文句言ってきたら、トシ、どうする？」

「……言われても、やるしかないよ」

「水原先生に言う？」

黙(だま)って首を横に振る。啓太も最初からわかっていたのだろう、だよな、とうなずいた。

「オレ、知らなかったんだけど……『心の対話』っていうノートができたんだって？　水原先生、今日オレにもノート渡(わた)すから、明日から提出しろ、って……」

なんなんだよそれ、と啓太は苦笑(くしょう)して、ワケわかんねえよ、とため息をついた。

僕だって同じことを言いたい。もう一ヵ月以上、毎日提出している。受験への不安とか、地球の環(かん)境(きょう)問題はどうなっちゃうんだとか、少年犯罪についての感想とか、ノートを言葉で埋(う)めれば埋めるほど、そこにほんものの心なんてないよ、という気がする。自分の心をきちんと言葉で表現できるぐらいなら、誰(だれ)も苦労しないよ、とも思う。

「ああいうのって、ないよりはあったほうがいいのかもしれないけど……あっても、百パーセント解決するわけじゃないよな、絶対」

啓太は言った。僕も、ほんとほんと、と笑って横顔をちらりと見る。やっぱりおとなっぽくなった。

「母ちゃんの田舎、どうだった？」

「うん、まあ……けっこういろいろ考えた」
どんなことを、と訊こうとしたとき、始業五分前の予鈴が鳴った。
その音の余韻が消えないうちに、②「背負いつづける」と啓太は言った。
「クロちゃんのこと、思いっきり後悔してるし、反省もしてるんだけど……なんていうか、忘れるのってひきょうだな、って」
お母さんの田舎で、それを思い知らされた。
啓太が生まれるずっと前、まだお母さんも中学生だった頃、おじいちゃんが交通事故で亡くなった。会社の車が、センターラインを越えて走ってきたトラックを避けようとして、ガードレールを越えて電柱に激突したのだ。助手席に乗っていたおじいちゃんは、その巻き添えになった。運転していた同僚も亡くなって、事故のそもそものきっかけをつくったトラックは知らん顔をして走り去ってしまった。運が悪かったとしか言いようがない。運転していた同僚も、法律的に責任が何パーセントあるのかはわからないけど、被害者は被害者だった。
でも、同僚の奥さんは、事故の責任を背負った。啓太のおばあちゃんやお母さんにひたすら詫びつづけ、申し訳なさを胸に抱いたままの人生を歩んだ。
「そのひと、ずーっと笑わなかったんだって。ひたすら働いて、母一人子一人で息子を育てて、ウチにもお金をちょっとずつでも送ってくれて、じいちゃんの墓参りを毎月欠かさずつづけてくれて……」
たまたま、その息子さんと会って、aいきさつを初めて知った。
「最初は、そんな人生ってなんなんだよ、って思ったんだ。オレだったら絶対に嫌だよ、ありえないよって、あきれてた」
ところが、しだいに胸がじわじわと締めつけられてきた。おじいちゃんとクロちゃんが重なった。一人で何年も墓参りをつづける同僚の奥さんの姿が、実際に見たことはないのに、くっきりと思い浮かんだ。
「二十何年だぜ、すげえよ。じいちゃんも、ばあちゃんも、母ちゃんも、幸せだったと思う。現実に幸せか不幸かっていったら、それは絶対に不幸なんだけど、でも……忘れないでいてくれるひとがいるっていうのは、やっぱり幸せだと思うんだよな」
クロちゃんだってそうだ、と啓太はきっぱりと言った。オレ、あいつにやったこと、一生忘れたくない。もっと強い口調でつづけた。
その勢いに気おされて「うん……」とうなずいたとき、教室から「おーい、本多くーん」と声が聞こえた。
松谷が、こっちに来いよ、とにやにや笑いながら手招いていた。
もうすぐ始業のチャイムが鳴る。水原先生はいつもチャイムとほとんど同時に教室に入ってくる。長い話はできない。結論だけ――迷いやためらいの出ないうちに。
啓太が小声で「オレも一緒に行くよ」と言ってくれた。
「いいよ、そんなの」
「だって、おまえが断ったら、どうせ今度はオレになるから……」

なにやってんだよ、早く来いよ。松谷の手招きのしぐさが大きくなった。顔はまだ笑っていたけど、目つきが鋭くなった。
③僕は首を横に振った。啓太も、よし、と小さくつぶやいて、松谷をにらみ返した。
松谷の顔から笑いが消えた。カバンを乱暴に机に置き、大股でベランダに向かって歩きだす。途中で脅すように机を蹴ったり、おとなしい男子のグループをにらみつけたりして……いままでb猫をかぶっていたストレスもたまっていたのか、クロちゃんをいじめていた頃のおっかなさに戻ってしまったみたいだ。
怖い。でも、負けるわけにはいかない。
「おい、なんだよ、いまの態度」
松谷はベランダに出るなり言って、僕たちに詰め寄ってきた。
「黒川に謝るつもりないっていうのかよ」
「……あるよ」
「じゃあ、金出せよ」
「……嫌だ」
声が裏返った。膝も震える。がんばれ。自分に言った。
「じゃあ『心の対話』に書くから。本多は全然反省してません、って……それでいいな？」
好きにしろよ、と言い返そうとしたとき、啓太が横から「一つ訊いていい？」と松谷に声をかけた。
「なんだよ、おまえ、一回逃げたくせして戻ってきて、恥ずかしくないのかよ」
松谷の言葉にかまわず、啓太は言った。
「松谷は、クロちゃんのこと、まだ覚えてる？」
「え？」
「自分がクロちゃんにやったこと、いまでも、ちゃんと覚えてる？」
静かな口調だった。でも、声はまっすぐに松谷に向かっていた。
松谷は肩を揺すって、へへッと笑った。僕をにらんでいた目は啓太に移って、さらに険しさを増した。
「河野、おまえ、しばらく会わないうちに強気になってんなあ。空手でも習ったのか？」
口調は軽い。笑いながら「怖えーっ」と身震いする。いつもの手だ。ふざけているだけ。脅してなんかいない。そういう言い訳を用意して、でも、目は啓太をにらんだままだ。
「おまえ、逃げたんだろ？　逃げて、また戻ってきたんだろ？　じゃあ、もうちょっと申し訳なさそうな顔してくれよ」
なあ、本多もそう思うだろ、と僕を振り向いて笑う。これも、いつもの手だ。しかたなくうなずくと共犯にされてしまうし、うなずかないと、あとでこっちがやられる。
顔をゆがめて目をそらしたら、啓太が「トシは関係ないだろ」と言ってくれた。冷静な声だった。表情にも松谷におびえた様子はないし、敵意をむき出しにしているわけでもない。
「河野くーん、マジにムカつくんスけど、そういう態度……」
「教えてよ。クロちゃんにやったこと、松谷はまだ覚えてるの？　クロちゃんのこと、どんなふうにいじめて、オレやトシをどんなふうに巻き込んだのか、ちゃんと覚えてる？」

「……なんだよ」

「教えてほしいだけ」

「なんで教えなきゃいけないんだよ」

「だって、クロちゃんに謝るんだろ？　自分がやったことを覚えてなかったら、謝るなんてできないんじゃないの？」

松谷は「そんなの覚えてるに決まってるだろ」と、また肩を揺すって笑う。

でも、笑う前に一瞬ひるんだ顔になったのを、僕は見た。とぼけた笑い声も、さっきとは違ってうわずっていた。

啓太の表情は変わらない。松谷をまっすぐ見つめ、「なんで？」と訊いた。「なんで笑いながら言うの？」

松谷は薄笑いを消して、「おい、こら……」と声をすごませた。始業のチャイムが鳴って水原先生が教室に入ってこなければ、ヤバかった。でも、「ラッキーじゃん」と言い捨て④ベランダから教室に戻る松谷の足取りは、なんだかあいつのほうがチャイムに救われて逃げているようにも見えた。

朝のホームルームが終わっても、松谷は僕のそばには来なかった。直接啓太にからんでくるかと思ったけど、それもなかった。一時間目が終わり、二時間目が終わっても……休み時間になるたびに緊張した。でも、松谷は動かない。

昼休み、だろうか。啓太に邪魔されないように、僕を教室の外に連れ出すつもりなのだろうか。来るなら来い。心の半分には、強い僕がいる。でも、残り半分には、松谷と一対一になったらなにも言えなくなりそうな弱い僕が――去年の秋からずっと、そこに居座っている。

三時間目が終わる。四時間目も終わる。空はずいぶん暗くなった。いまにも雨が降りだしそうだ。いっそ激しいどしゃ降りになってくれればいい。雨に打たれ、体も心もずぶ濡れになったら、思いきって勇気を出せるかもしれない。

給食の時間にも、松谷の動きはなかった。⑤パンがふだんよりモソモソしている。おかずの野菜スープも味がほとんどわからない。

「あ、降ってきた」

窓際の席から、誰かが言った。雨は見る間に本降りになった。大粒の雨がグラウンドを叩き、濡れた砂埃のにおいが二階の教室にまで漂ってくる。

ふと、わが家の風景が思い浮かんだ。母があわてて庭に出て、洗濯物を取り込んでいる。なぜだろう。理由はわからない。でも、自分が雨に濡れるのにもかまわず、ハンガーに掛けた僕のシャツを取り込んでくれる母の姿は、まるですぐ目の前にいるみたいにくっきりとしていた。

お母さん――。

雨の音にまぎらせて、そっとつぶやいた。

中学二年生にもなって、こういうときに母の顔が浮かんでしまうのは、僕が弱虫だという証拠なのだろうか。母をこれ以上悲しませたくない、と思っている。でも、ほんとうは違う。母にこれ以上嫌

令 和 3 年 度

入　学　試　験　問　題

算　数 (前期)

（ 6 0分 ）

智 辯 学 園 和 歌 山 中 学 校

注　　意

◎　あいずがあるまで，問題用紙に手をふれてはいけません。

◎　答えはすべて解答用紙に書きなさい。

◎　解答用紙には，名前を書かず，受験番号だけを書きなさい。

【1】 次の計算をしなさい。

(1) $27 \times 111 + 117 \times 333 + 58 \times 999$

(2) $\left(1 + 2 - 3 \times \frac{4}{5}\right) \div 6 + 7 \times \left(8 - \frac{9}{10}\right)$

【2】 次の $\square$ にあてはまる数を答えなさい。

(1) $84 \times \left(\frac{1}{4} - \square + \frac{1}{84}\right) = 4$

(2) 0.7 日 = $\square$ 時間 $\square$ 分

【3】 次の各問いに答えなさい。

(1) 太郎君が歩いて学校を出た何分後かに，次郎君が学校を出て自転車で同じ道を通って太郎君を追いかけたところ，6分で追いつきました。太郎君の歩く速さは分速70 m で，次郎君の自転車の速さは分速210 m です。太郎君が学校を出た何分後に次郎君は学校を出ましたか。

(2) 100個のみかんを男子と女子に配ります。男子に4個ずつ，女子に6個ずつ配ると4個余り，男子に6個ずつ，女子に4個ずつ配ると4個不足します。このとき，男子と女子はそれぞれ何人ですか。

(3) 花子さんと正子さんが国語と算数と理科の3教科のテストを受けました。いずれも100点満点のテストでした。花子さんの国語と算数の点数の平均は78点で，正子さんの算数と理科の点数の平均は86点でした。花子さんと正子さんの国語の点数が等しく，花子さんの3教科の点数の平均と正子さんの3教科の点数の平均が等しくなるとき，花子さんの理科の点数は最も低くて何点ですか。

(4) 下の図で，AB ＝ 8 cm，AD＝3.2 cm で，AC：BE＝ 2 ： 3 ，AC と BE が平行であるとき，角アの大きさは何度ですか。

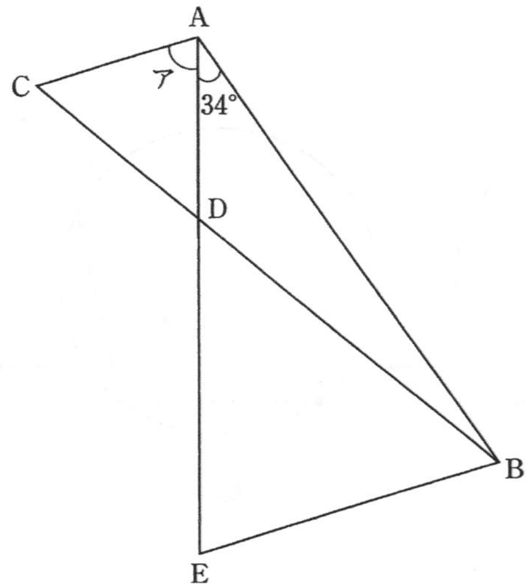

(5) 5 個の整数

38，ア，イ，ウ，121

が，38 とアの和がイに等しく，アとイの和がウに等しく，イとウの和が 121 になるように並んでいます。イの整数は何ですか。

【4】 円の内側にまっすぐな棒があり，その両端（りょうたん）は円周と重なっています。この棒は，図１のように，円内をすべることなく回転して動いていき，もとの位置にぴったり重なるまで動きます。円周と棒の端（はし）が重なった点には，印をつけていくことにします。次の問いに答えなさい。

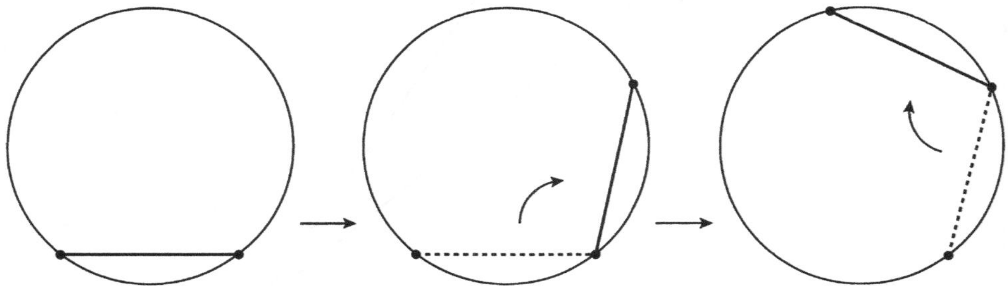

図１

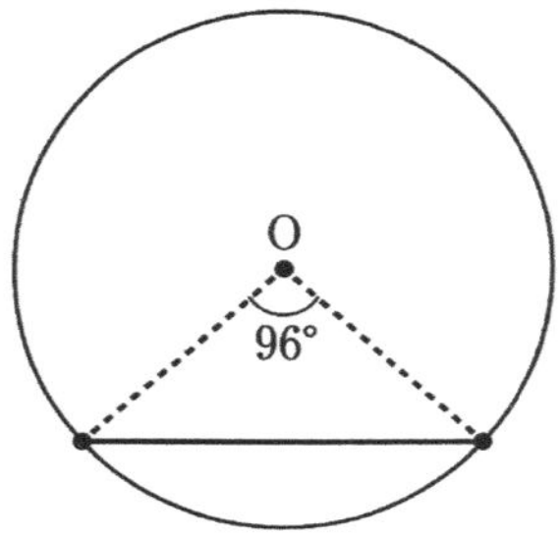

図２

(1) 円の半径が５cm，棒の長さも５cmのとき，円周上の印は何個になりますか。

(2) 円の中心をOとします。図２のような棒のとき，円周上の印は何個になりますか。

令和３年度

入　学　試　験　問　題

理　　　科（前期）

（６０分）

智辯学園和歌山中学校

注　　意

◎　あいずがあるまで，問題用紙に手をふれてはいけません。
◎　答えはすべて解答用紙に書きなさい。
◎　解答用紙には，名前を書かず，受験番号だけを書きなさい。

〔1〕あまい焼きいもが大好きなユウタ君は，焼きいもについていろいろと調べてみました。次の問いに答えなさい。

問1　ユウタ君は，焼きいもを食べるとどのように消化されて，養分が吸収されるかについて調べました。図1はヒトの体のつくりの一部を表しています。次の（1）～（4）に答えなさい。

（1）図1のア～カが示す体のつくりの名前をそれぞれ答えなさい。

（2）口からこう門までの食べ物の通り道を何といいますか。

（3）口から入った食べ物は，どこをどの順に通り，こう門から出ますか。次の（①）～（④）にあてはまるものを図1のア～カからそれぞれ選び，記号で答えなさい。ただし，使わない記号もあります。

口 →（①）→（②）→（③）→（④）→ こう門

（4）吸収された養分を一時的にたくわえ，必要なときに全身に送り出すはたらきがある臓器はどれですか。図1のア～カから1つ選び，記号で答えなさい。

図1

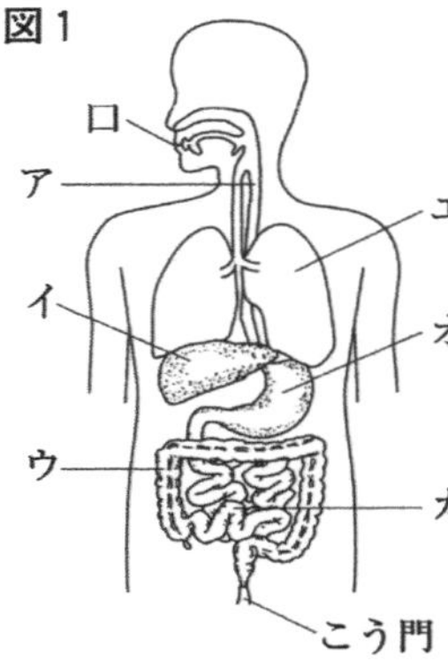

ユウタ君は，焼きいもがあまくなるのは，サツマイモの中にふくまれているアミラーゼという成分が関係していることを知りました。焼きいもを作るときに，アミラーゼがサツマイモの中のデンプンを変化させることで，サツマイモがあまくなります。

アミラーゼはヒトのだ液にもふくまれています。ユウタ君はだ液中のアミラーゼのはたらきを調べるために，自分のだ液を使って実験をしました。ただし，実験で使ったデンプン溶液（ようえき）やヨウ素液の濃（こ）さはすべて同じです。

実験1　デンプン溶液5mLを入れた試験管A，Bを用意し，Aにはだ液1mLを，Bには水1mLを入れた。その後，図2のように40℃のお湯につけた。5分後，それぞれの試験管を取り出し，ヨウ素液を加えて溶液の色を調べた。

図2

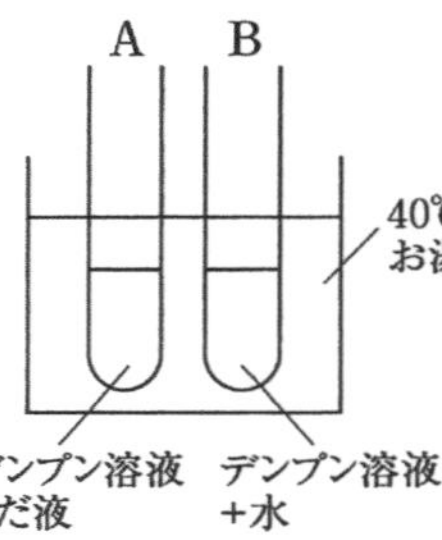

実験2　デンプン溶液5mLにだ液1mLを入れた試験管C，Dを用意した。その後，図3のように試験管Cは4℃の水に，試験管Dは90℃のお湯にそれぞれつけた。5分後，それぞれの試験管を取り出し，ヨウ素液を加えて溶液の色を調べた。

図3

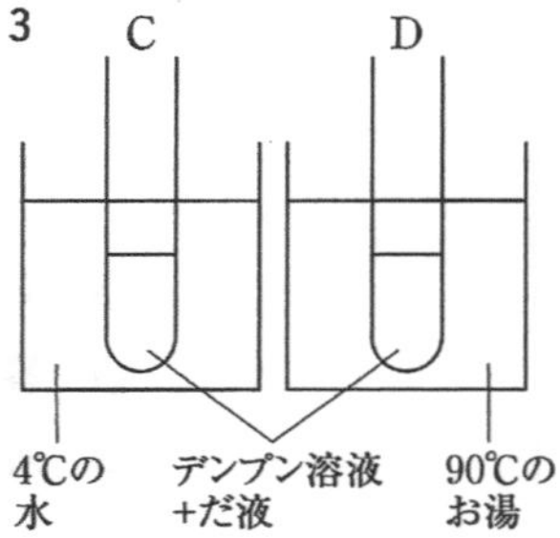

表1は，実験1と実験2の結果を表している。

表1

試験管A	試験管B	試験管C	試験管D
うす茶色	青むらさき色	青むらさき色	青むらさき色

問2　実験1と実験2から，次の（1）～（3）について，だ液中のアミラーゼがよくはたらくと考えられる温度であれば○を，はたらかないと考えられる温度であれば×を書きなさい。

（1）4℃　　（2）40℃　　（3）90℃

問3　実験２の後，試験管ＣとＤを室温25℃の部屋に１時間置き，その間の溶液の色を観察しました。その観察した結果から，ユウタ君は「①だ液中のアミラーゼは，あたためすぎると二度とはたらかなくなるのだな。」と考えました。次の（１），（２）に答えなさい。

（１）このとき，どのようなことが観察されたと考えられますか。下線部①から考えて，次の（ア）～（ウ）から１つ選び，記号で答えなさい。

（ア）試験管Ｃのみ，ゆっくりと溶液の色がうす茶色になった。

（イ）試験管Ｄのみ，ゆっくりと溶液の色がうす茶色になった。

（ウ）試験管ＣもＤも，ゆっくりと溶液の色がうす茶色になった。

（２）観察された結果からは，下線部①以外にも「②一度あたためすぎたデンプンに，だ液中のアミラーゼははたらかない。」と考えることもできます。下線部①が正しく，下線部②が正しくないことを示すには，どのような試験管を用意し，その試験管にヨウ素液を加えて室温25℃で１時間置いたときにうす茶色になることを確認（かくにん）しなければなりませんか。次の（ア）～（エ）から１つ選び，記号で答えなさい。

（ア）デンプン溶液を90℃まであたためて，25℃に冷（さ）ましてから，水を入れた試験管

（イ）デンプン溶液を90℃まであたためて，25℃に冷ましてから，だ液を入れた試験管

（ウ）デンプン溶液を一度凍（こお）らせて溶（と）かし，25℃にしてから，だ液を入れた試験管

（エ）デンプン溶液とだ液を入れ，100℃まであたためた試験管

問4　これまでの実験の結果から，ユウタ君はだ液中のアミラーゼについて次のようにまとめました。文中の（ア）～（ウ）にあてはまる言葉は何ですか。それぞれあとの［①，②］から１つずつ選び，番号で答えなさい。

だ液中のアミラーゼにはデンプンを変化させるはたらきがある。アミラーゼは，４℃のような低温と90℃のような高温ではともに（ア）［①よくはたらき　②ほとんどはたらかず］，室温25℃ではゆっくりとはたらく。また，一度低温にしたアミラーゼは，室温25℃で（イ）［①もう一度はたらき　②二度とはたらかず］，一度高温にしたアミラーゼは，室温25℃で（ウ）［①もう一度はたらく　②二度とはたらかない］。

問5　ユウタ君は，あまい焼きいもを作る方法を調べました。サツマイモの中のアミラーゼは，よくはたらく温度だけが，だ液中のアミラーゼと違（ちが）います。サツマイモの中のアミラーゼは60℃から70℃（オーブンで加熱したときの弱火にあたる）でよくはたらき，低温や高温では問４でまとめたようなだ液中のアミラーゼと同じ特ちょうを示します。

これらのことから，あまい焼きいもができないと考えられる方法はどれですか。次の（ア）～（ウ）から１つ選び，記号で答えなさい。また，その方法では，あまい焼きいもができない理由を「アミラーゼ」という言葉を使って説明しなさい。

（ア）冷蔵庫で10分間冷やした後，オーブンに入れ，弱火で90分間加熱する。

（イ）オーブンに入れ，弱火で90分間加熱した後，強火（100℃以上の温度）で10分間加熱する。

（ウ）オーブンに入れ，強火（100℃以上の温度）で10分間加熱した後，弱火で90分間加熱する。

〔2〕次のA，Bの問いに答えなさい。

A．次の文は，リカさんが水溶液(すいようえき)について理科の先生とした会話です。あとの問いに答えなさい。

先生「今まで学校でいろいろな水溶液について勉強してきました。ここでふり返ってみましょう。」

リカ「以前，私たちがした実験では①過酸化水素水を二酸化マンガンに加えたら（気体A）が出てきました。泡(あわ)がたくさん出てくるところとか，見ていて楽しかったです。」

先生「そうですね。液体を使って気体が発生する実験なら，ほかにもやりましたね。②炭酸飲料を手であたためると，少しずつ（気体B）が発生しました。炭酸飲料から発生する気体は（気体B）以外に水蒸気があることも忘れないで下さいね。さて，（気体B）はものを燃やしたときにも発生することがあります。例えば，何を燃やしたときに発生するかな。」

リカ「木を燃やすと（気体B）が発生します。」

先生「えらい。よく知っているね。では，今度は水溶液を使った，もっと本格的な実験に取り組んでみましょう。」

問1　文中の下線部①について，次の（1）～（3）に答えなさい。

（1）気体Aの名前を漢字で答えなさい。

（2）気体Aが入ったびんの中に火のついたせんこうを入れると，どのようになりますか。次の（ア），（イ）から1つ選び，記号で答えなさい。

（ア）火がすぐに消える。　　（イ）炎(ほのお)をあげて激しく燃える。

（3）二酸化マンガンは何色ですか。次の（ア）～（オ）から1つ選び，記号で答えなさい。

（ア）白色　（イ）黒色　（ウ）黄色　（エ）赤色　（オ）緑色

問2　文中の下線部②について，次の（1）～（3）に答えなさい。

（1）気体Bの名前を漢字で答えなさい。

（2）燃やすと，気体Bが発生するものはどれですか。次の（ア）～（エ）から2つ選び，記号で答えなさい。

（ア）アルミニウムはく　（イ）段ボール　（ウ）スチールウール　（エ）ろうそく

（3）うすい塩酸を加えると，気体Bが発生するものはどれですか。次の（ア）～（エ）から1つ選び，記号で答えなさい。

（ア）二酸化マンガン　（イ）食塩　（ウ）木　（エ）石灰石(せっかいせき)

リカさんと先生はうすい塩酸を使って次のような実験をしました。

実験　鉄とアルミニウムを別々の試験管に入れ，どちらにもうすい塩酸を加え，それぞれの水溶液のようすを観察した。どちらの試験管からも同じ気体が発生し，鉄とアルミニウムがすべて溶けた。

次に，それぞれの水溶液を別々の蒸発皿に入れ，実験用ガスコンロでゆっくり加熱した。すると，③どちらからも固体が出てきた。④このとき，水がすべて蒸発してしまうまで加熱しないで，水溶液が少し残っているうちに加熱をやめ，残った熱で残りの水を蒸発させるように注意した。

問3　実験について，次の（1），（2）に答えなさい。

（1）下線部③について，鉄をうすい塩酸に溶かした水溶液から出てきた固体と，アルミニウムをうすい塩酸に溶かした水溶液から出てきた固体はそれぞれ何色でしたか。それぞれの色の組み合わせとして正しいものを，次の表の（ア）～（エ）から１つ選び，記号で答えなさい。

	（ア）	（イ）	（ウ）	（エ）
鉄をうすい塩酸に溶かした水溶液から出てきた固体	白色	白色	黄色	黄色
アルミニウムをうすい塩酸に溶かした水溶液から出てきた固体	白色	黄色	白色	黄色

（2）この実験をするときには，下線部④のような注意が必要です。もしこの注意を守らなければ，やけどをすることがあります。それはなぜですか。説明しなさい。

B．ものを溶けるだけ溶かした水溶液を飽和水溶液といいます。特に，食塩を溶けるだけ溶かした水溶液は飽和食塩水といいます。次の問いに答えなさい。

問１　食塩は25℃の水100gに36gまで溶けます。25℃の飽和食塩水の濃さは何％ですか。小数第２位を四捨五入して，小数第１位まで答えなさい。

水や食塩など，すべてのものは目に見えないほど小さい粒が集まってできています。例えば，ある固体Ａが水に溶けるとき，Ａの粒のまわりを取り囲むように水の粒が結びつき（図１），Ａの粒は水溶液中へ広がっていきます。このように，水に溶けるものの粒が水の粒と結びつくことを，水和といいます。水溶液中で水和に使われる水の粒には限りがあるため，ものが溶ける量にも限りがあります。つまり，Ａを水に溶かそうとするとき，水の粒と水和できるＡは水に溶けることができますが，水の粒と水和できないＡは水に溶けることができません。

図１

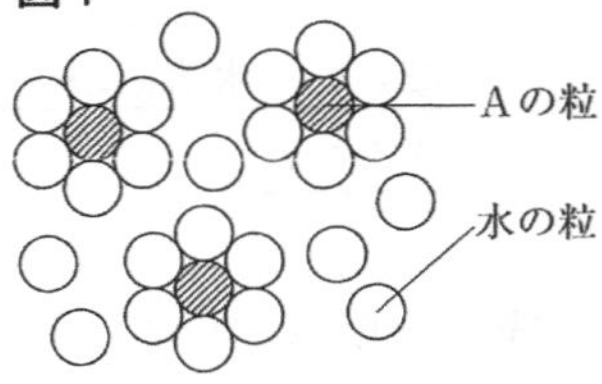

次に，固体Ａと固体Ｂの両方を水に加え，溶かそうとすることを考えます。両方を水に加えると，ＡとＢの粒の間で水和に使われる水の粒の奪いあいが起こります。例えば，Ａの方がＢよりも水の粒を奪う力が大きいとすると，ＡとＢ両方を水に加えたときに，ＡはＡだけを溶かして飽和水溶液にしたときと同じくらい溶けますが，Ｂはほとんど水に溶けなくなります。

実験１　100gの水が飽和水溶液になるだけの量の砂糖と，100gの水が飽和水溶液になるだけの量の食塩をそれぞれ用意し，100gの水に砂糖と食塩の両方を加えた。溶けきれずに残ったものを取り出して調べると，ほとんどが砂糖であった。

問２　実験１から，砂糖と食塩では水の粒を奪う力はどちらの方が大きいと考えられますか。

水によく溶ける液体Ｃを，固体Ｄの飽和水溶液と固体Ｅの飽和水溶液に加えることを考えます。

まず，Ｃよりも水の粒を奪う力が弱いＤの飽和水溶液に，Ｃを加えることを考えます。Ｄは溶けきれずに固体で出てきて，Ｃは水に溶けます（図２）。これは［ あ ］水の粒を奪ってしまうからです。

次に，Ｃよりも水の粒を奪う力が強いＥの飽和水溶液に，Ｃを加えることを考えます。加えたＣは水に溶けず，液体どうしが混ざらずに二つの層になります（図３）。これは［ い ］水の粒を奪うことができないからです。

図２

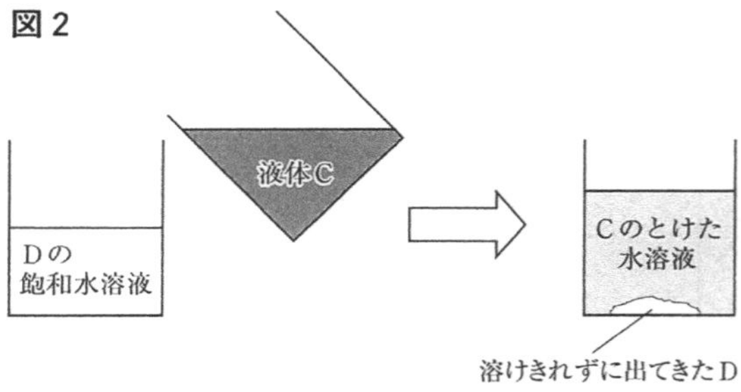

図３

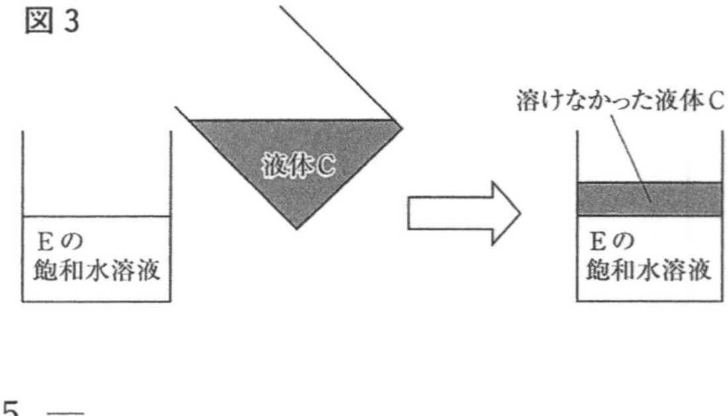

問3　文中の［　あ　］，［　い　］にあてはまる言葉を，次の（ア）～（エ）からそれぞれ1つ選び，記号で答えなさい。

（ア）Dの粒がCの粒から　　（イ）Cの粒がDの粒から

（ウ）Eの粒がCの粒から　　（エ）Cの粒がEの粒から

実験2　飽和食塩水にアルコールを加えると，水溶液中に食塩が溶けきれずに出てきた。

実験3　水酸化ナトリウムの飽和水溶液にアルコールを加えても水酸化ナトリウムは溶けきれずに出てくることはほとんどなく，溶液は二つの層になった。

問4　実験1～3から，水の粒を奪う力が大きいものから順に左から並べたものはどれだと考えられますか。次の（ア）～（ク）から1つ選び，記号で答えなさい。

（ア）食塩，水酸化ナトリウム，砂糖，アルコール

（イ）食塩，水酸化ナトリウム，アルコール，砂糖

（ウ）砂糖，水酸化ナトリウム，食塩，アルコール

（エ）砂糖，食塩，アルコール，水酸化ナトリウム

（オ）水酸化ナトリウム，アルコール，食塩，砂糖

（カ）水酸化ナトリウム，砂糖，アルコール，食塩

（キ）アルコール，砂糖，食塩，水酸化ナトリウム

（ク）アルコール，水酸化ナトリウム，砂糖，食塩

〔3〕は右のページから始まります。

令和三年度　国語解答用紙（前期）

「句読点（くとうてん）」や「かぎかっこ」なども、一字として数えます。

一

問一　ア（す）　イ　ウ　エ　オ

問二　1　2　3

問三

問四　A　B　C

問五

問六

令和三年度　国語解答用紙（前期）

〔記述は〕「、」や「。」なども一字と数えて、一字分に書きなさい。

一

問一　ア　(ネ)　イ　ウ　エ　オ

問二　1　2　3

問三

問四　A　C　B

問五

問六

【5】

(1)	(2)

【6】

(1)	(2)
g	g

【7】

(1)	(2)	(3)
人	秒	

【8】

(1)	(2)
回目	

(3)

〔2〕		問3	(2)											
	B	問1		%	問2									
		問3	あ		い		問4							
〔3〕	問1	(1)		(2)										
	問2													
	問3	あ		い		う		問4	%					
	問5	え		お		か								
	問6	き		く		け		問7						
〔4〕	問1		問2	秒後	問3	①		②						
	問4	m	問5	速さ	秒速 m	距離	m							
	問6	m	問7	最小	秒間	最大	秒間							

令和３年度
（前期）
理科解答用紙

受験番号	

得点	

※100点満点
（配点非公表）

〔1〕	問1	(1)	ア		イ		ウ			
			エ		オ		カ			
		(2)								
		(3)	①		②		③		④		(4)	
	問2	(1)		(2)		(3)		問3	(1)		(2)	
	問4	ア		イ		ウ				
	問5	記号		理由						
	問1	(1)		(2)		(3)				
	問	(1)		(2)		(3)				

【解答用

令和３年度
算数解答用紙
（前期）

受験番号	

得点	

※100点満点
（配点非公表）

【１】

(1)	(2)

【２】

(1)	(2)
	時間　分

【３】

(1)	(2)	
分後	男子　人	女子　人
(3)	(4)	(5)
点	度	

【４】

(1)	(2)

【解答用

【解答

二

問一

a

b

問二

問三

問四

問五

問六

問七

問八

三

①

②

③

四

①

②

③

五

①

意味

②

意味

③

意味

受験番号

※100点満点
(配点非公表)

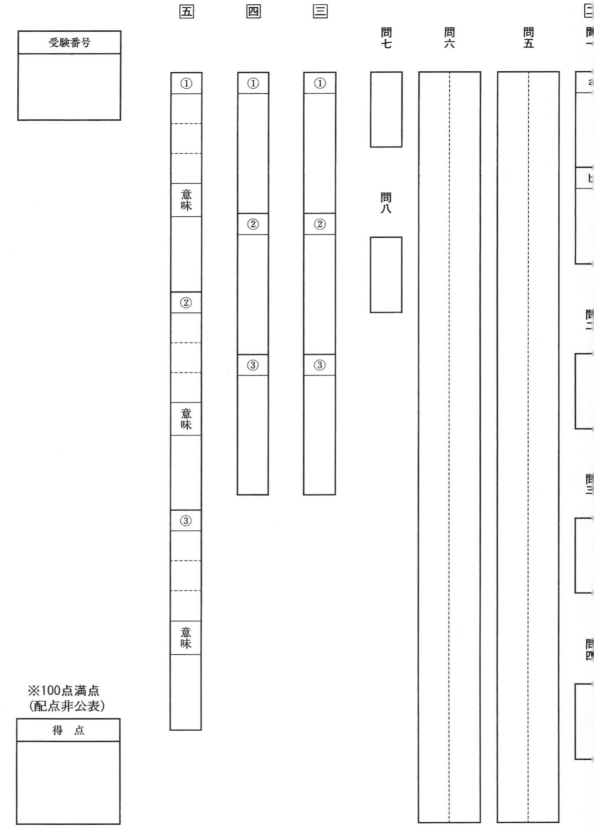

得点

〔3〕ある日の朝，花子さんが空を見上げると①黒っぽい雲が空一面に広がっていました。花子さんは次の日に野球の試合があるため，「明日は雨で試合が中止にならないかな。」と心配しました。しかし，その日の夕方に雲一つないきれいな夕焼けが見えたので「②夕焼けの次の日は晴れっていうし，明日はきっと試合ができるだろう。」と考え，安心しました。

雲や天気について，次の問いに答えなさい。

問1　下線部①の雲は，乱層雲（らんそううん）とよばれています。次の（1），（2）はそれぞれ何とよばれる雲の説明ですか。あとの（ア）～（エ）から1つずつ選び，記号で答えなさい。

（1）この雲は，白っぽい色で波打ったような形をしている。うね雲ともよばれる。

（2）この雲が出ると，かみなりが鳴ったり，短い時間にたくさんの雨がふったりすることがある。入道雲（にゅうどうぐも）ともよばれる。

（ア）高層雲（こうそううん）　（イ）巻雲（けんうん）　（ウ）層積雲（そうせきうん）　（エ）積乱雲（せきらんうん）

問2　下線部②のようにいわれているのはなぜですか。説明しなさい。

雲ができるしくみには，空気中にふくまれる水蒸気が関係しています。空気がふくむことのできる水蒸気の重さには限りがあり，空気1 m^3がふくむことのできる水蒸気の最大の重さを飽和（ほうわ）水蒸気量といいます。

飽和水蒸気量は空気の温度によって決まっています。表1は，空気の温度と飽和水蒸気量の関係を表しています。例えば，表1をみると0℃の飽和水蒸気量は4.8gなので，0℃の空気は1 m^3あたり4.8gまでしか水蒸気をふくむことができません。飽和水蒸気量は，空気の温度が上がるにつれて大きくなり，空気の温度が下がるにつれて小さくなります。

地表近くの空気が上空にのぼっていくと，空気の温度が下がります。このとき，空気1 m^3あたりにふくまれている水蒸気の重さよりも，飽和水蒸気量が小さくなると，空気がふくむことができなくなった水蒸気は水や氷に変化し，空気中で雲ができます。

表1

空気の温度（℃）	飽和水蒸気量（g）
0	4.8
2	5.6
4	6.4
6	7.3
8	8.3
10	9.4
12	10.7
14	12.1
16	13.6
18	15.4
20	17.3
22	19.4
24	21.8
26	24.4
28	27.2
30	30.4
32	33.8
34	37.5

問3　次の文は，飽和水蒸気量と雲のでき方について書かれたものです。文中の（　あ　）～（　う　）にあてはまる数字は何ですか。

空気1 m^3あたり12.1gの水蒸気がふくまれている20℃の空気を考えてみよう。表1より，20℃の飽和水蒸気量は（　あ　）gなので，空気1 m^3あたりにふくまれている水蒸気の重さよりも飽和水蒸気量は大きい。よって，このとき水蒸気は水に変化しないので，空気中に雲はできない。

この空気を冷やしていくと，温度が（　い　）℃より低くなれば水蒸気が水に変化して，空気中に雲ができる。さらにこの空気を8℃まで冷やすと，8℃の飽和水蒸気量をこえた分，つまり空気1 m^3あたり（　う　）gの水蒸気が水に変化して，空気中に雲ができる。

空気1 m³あたりにふくまれる実際の水蒸気の重さが，飽和水蒸気量に対してどれだけかを百分率（%）で表したものを湿度（しつど）といいます。飽和水蒸気量は空気の温度によって変わるので，空気中に同じ重さの水蒸気がふくまれていても，空気の温度によって湿度は変わります。ある温度での湿度は，次のような式で計算されます。

$$\text{湿度（\%）} = \frac{\text{空気1 m}^3\text{あたりにふくまれる水蒸気の重さ（g）}}{\text{飽和水蒸気量（g）}} \times 100$$

問4　空気の温度が18℃で，空気1 m³あたり3.85 gの水蒸気がふくまれているとき，湿度は何%になりますか。表1を使って答えなさい。

飽和水蒸気量や湿度を使って，フェーン現象とよばれる気象現象を考えてみましょう。

山に向かって風がふくと，空気が山の斜面（しゃめん）に沿ってのぼり，山頂をこえ，山をおります。このとき，空気中に雲ができているときと，空気中に雲ができていないときでは，次のように空気の温度の変化のしかたが違うことが知られています。

雲ができていない空気が山の斜面に沿ってのぼるとき，100m高くなるごとに空気の温度は1℃ずつ低くなります。図1はそのようすを表しています。

図1

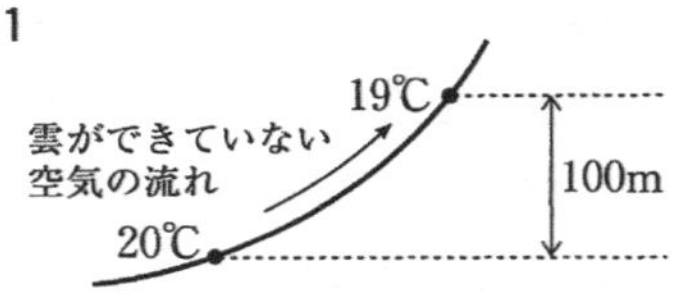

雲ができている空気が山の斜面に沿ってのぼるとき，雨が降っていても降っていなくても，100m高くなるごとに空気の温度は0.5℃ずつ低くなります。図2はそのようすを表しています。

図2

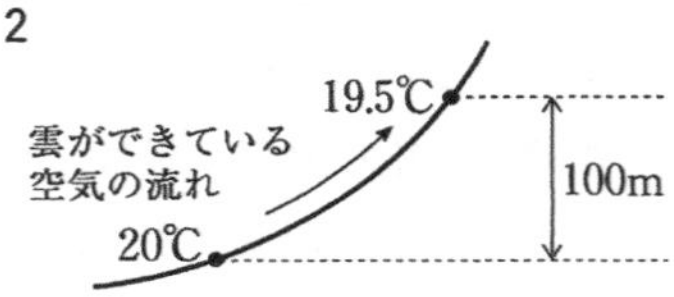

雲ができていない空気が山の斜面に沿っておりるとき，100m低くなるごとに空気の温度は1℃ずつ高くなります。図3はそのようすを表しています。

図3

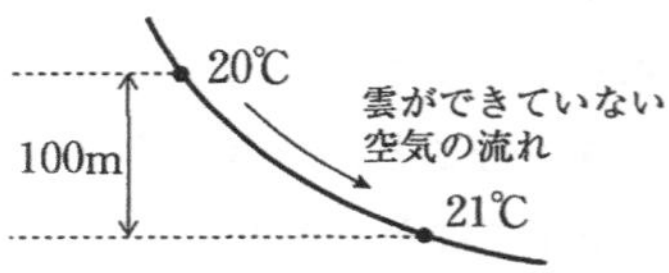

ある夏の日に，水蒸気をふくむ空気が，山のふもとのA地点から高さ2000mの山の斜面をのぼり，山の反対側におりていきました。図4はそのようすを表しています。

このとき，高さ1200mのB地点で雲ができはじめ，雨が降りだしました。その後，山頂で雲は消え，その空気がA地点と同じ高さのC地点におりてきました。

図4

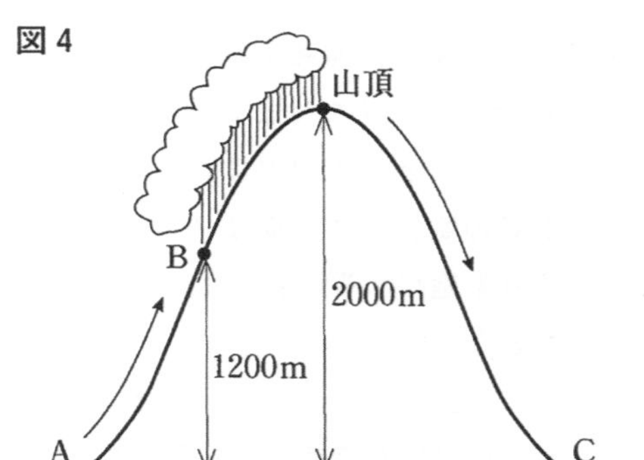

問5　次の文は，図4の各地点での気温について考えたものです。文中の（　え　）～（　か　）にあてはまる数字は何ですか。図1～3とその説明から考えて答えなさい。

A地点の気温は30℃であった。水蒸気をふくむ30℃の空気がA地点からB地点に向かってのぼるときは空気中に雲ができていないので，B地点の気温は（　え　）℃になる。B地点から山頂までは雲ができているので，山頂での気温は（　お　）℃になる。山頂からC地点に空気がおりるときは雲ができていないので，C地点での気温は（　か　）℃になる。

問6　次の文は，問5の内容をもとに，図4のA地点とC地点での湿度について考えたものです。文中の（　き　）～（　け　）にあてはまる数字は何ですか。ただし，必要な場合は表1を使いなさい。また答えが割り切れなければ，小数第2位を四捨五入して，小数第1位まで答えなさい。

A地点の湿度は次のように考えることができる。水蒸気をふくむ30℃の空気がA地点からB地点までのぼるときには，雲ができていないので，空気中にふくまれる水蒸気の重さはずっと同じである。B地点では，空気中に雲ができはじめている。このことから，B地点では空気1 m^3あたりにふくまれる水蒸気の重さは，B地点の飽和水蒸気量と同じ重さになり（　き　）gとなる。A地点では空気1 m^3あたりにふくまれる水蒸気の重さは，B地点と同じであることから考えると，A地点での湿度は（　く　）％になる。

C地点の湿度も同じように考えると，C地点で空気1 m^3あたりにふくまれる水蒸気の重さは，山頂での飽和水蒸気量と同じ重さになる。このことから考えると，C地点での湿度は（　け　）％になる。

問7　次の文の［　　　　］にあてはまる言葉は何ですか。問5，問6から考え，あとの（ア）～（エ）から1つ選び，記号で答えなさい。

C地点はA地点と比べて［　　　　］なる。このように水蒸気をふくむ空気が山をのぼって反対側におりることで，空気の温度や湿度が変わることをフェーン現象という。

（ア）気温は低く，湿度は高く　　（イ）気温は高く，湿度は低く
（ウ）気温も湿度も低く　　（エ）気温も湿度も高く

〔4〕カーリング場の氷の上で，ストーンとよばれる円盤型の石をすべらせると，ストーンは減速して止まりました。この動きを調べるため，カーリング場で実験をしました。あとの問いに答えなさい。ただし，ストーンは一直線上を進み，その大きさは考えないものとします。

実験 図1のように，氷の上でストーンから手をはなしてすべらせた。手をはなしたときのストーンの速さが秒速0.5mになるようにして，ストーンの動きを横からカメラで撮影し，手をはなしてから進んだ距離を1秒ごとに調べた。さらに，スピードガンを使って1秒ごとにその瞬間のストーンの速さを調べた。表1は，その結果の一部を表している。またこの結果を，横軸に手をはなしてからの時間，縦軸に速さをとったグラフ用紙に点を打ち，線でつないでグラフの線をかいた。図2は，その結果を表している。次に，手をはなしたときのストーンの速さを秒速1m，秒速1.5mにして，同じように距離と速さを調べ，グラフに表した。表2と図3は速さが秒速1mのとき，表3と図4は速さが秒速1.5mのときの結果の一部を表している。

図1
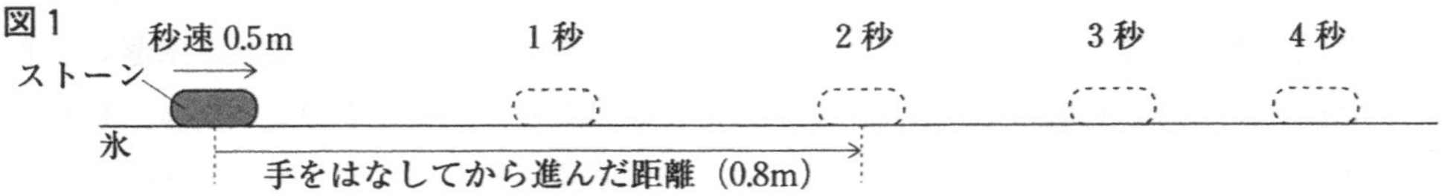

表1

手をはなしてからの時間（秒）	0	1	2	3	4	5	6	7
手をはなしてから進んだ距離（m）	0	0.45	0.8	1.05	1.2	1.25	1.25	1.25
ストーンの速さ（秒速 m）	0.5	0.4	0.3	0.2	0.1	0	0	0

図2
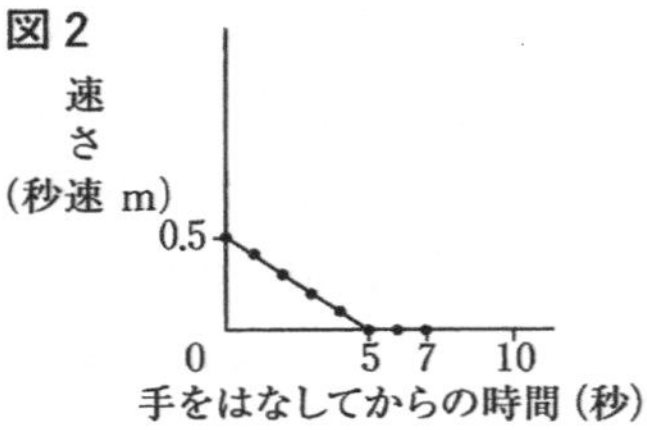

表2

手をはなしてからの時間（秒）	0	1	2	3	4	5	6	7
手をはなしてから進んだ距離（m）	0	0.95	1.8	2.55	3.2	3.75	4.2	4.55
ストーンの速さ（秒速 m）	1	0.9	0.8	0.7	0.6	0.5	0.4	0.3

図3
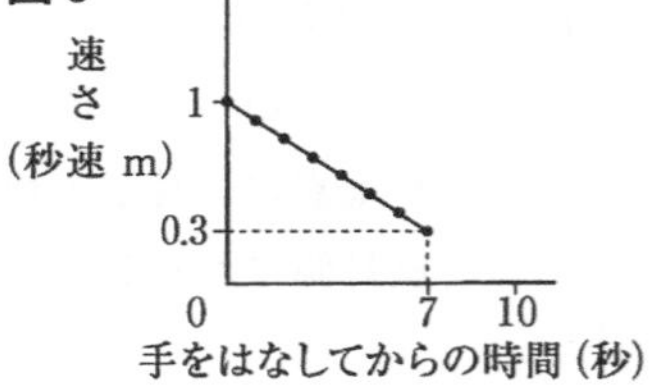

表3

手をはなしてからの時間（秒）	0	1	2	3	4	5	6	7
手をはなしてから進んだ距離（m）	0	1.45	2.8	4.05	5.2	6.25	7.2	8.05
ストーンの速さ（秒速 m）	1.5	1.4	1.3	1.2	1.1	1	0.9	0.8

図4
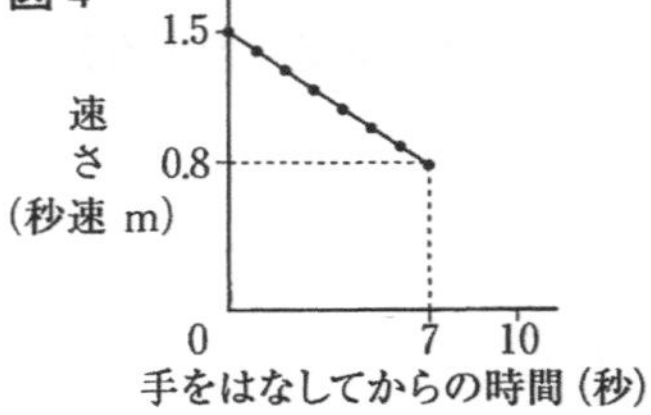

問1 ストーンの速さの減り方について書かれた文のうち，正しいものはどれですか。次の（ア）～（ウ）から1つ選び，記号で答えなさい。

（ア）手をはなしたときの速さを大きくすると，1秒ごとに速さが減っていく量は大きくなる。

（イ）手をはなしたときの速さを大きくすると，1秒ごとに速さが減っていく量は小さくなる。

（ウ）手をはなしたときの速さを大きくしても，1秒ごとに速さが減っていく量は変わらない。

問2 手をはなしたときのストーンの速さが秒速1mのとき，ストーンが止まったのは手をはなしてから何秒後ですか。

手をはなしてからストーンが進んだ距離を，グラフから求める方法を考えてみます。

氷の上で，手をはなしたときのストーンの速さが秒速0.5mになるようにすべらせます。図５のように，このストーンが同じ速さですべり続けたとすると，手をはなしてから２秒間で進んだ距離は0.5×2＝1と計算して，１mと求めることができます。次に，このストーンの動きを，横軸に手をはなしてからの時間，縦軸に速さをとったグラフ用紙に表すと，図６のようなグラフの線になります。さらに，図７のように，このグラフの２秒の所に縦軸に平行な線を引きます。この線とグラフの線，横軸，縦軸で囲まれた四角形の面積（図７の斜線（しゃせん）の部分）を求めると，横軸の数字が２，縦軸の数字が0.5なので，2×0.5＝1となります。この数字は，進んだ距離と同じになることがわかります。

実験で得られた結果も次のように考えることができます。手をはなしたときのストーンの速さが秒速0.5mになるようにしたとき，手をはなしてから２秒間で進んだ距離を考えるときには，図８のように，グラフの２秒の所に縦軸に平行な線を引きます。この線とグラフの線，横軸，縦軸で囲まれた台形の面積（図８の斜線の部分）は，

(0.5＋（ ① ））×（ ② ）÷2＝0.8となります。この数字は，表１を見ると，手をはなしてから２秒間で進んだ距離と同じになることがわかります。

また，手をはなしてからストーンが止まるまでに進んだ距離を考えます。図９のように，グラフの線，横軸，縦軸で囲まれた三角形の面積（図９の斜線の部分）は，5×0.5÷2＝1.25となります。この数字は，表１を見ると，手をはなしてから止まるまでに進んだ距離と同じになることがわかります。

このように，グラフの面積を使って手をはなしてから進んだ距離を求める方法は，どんな時間で考えても，手をはなしたときのストーンの速さがいくらのときでも，成り立つことがわかっています。

図５

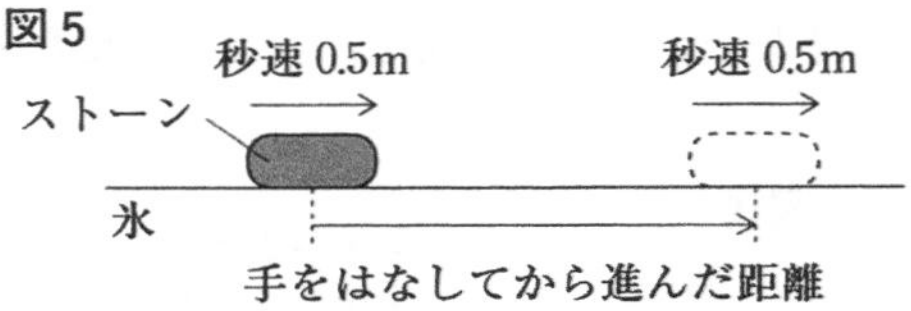

図６

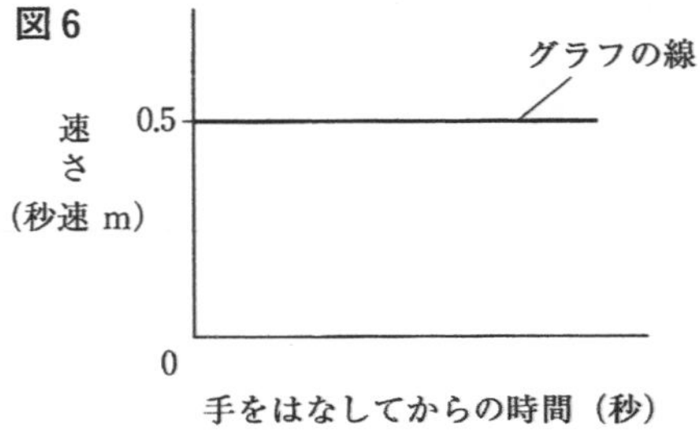

図７

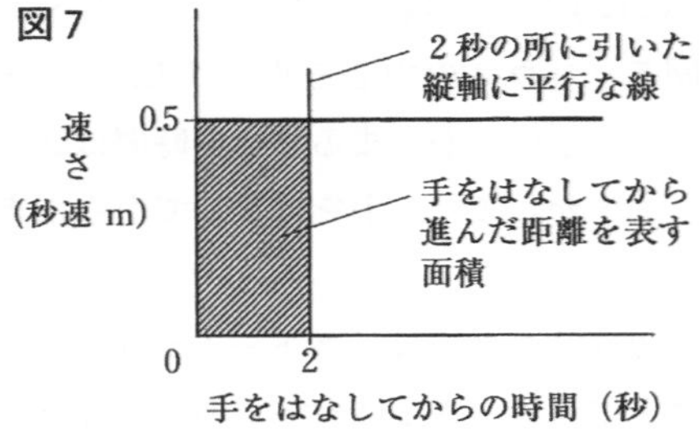

図８

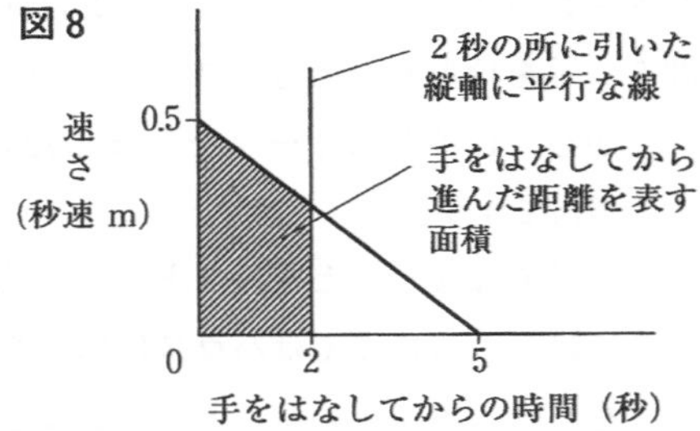

図９

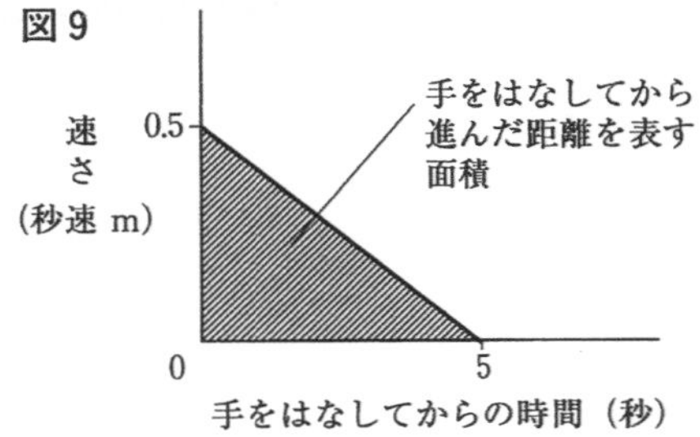

問３　上の文中の（ ① ），（ ② ）にあてはまる数字を答えなさい。

問４　手をはなしたときのストーンの速さを秒速1.5mにしました。このとき，手をはなしてから12秒間で進んだ距離は何mですか。

カーリングの試合では，ハウスと呼ばれる氷の上に書かれた円形の的(まと)の中心に向かって，ストーンをすべらせ，ハウスの中心に近い位置にストーンを止めたチームに得点が入ります。図10は実験をしたカーリング場を，真上から見た図です。

図10

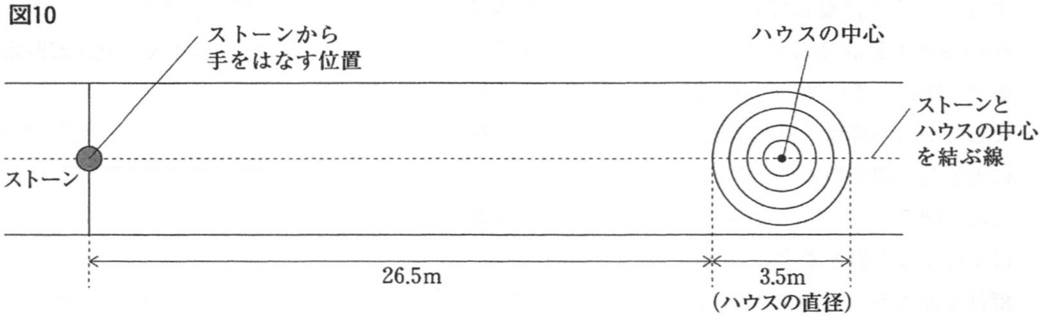

これまでの実験や考えたことを使って，次の問５～問７に答えなさい。

問５　ハウスの中心をめがけて，ストーンから手をはなしました。このとき，手をはなしてからストーンが止まるまでの時間は24秒でした。手をはなしたときのストーンの速さは秒速何mですか。また，手をはなしてから止まるまでにストーンが進んだ距離は何mですか。

カーリングでは，ストーンがすべる前方をブラシという専用の道具でこする（スイープという）ことで，ストーンがすべる距離を長くすることができます。ここでは，スイープをしている間，ストーンの速さは減らず，ストーンは同じ速さですべり続けるものとします。

問６　手をはなしたときのストーンの速さを秒速1.6mにしました。速さが秒速1.2mになった瞬間から，10秒間スイープをしました。このとき，手をはなしてから止まるまでに進んだ距離は何mですか。

問７　手をはなしたときのストーンの速さを秒速２mにしました。手をはなしてから10秒たったときに，このままではハウスに届かないと思い，スイープをある時間だけしたところ，ストーンをハウス内に止めることができました。このとき，スイープをした時間は，最小で何秒間になりますか。また，最大で何秒間になりますか。

問題は左のページまでです。

【5】 1辺が1 cmで，各面に1から6までの数字が書かれており，向かい合う面の数字の和が7であるような，立方体のサイコロがあります。このサイコロを何個かはり合わせて，立体を作ります。次の問いに答えなさい。

(1) 8個のサイコロを使って，1辺が2 cmの立方体を作ります。このような立方体の中で，表面に書かれている数字の合計が一番小さいものを考えるとき，この合計はいくらですか。

(2) 60個のサイコロを使って，縦3 cm，横4 cm，高さ5 cmの直方体を作ります。このような直方体の中で，表面に書かれている数字の合計が一番小さいものを考えるとき，この合計はいくらですか。

【6】 容器Aには6％の食塩水300gが，容器Bには18％の食塩水800gが入っています。ここから同じ重さの食塩水を取り出して，Aから取り出した食塩水はBに，Bから取り出した食塩水はAに入れてよくかき混ぜます。このとき，容器Aの食塩水と容器Bの食塩水の濃度（のうど）の比は2：3になりました。次の問いに答えなさい。

(1) Aから取り出した食塩水の重さは何gですか。

(2) さらに，容器Bの食塩水に水を加えると，容器Aの食塩水の濃度と等しくなりました。何gの水を加えましたか。

【7】 あるチケット売り場では，チケットの販売(はんばい)開始から一定の割合で行列に人が加わります。販売開始前に120人が行列に並んでいたので，5つの窓口を開けて販売を開始したところ，10分後に行列に並んでいる人は75人になりました。そこで窓口を2つ増やしたところ，それから10分後に行列に並んでいる人がいなくなりました。次の問いに答えなさい。

(1) 窓口が5つのままだと，販売開始から20分後に行列に並んでいる人は何人になりますか。

(2) 1つの窓口でチケットを買うのにかかる時間は，1人当たり何秒ですか。

(3) 販売開始から10分後にちょうど行列に並んでいる人がいなくなるようにするには，開始時にいくつの窓口を開ければいいですか。

【8】 2以上の整数に次のような操作をします。

操作

・その数が4の倍数のとき，その数を4で割る。
・その数が4の倍数でないとき，その数に1を加える。

上の操作でできた数が1になるまで，この操作をくり返します。たとえば，元の数が14のとき，

14 → 15 → 16 → 4 → 1

となり，4回目で1になります。

(1) 元の数が20のとき，何回目で1になりますか。

(2) 3回目で1になる数をすべて書きなさい。

(3) 100までの数で1になるまでの回数がもっとも多いのは何ですか。

われたくない。見捨てられたくない。小学生の頃のように、元気で明るくて素直で、いじめなんて絶対にゆるせないと思っていた自分に戻りたい。四年生の書き初めに、僕は「正義」と書いたのだ。それを見て、母は「いい言葉を選んだね」とうれしそうに言ってくれたのだ。その頃に戻って、すべてをやり直したい……。

ヘッドロック（頭を締め上げるプロレス技の一種）された。

「本多くーん、遊びに行こうぜーっ」

不意打ちだった。給食が終わって教室がざわつく隙を狙ったように、松谷は背後から近づいて、いきなりヘッドロックをかけてきたのだ。遠くからだとふざけてプロレスごっこをしているようにしか見えない。でも、松谷は、ほかの誰にも聞こえない小声で「わかってるよな」と言った。「ほんとは持ってきてるんだろ？　千円」

雨は激しく降りつづいている。鉛色の雲の中でゴロゴロと雷も鳴っている。

お母さん――。

母は雷が嫌いだ。遠くから雷の音が聞こえただけで耳をふさいで悲鳴をあげてしまう。兄貴や僕はもちろん、優香にまで「なにビビってんの」とあきれて笑われる。「だってしょうがないじゃない、怖いんだから」と泣きだしそうな顔でにらむ母の顔が、またくっきりと浮かんだ。

お母さん――。

子どもの頃のように助けを求めるためではなく、だいじょうぶだよ、怖くないよ、と安心させるために、僕は母を呼ぶ。お母さん、お母さん、お母さん、と呼びつづける。

お母さん、僕はもう、負けない――。

「よお、早く出せよ」

松谷は太い腕で僕の首を締めつけてくる。体をよじってもふりほどけない。喉が押しつぶされて、声がうまく出ない。⑥でも、言わなくてはいけないんだ、と決めた。

「……持ってきてない。朝も言っただろ」

目をつぶって、うめき声で言った。

「忘れたのか？　じゃあ、帰りに寄ってやるよ、おまえんち」

「……来るな」

「うん？」

「ウチには来るな！」

思いきり体をよじった。首も振った。両手をでたらめに振り回すと、何発か松谷の顔にあたった。ヘッドロックがはずれた。椅子から立ち上がって、振り向きざま松谷に体当たりした。松谷が後ろの席にあとずさると、椅子と机が派手な音をたてて倒れた。

女子が悲鳴をあげる。空がパッと明るくなった、と気づく間もなく、耳をつんざくような雷鳴が響きわたり、教室の悲鳴はさらに大きくなった。

松谷は体勢を立て直すと、すぐにつかみかかってきた。体は松谷のほうが大きいし、力も強い。両手を振り回し、足をばたつかせても、あっという間に壁まで押し込まれてしまった。揉み合っているときに松谷の肘が頬にあたった。唇を切った。

「正当防衛だからな」

松谷は僕の胸ぐらをつかんで言う。「先に暴力ふるったのおまえだからな、みんな見てるんだからな」——息をはずませ、興奮して目を血走らせながら、まず言い訳を並べ立てる。こんなヤツに、僕はずっと脅されて、びくびくして、利用されてきたのだ。

雷が鳴る。雨脚はさらに強くなって、窓の外のグラウンドもほとんど見えなくなった。

「教えてくれよ」

息苦しさをこらえて、松谷に言った。

「オレとおまえって……友だちなの？」

松谷は笑う。にやにや笑って、とぼけた顔をして、「あったりまえじゃん」と軽く言いながら、僕のシャツの襟元をギリギリと締めつけてくる。

雷が学校のすぐ近くに落ちた。フラッシュを焚いたようにまぶしくなった空が、雷鳴とともに粉々に砕けた。それに松谷が気を取られた隙に、僕は手を振りほどいた。

「違う！」

叫んだ。壁伝いに逃げながら、「違う！　違う！　違う！」と叫びつづけた。

「なにが違うんだよ、オレら友だちじゃん」

松谷は笑いを消さずに、また僕をつかまえた。そのまま僕を引き寄せ、首に腕を回して、ヘッドロックの体勢に入る。

「違う！」

ぜんぶ——いまの僕のぜんぶ、違う。

戻りたい。クロちゃんのいた頃に。正義の味方に憧れていた頃に。ほんとうの友だち以外は「友だち」ではなかった頃に。そして、母が僕のすべてを信じてくれていた頃に。

ヘッドロックを決められた。ふだん脅されるときよりもずっと強く。本気だ。痛い。息ができない。でも、僕は叫ぶ。「違う！」。喉を振り絞って「違う！」と叫ぶ。

首を締めつける力が、不意にゆるんだ。僕に覆いかぶさっていた松谷の大きな体が、ぐらりと揺れた。頭から体当たりした啓太の姿が見えた——と同時に、「こら！　なにやってる！」と水原先生の怒鳴り声が聞こえた。

（重松清『かあちゃん』）

問一　～～～部a「いきさつ」・b「猫をかぶ（る）」の意味として最も適切なものを、それぞれ次の中から選び、記号で答えなさい。

a「いきさつ」

ア　つぐない。　イ　なりゆき。　ウ　つながり。　エ　しがらみ。

b「猫をかぶ（る）」

ア　心当たりのない被害にあう。　イ　一人で負わなくてもいい罪を負う。

ウ　本性を隠しておとなしく見せかける。　エ　誰もやりたがらない世話をやく。

問二 ――部①「そういうところが、やっぱり僕たちは友だちなんだと思う」とあるが、「そういうところ」とはどのようなところか、その説明として最も適切なものを次の中から選び、記号で答えなさい。

ア 今のままでは絶対にすまさないと強く思って、二人でなんとか仕返しをしようとしているところ。

イ 意気地がなくて暴力に屈してしまっていたけれど、それはいけないことだとわかっているところ。

ウ いちいち言葉で確かめ合わなくても同じ思いを分かち合い、お互いの力になろうとしているところ。

エ 大切な友だちを失ってしまったことに心を痛めて、せめて彼の無念を晴らしてやろうと思っているところ。

問三 ――部②「背負いつづける」とあるが、これはどういうことか、その説明として最も適切なものを次の中から選び、記号で答えなさい。

ア 自分が「クロちゃん」にしてしまった行為を悔い、傷つけてしまったことを決して忘れないこと。

イ 自分が「クロちゃん」と友だちだったことを支えに、許してもらえるまで何度も謝りに行くこと。

ウ 自分が「クロちゃん」を守れなかったことを反省し、これから強くなっていじめに立ち向かうこと。

エ 自分が「クロちゃん」の立場だったらどうだったかを想像し、そのつらさをともに味わうようにすること。

問四 ――部③「僕は首を横に振った」とあるが、このときの「僕」の思いを表したことばとして最も適切なものを次の中から選び、記号で答えなさい。

ア お金を持って来ていないと分かったら、どうなるかな。

イ クロちゃんみたいにみんなからいじめられたらいやだ。

ウ 啓太には僕のような思いをさせたくない。

エ 怖いけど、今度こそは絶対に逃げないぞ。

問五 ――部④「ベランダから教室に戻る松谷の足取りは、なんだかあいつのほうがチャイムに救われて逃げているようにも見えた」とあるが、ここでの「松谷」の気持ちを考えて書きなさい。

問六 ――部⑤「パンがふだんよりモソモソしている。おかずの野菜スープも味がほとんどわからない」とあるが、このときの「僕」の気持ちを説明しなさい。

2021(R3) 智辯学園和歌山中
K 教英出版

問七　――部⑥「でも、言わなくてはいけないんだ、と決めた」とあるが、ここでの「僕」の気持ちとして最も適切なものを次の中から選び、記号で答えなさい。

ア　「クロちゃん」をいじめたのと同じように自分に接する「松谷」の姿を見て、当時の「クロちゃん」も心配をかけないために母に言い出せなかったと気づき、改めて彼に申し訳なさを感じている。

イ　「クロちゃん」へのいじめに加わってしまったという過去はもう消せないものの、母に胸を張れたころの自分を取り戻すためにも、今度こそは「松谷」に屈せず立ち向かおうと再び決意している。

ウ　「クロちゃん」をいじめてしまったことで信頼を失ったため、「僕」が学校で孤立しているのではないかと思っている母の不安を振り切るためにも、「松谷」の暴力に対抗して優位に立とうとしている。

エ　「クロちゃん」へのいじめに加わったという弱みがあるので、彼に謝罪するためという「松谷」の要求に従わざるを得ないものの、母からお金を借りることもできず、どうすることもできなくて困っている。

問八　本文の表現についての説明として最も適切なものを次の中から選び、記号で答えなさい。

ア　過去と現在のできごとを交互に描いて「僕」の「クロちゃん」に対する気持ちの変化を印象づけている。

イ　様々な登場人物の視点から教室内の様子を描くことで、クラス内の人間模様を明らかにしている。

ウ　「……」や「――」をたくさん用いることによって、「僕」の弱気で優柔不断な性格を強調している。

エ　雨や雷などの情景描写によって、その場の緊張感やそのときの「僕」の心情を効果的に表現している。

三

次の意味の三字熟語が完成するように、□に当てはまる漢字一字を答えなさい。

① 有頂□……うまくいった喜びで夢中になること。

② 画□的……新しい時代の到来を思わせるような様子。

③ □風景……趣がなく、おもしろみのないこと。

四

次の①～③の各組の中から、文として正しいものをそれぞれ一つ選び、ア～エの記号で答えなさい。

①

ア　これだけ練習を積み重ねてきたのだから、次の試合はよもや勝つだろう。

イ　彼は真相を知っているはずなのに、最後まで「知らない」と言い張っていた。

ウ　子どもが携帯電話が必要としているのは、全体のおよそ八割にのぼるそうだ。

エ　恥ずかしがり屋の彼女は人の前に立って話せることも、おそらくできないだろう。

②

ア　彼はさも自身の手柄のような顔をして、周りに自慢していた。

イ　盗難が多発していることへの対策をとる必要はいっさいあるだろう。

ウ　ジャングルジムやブランコなどがあるこの公園には、子どもたちに好まれる。

エ　先生が欠席した私の家までプリントを持ってきていただいた。

③

ア　行列に並んでいる間、無口な彼との間が持てれなくて困った。

イ　この本は非常に役立つので、若い人たちにもぜひ読ませさせたい。

ウ　彼女は熱でうなされて、周りの人たちの会話が耳に入れなかった。

エ　コーチから強いと言われていたチームは、昨年夏に優勝した。

五　次の①～③のそれぞれが慣用句となるように（　　）に補うべきひらがな三文字の言葉を答え、さらにその意味として最も適切なものを後から選び、記号で答えなさい。

①　鼻で（　　）　　②　鼻に（　　）　　③　鼻を（　　）

ア　出し抜いてあっと言わせる。　　イ　自慢し得意になる。　　ウ　近くで向かい合う。

エ　小ばかにする。

令和二年度

入学試験問題

国語（前期）

（七十分）

智辯学園和歌山中学校

注意

◎あいずがあるまで、問題用紙に手をふれてはいけません。
◎答えはすべて解答用紙に書きなさい。
◎解答用紙には、名前を書かず、受験番号だけを書きなさい。

2020(R2) 智辯学園和歌山中
K 教英出版

一　次の文章を読んで後の問いに答えなさい。

ワンダラー小僧の住む社会

途上国に出かけると、街角で「ワンダラー（1$）」と叫びながら絵はがきなどを売る子どもたちに出会う。「おカネを稼いで学校に通いたいのだ」と。自分もまだ小さいのに、もっと小さな赤ん坊を抱えながらaけなげに働く子どもも見かける。すると、どうしても買ってやりたくなる。日本にいる自分の子どもより、はるかにけなげではないか。

しかし実際には、その子どもたちの収入はとても大きい。大人たちが必死に働いて1日1ドルという世界で、子どもたちが「ワンダラー」の絵はがきを売ると、元締めの取り分を含めても約半分が(ア)リエキになる。元締めがギャングでなければ、その子が数セットの絵はがきを売っただけで、軽く親の収入を超えてしまう。ときに親は、働くのがイヤになってしまう。自分の子どもの収入のほうが大きいのだから。①そうなると彼らが自分で言っている通り、働かないと学校に行けなくなる。

その世界にはその世界のおきてがある。こちらが善意のつもりでいいことをしていても、それが善意のままに通るとは限らないのだ。

[　　　　]

ぼくも古着を途上国に送ったりした。市役所に勤めていたときは、(イ)タントウしていた放置自転車のセクションから自転車を途上国に届ける活動を手伝ったこともある。ケニヤに行ったときのことだ。市場に溢れている古着は、日本からのものばかりだった。その一方で、ケニヤが工業化していくのに不可欠な軽工業は発達していなかった。「途上国」という言葉を正確に言うと、「工業発展途上国」という。工業化して高く売れる工業製品を売りたいのに、工業化できていない国を「遅れている国」という意味を込めて「工業発展途上国」と呼ぶのだ。

[1]工業製品を輸出できない国は何を売るか。紙の原料になる木材や、天然ゴム、スナック菓子の揚げ油や洗剤などに使われるやし油、コーヒー、紅茶、綿花、バナナやパイナップルなどの果物、[2]「原料」しかない。[3]それらの原料の国際価格はとても安く、作るのにかかった費用すら回収できないことも多いのだ。

だから彼らはせめて工業化できれば、そんな安い原料を輸出せずにすむのだから、なんとか工業化を進めたい、と思っている。

しかし先進国から古着が送られ、せっかくの繊維工業がつぶれる。繊維を作る仕事は代表的な「軽工業」で、それが工業化の第一歩になっている。本当に儲かる「重工業」に進めていくためには、(ウ)ジュンジョが必要だからだ。しかしその軽工業が、先進国から援助されてきた古着に押しつぶされることがある。自転車屋だって地域の大切な仕事だ。しかし大量に送られてくる中古自転車があれば、誰も直して使おうとは思わなくなってしまう。その結果、「工業発展途上国」に押しやられたままになるのだ。
ただし、そうしたものを送ることが必要なこともある。寒い外に放り出され、テントすらなく寒空に凍えながら朝を待つ暮らし。アメリカが襲いかかった2001年のアフガニスタンは、まさにそんな状態になっていた。だから相手の状態を知ることがまず大切なのだ。②自分の善意を見せつけるのではなくて。そう、ボランティアの経験値は、いかに相手の状態を思いやることができるか、ということなのだ。

「忘れない」文化

マレーシアの先住民の村に行ったときのことだが、楽しく過ごした滞在の最後の日、彼らは口々に言うのだ。「私を忘れないでほしい」と。そのときはよくある言葉だと思っていた。しかし彼らのことを知るにつれ、「忘れないでほしい」という言葉に、とても重い気持ちが隠されていることがわかってきた。あるとき、ぼくらがよく知っている知人の子が亡くなった。倒した木の下敷きになって亡くなったのだ。ぼくらの文化では彼らにお悔やみを言う。そして派手に葬儀をして、その後はめったに話題にすることもなくなる。

ところが③彼らのふるまいは、ぜんぜんぼくらと違っていた。もちろん悲しむのは同じだ。しかしそれ以上に悲嘆に暮れることがない。その子のことをまるで生きているときのように話題にする。不思議だった。ぼくらからすると、天国に行ってしまった子どもは天国にいる存在で、思い出すことすらつらいことなのに。

彼らの文化では違っていた。その人が話題に上っている間は、生きているのと同じなのだ。その人が亡くなるということは、人々が忘れ果てて、もう誰も思い出さなくなったときなのだ。だから彼らは別れのときに④「忘れないでほしい」と言う。誰かがおぼえていてくれる限り、肉体が滅んでいようとその人は生きているからだ。

【中略】

どこまで深く理解できるか

ぼくが重要だと思うのは、その人がそう考えるにいたった背景、社会が持つ文化、経済的な理解をどこまでできるかだ。たとえばインフレが激しく進行していた時期のブラジルでは、人々は(エ)キョクリョク通貨を持たないようにしていた（インフレは通貨の価値が下がって、モノが毎日高くなっていく状態、デフレはその逆。日本では長年デフレが続いている）。通貨の価値は毎日落ちていくから、モノを買っておけばいいが、通貨を持っていたら日々価値が失われる。

ぼくが1992年に訪ねたとき、到着初日に円をブラジルの通貨に替えてしまった。現地の友人は元に戻せとぼくに何度も(オ)チュウコクした。それが3週間後に円に戻そうとすると、ブラジル通貨の価値は4分の3にまで下がってしまっていた。ぼくはわずか3週間で、おカネを25％も失ったのだ。

彼らにどうやって貯蓄するのか聞いたところ、タンスを買っておくことが多いと教えてくれた。タンスなら価値が落ちないから、他のモノが必要になったらタンスを売り払って、即座に他のモノに替えるのだそうだ。おカネで持つ時間がなるべく短いことが、彼らの社会での合理性なのだ。

ところが経済学者はまことしやかに言う。「ブラジルの人たちはおカネを得ても、すぐにリオのカーニバルの衣装とかに使ってしまうから、社会が発展しないのだ」と。⑤これは明らかな誤りだ。インフレの激しい国では、モノで持つことに経済合理性があり、通貨を貯めたら大損してしまうのだ。この学者は理解が乏しいだけでなく、彼らを見下している。

こうした背景に対する理解の深さが重要なのだ。さて、ぼくらの考えるボランティアは、その人の背景を、どこまで見ているだろうか。

（田中優『幸せを届けるボランティア　不幸を招くボランティア』）

問一　═══部（ア）～（オ）のカタカナを漢字に直しなさい。

問二　〰〰部a「けなげに」・b「まことしやかに」の意味として最も適切なものを次の中からそれぞれ選び、記号で答えなさい。

a「けなげ(に)」

ア　視野が広く、面倒見のよいさま。　イ　心がけがよく、一生懸命なさま。
ウ　頭の回転が速く、ずる賢いさま。　エ　勘が鋭く、人を見る目があるさま。

b「まことしやか(に)」

ア　いやにとげとげしいさま。　イ　必要以上に厳しいさま。
ウ　変に真面目ぶっているさま。　エ　いかにも本当らしいさま。

問三　□部1～3にはどんなことばが入るか、最も適切なものを次の中からそれぞれ選び、記号で答えなさい。ただし、同じ記号を繰り返して使ってはいけません。

ア　あるいは　イ　つまり　ウ　では　エ　だから　オ　しかも

問四　――部①「そうなる」とあるが、これはどうなることを指しているのか、説明しなさい。

問五　筆者の主張をふまえて□部にタイトルを入れるとすると、どれが最も適切か、次の中から選び、記号で答えなさい。

ア　工業発展途上国　イ　相手の状態を思いやる
ウ　市場に溢れている古着　エ　なんとか工業化を進めたい

問六　――部②「自分の善意を見せつける」とあるが、これはどういうことか、説明しなさい。

問七　――部③「彼らのふるまいは、ぜんぜんぼくらと違っていた」とあるが、その違い（ちがい）を説明しなさい。

問八　――部④「『忘れないでほしい』」とあるが、このことばにはどのような思いがこめられていたと筆者は考えているか、その説明として最も適切なものを次の中から選び、記号で答えなさい。

ア　自分が死んでしまったあと、異国から来た人にもおぼえていてもらうことで、自分が生きてきた意味に少しでも彩り（いろど）を添え（そ）たいという思い。

イ　自分が死んでしまうときに、誰（だれ）も悲しんでくれる人がいないということがなく、できるだけ多くの人に自分をしのんでほしいという思い。

ウ　自分が死んでしまうときに、多くの人から声をかけてもらうことで、思い残すことなく安らかに死んでいきたいという思い。

エ　自分が死んでしまったあとも、少しでも多くの人におぼえていてもらうことで、みんなの中で生き続けたいという思い。

問九　――部⑤「これは明らかな誤りだ」とあるが、この経済学者の意見はなぜ「誤り」なのか、その理由を説明しなさい。

問十　……部「こちらが善意のつもりでいいことをしていても、それが善意のままに通るとは限らない」について、その身近な例を挙げた上で、それに対するあなたの考えを二百字以内で書きなさい。

二　「シュン」たちが通う「豊岡第二小学校」は、廃校になることが市議会で決められた。「シュン」のクラスでは、廃校反対の署名運動をする計画が持ち上がった。次の文章は、その後に続く場面である。よく読んで後の問いに答えなさい。

著作権に関係する弊社の都合により本文は省略いたします。

教英出版編集部

著作権に関係する弊社の都合により本文は省略いたします。

教英出版編集部

著作権に関係する弊社の都合により
本文は省略いたします。

教英出版編集部

著作権に関係する弊社の都合により
本文は省略いたします。

教英出版編集部

著作権に関係する弊社の都合により
本文は省略いたします。

教英出版編集部

著作権に関係する弊社の都合により
本文は省略いたします。

教英出版編集部

令和２年度

入　学　試　験　問　題

算　数（前期）

（７０分）

智辯学園和歌山中学校

注　意

◎　あいずがあるまで，問題用紙に手をふれてはいけません。

◎　答えはすべて解答用紙に書きなさい。

◎　解答用紙には，名前を書かず，受験番号だけを書きなさい。

【1】 次の計算をしなさい。

(1) $\frac{5}{6}\times\frac{3}{4}-\frac{3}{16}\div\frac{1}{2}+\frac{2}{3}$

(2) $0.28\times175+1.57\times16\times4-36\times1.57$

【2】 次の □ にあてはまる数を答えなさい。

(1) $5-2\frac{2}{11}\times\left(\square-\frac{3}{4}\right)=3$

(2) 1月23日午前4時56分の □ 分後は，翌日の1月24日午後5時36分です。

【3】 次の各問いに答えなさい。

(1) 2020 mの道路の片側に 15 mまたは 20 mの間隔(かんかく)で木を植えていきます。合計で 121 本植えるとき，15 mの間隔を何か所にすればちょうど植えることができますか。ただし，両端にはそれぞれ 1 本ずつ植えるものとします。

(2) 6 年前，太郎君の年齢(ねんれい)はお父さんの年齢の $\frac{1}{4}$ でした。10 年後，太郎君の年齢はお父さんの年齢の $\frac{1}{2}$ になります。今，太郎君は何歳(さい)ですか。

(3) 下の図で，平行四辺形 ABCD の面積が 140 cm^2 であるとき，三角形BEFの面積は何 cm^2 ですか。

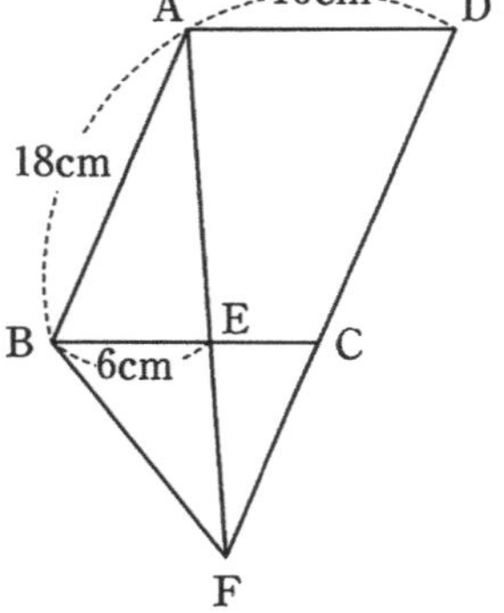

(4)　太郎君はA地点から出発し分速160 mで，次郎君はB地点から出発し分速200 mで，AB間を休むことなく往復します。２人が同時に出発するとき，２回目にすれ違うのは出発してから15分後です。太郎君はA地点を出発してからB地点に着くまで何分何秒かかりますか。

(5)　下の図で，AB＝BC＝ADであるとき，角アの大きさは何度ですか。

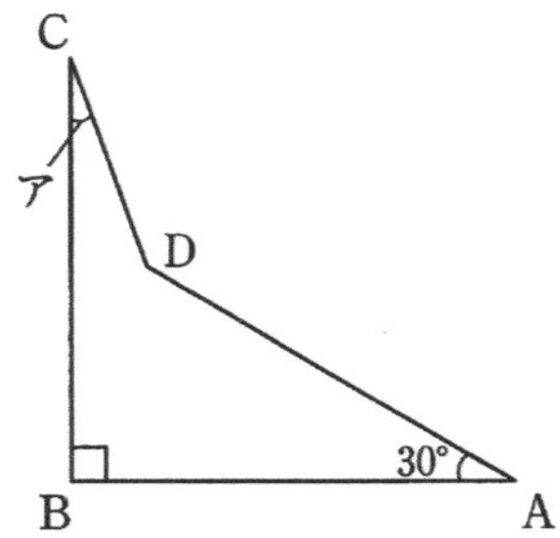

【4】 Aさん，Bさん，Cさんが持っている金額の比は12：7：2でしたが，AさんがCさんにいくらか渡し，BさんもCさんに350円渡したところ，持っている金額の比は7：4：4になりました。次の問いに答えなさい。

(1) 初めにCさんが持っていたお金は何円でしたか。

(2) さらに，この3人がお店に行き，3人で合わせて2250円の買い物をしたところ，最後に3人が持っている金額の比は3：1：2になりました。Aさんがお店で使ったお金は何円ですか。

令 和 2 年 度

入　学　試　験　問　題

理　　科 （前期）

（ 5 0分 ）

智 辯 学 園 和 歌 山 中 学 校

注　　意

◎　あいずがあるまで，問題用紙に手をふれてはいけません。
◎　答えはすべて解答用紙に書きなさい。
◎　解答用紙には，名前を書かず，受験番号だけを書きなさい。

問題は次のページから始まります。

〔1〕アルミニウム，水酸化ナトリウム水溶液（すいようえき），塩酸を使って次の実験1，2をしました。あとの問いに答えなさい。ただし，実験や問いで使う水酸化ナトリウム水溶液の濃（こ）さはすべて同じです。また，塩酸の濃さもすべて同じです。

実験1　アルミニウムに水酸化ナトリウム水溶液を加えて溶（と）かすと気体が出た。いろいろな重さのアルミニウムに水酸化ナトリウム水溶液を加えて完全に溶かしたとき，必要な水酸化ナトリウム水溶液の体積と出てくる気体の体積を調べた。表1はその結果を表している。

表1

アルミニウムの重さ（g）	0.1	0.2	0.3	0.4	0.5
水酸化ナトリウム水溶液の体積（mL）	50	100	150	200	250
出てくる気体の体積（mL）	120	240	360	①	600

問1　表1の①にあてはまる数字は何ですか。

問2　アルミニウム0.4gに水酸化ナトリウム水溶液150mLを加えたとき，アルミニウムが溶け残りました。溶け残ったアルミニウムは何gですか。

問3　アルミニウム0.2gに水酸化ナトリウム水溶液200mLを加えたとき，アルミニウムがすべて溶けました。この水溶液にアルミニウムは，あと何g溶かすことができますか。

実験2　アルミニウムに塩酸を加えて溶かすと気体が出た。いろいろな重さのアルミニウムに塩酸を加えて完全に溶かしたとき，必要な塩酸の体積と出てくる気体の体積を調べた。表2はその結果を表している。

表2

アルミニウムの重さ（g）	0.1	0.2	0.3	0.4	0.5
塩酸の体積（mL）	150	300	450	②	750
出てくる気体の体積（mL）	120	240	360	480	600

問4　表2の②にあてはまる数字は何ですか。

問5　アルミニウム0.8gに塩酸を加えて完全に溶かしたとき，塩酸は少なくとも何mL必要ですか。

問6　アルミニウム0.3gに塩酸150mLを加えたとき，アルミニウムが溶け残りました。溶け残ったアルミニウムは何gですか。

水酸化ナトリウム水溶液と塩酸を混ぜ合わせると食塩水ができます。実験１，２で使った水酸化ナトリウム水溶液100mLと塩酸100mLを混ぜ合わせると，食塩水200mLができます。このように，混ぜ合わせる水酸化ナトリウム水溶液と塩酸の体積の比が１：１のとき，食塩水ができ水酸化ナトリウム水溶液も塩酸も残りません。しかし，水酸化ナトリウム水溶液の体積の方が多いと食塩水と水酸化ナトリウム水溶液が混ざった水溶液ができ，塩酸の体積の方が多いと食塩水と塩酸が混ざった水溶液ができます。水酸化ナトリウム水溶液と食塩水が混ざっていても変化しません。また，塩酸と食塩水が混ざっていても変化しません。アルミニウムは水酸化ナトリウム水溶液や塩酸に溶けて気体を出しますが，食塩水には溶けません。

このことについて，次の問いに答えなさい。

問７　次の文中の（ あ ）～（ く ）にあてはまる数字は何ですか。

水酸化ナトリウム水溶液300mLと塩酸200mLを混ぜ合わせると，水酸化ナトリウム水溶液（ あ ）mLと塩酸（ い ）mLから（ う ）mLの食塩水ができ，残った（ え ）mLの水酸化ナトリウム水溶液と混ざった水溶液が500mLできた。この500mLの水溶液には，（ え ）mLの水酸化ナトリウム水溶液が残っているので，0.2gのアルミニウムを加えると実験１より240mLの気体が出る。

水酸化ナトリウム水溶液150mLと塩酸450mLを混ぜ合わせると，水酸化ナトリウム水溶液（ お ）mLと塩酸（ か ）mLから（ き ）mLの食塩水ができ，残った（ く ）mLの塩酸と混ざった水溶液が600mLできた。この600mLの水溶液には，（ く ）mLの塩酸が残っているので，0.1gのアルミニウムを加えると実験２より120mLの気体が出る。

問８　水酸化ナトリウム水溶液250mLと塩酸100mLを混ぜ合わせた水溶液に，0.5gのアルミニウムを加えたとき，出てくる気体の体積は何mLですか。また，溶け残ったアルミニウムは何gですか。ただし，アルミニウムが残らないときは0gと答えなさい。

問９　ある体積の水酸化ナトリウム水溶液に塩酸450mLを混ぜ合わせた水溶液に，0.4gのアルミニウムを加えると0.2gのアルミニウムが溶け残りました。このとき，塩酸と混ぜ合わせた水酸化ナトリウム水溶液の体積は何mLですか。考えられる体積を２つ答えなさい。

〔2〕太郎君は夏休みに家族で長崎県の島原にある火山や災害記念館に行き，火山について興味をもちました。次の問いに答えなさい。

問1　太郎君が行った火山はどこですか。次の（ア）～（エ）から1つ選び，記号で答えなさい。

（ア）三原山　（イ）浅間山　（ウ）雲仙岳　（エ）大島

問2　火山が噴火すると，さまざまなものが火口からふき出ます。次の（1），（2）に答えなさい。

（1）火山の火口から流れ出す，高温の液体状のものや固まったものを何といいますか。

（2）火山灰をけんび鏡で観察すると，どのような特ちょうの粒が多く見えますか。次の（ア）～（ウ）から1つ選び，記号で答えなさい。

（ア）丸い。　（イ）とがっている。　（ウ）しま模様がある。

火山の地下にある岩石がどろどろに溶けたものをマグマといいます。まず太郎君は，日本の周辺でどのようにしてマグマができるのかを本で調べました。本には次のように書かれていました。

図1のように，日本列島の周辺には4つのプレートがある。プレートとは，地球の表面をおおっている岩石の層のことである。フィリピン海プレートと太平洋プレートはゆっくりと図1の矢印の方向に動いている。

図1

図2

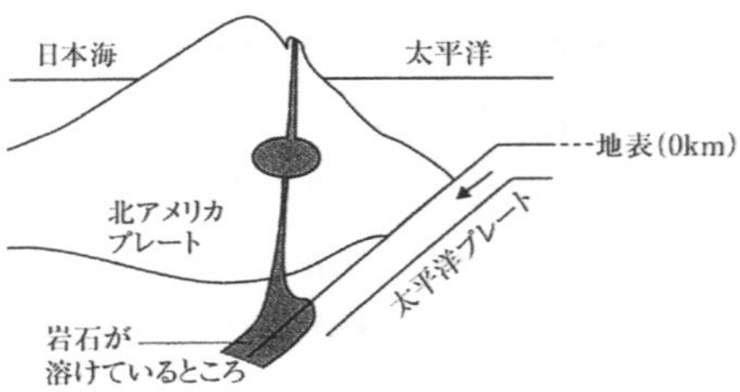

図1の直線aに沿って切った断面は，図2のようになっている。海底にあるプレートをつくっている岩石は水を含んでいる。太平洋プレートは北アメリカプレートの下に沈み込んでおり，沈み込む深さが一定の深さを超えると，プレートをつくっている岩石の一部が溶けてマグマができる。マグマが上がって地上にふき出すことを火山の噴火という。

プレートが沈み込んでいる場所は大きな力がかかりやすい場所なので，地上では（ X ）という災害が起こりやすい場所でもある。

問3　文中の（ X ）にあてはまる語句はどれですか。次の(ア)～(エ)から1つ選び，記号で答えなさい。

（ア）台風　（イ）地震　（ウ）竜巻　（エ）大雪

次に太郎君は「どれくらいの深さの場所でマグマができるのだろう」と思い，マグマができる条件について書かれた資料を見つけました。表1は地表からの深さとその場所の岩石の温度の関係を表したものです。ただし，図2のように太平洋プレートの一番上を地表0kmと考え，地表0kmの温度を0℃としています。

表1
地表からの深さとその場所の岩石の温度の関係

地表からの深さ（km）	岩石の温度（℃）
0	0
25	500
50	860
75	1170
100	1315
125	1450
150	1550

表2
地表からの深さとその場所の岩石が溶けはじめる温度の関係

地表からの深さ（km）	水が含まれる岩石が溶けはじめる温度（℃）	水が含まれない岩石が溶けはじめる温度（℃）
0	1200	1200
25	1068	1270
50	1027	1315
75	1025	1470
100	1030	1550
125	1068	1650
150	1100	1780

令和二年度　国語解答用紙（前期）

「句読点（くとうてん）」や「かぎかっこ」なども、一字として数えます。

一

問一　ア　イ　ウ　エ　オ

問二　a　b

問三　1　2　3

問四

問五

問六

問七

問八

問九

問十

cm^2	cm^2

【6】

(1)	(2)
毎時　km	時間　分後

【7】

(1)	(2)	(3)
cm	cm	cm

【8】

(1)	(2)	(3)

【9】

(1)	(2)	(3)

【10】

(1)	(2)
個	個

〔3〕

問1		問2		問3	あ		い	
問4	(1)		(2)		(3)	b	c	
問5		問6	g	問7	g			

〔4〕

問1				問2	a e b d c
問3	ア		イ		
問4		問5			
問6					
問7	ア				
	イ				
問8					

2020(R2) 智辯学園和歌山中
K 教英出版

受験番号	

令和2年度
(前期)
理科解答用紙

得　点	

※100点満点
(配点非公表)

〔1〕

問1		問2	g	問3	g
問4		問5	mL	問6	g

問7	あ		い		う		え	
	お		か		き		く	

問8	気体	mL	アルミニウム	g

問9	mL	mL

〔2〕

問1		問2	(1)		(2)	問3	

問4	(1)	あ		い		う		え			
	(2)	A		B		C		D		(3)	

【解答用

令和2年度

算数解答用紙

(前期)

受験番号	

得点	

※150点満点
(配点非公表)

【1】

(1)	(2)

【2】

(1)	(2)

【3】

(1)	(2)	(3)
か所	歳	cm^2

(4)	(5)
分　秒	度

【4】

(1)	(2)
円	円

【解答用

【解答用紙】

二

問一 a b

問二

問三

問四

問五

問六

問七

問十

問八

問九 ⑧ ⑨

三

① ② ③ ④ ⑤

四

① 漢字【　】・意味【　】

② 漢字【　】・意味【　】

③ 漢字【　】・意味【　】

④ 漢字【　】・意味【　】

⑤ 漢字【　】・意味【　】

五

① ② ③ ④ ⑤

受験番号

※150点満点
(配点非公表)

得　点

問4　次の文は，表1について書かれたものです。あとの（1）～（3）に答えなさい。

地表から深くなればなるほど，その場所の岩石の温度は（A）[①高く　②低く] なっていることがわかる。地表からの深さが25kmの場所の岩石は500℃である。深さ0kmから深さ25kmの間では，同じ割合で岩石の温度が高くなっていくとすると，1km深くなるごとに岩石の温度が（ あ ）℃ずつ高くなっていると考えられる。同じようにして考えると，深さ25kmから深さ50kmの間では，1km深くなるごとに（ い ）℃ずつ高くなっており，（ あ ）よりも（ い ）の方が（B）[①大きい　②小さい]。また深さ50kmから深さ75kmの間では，1km深くなるごとに（ う ）℃ずつ高くなっており，（ い ）よりも（ う ）の方が（C）[①大きい　②小さい]。さらに深さ75kmから深さ100kmの間では，1km深くなるごとに（ え ）℃ずつ高くなっており，（ う ）よりも（ え ）の方が（D）[①大きい　②小さい]。

（1）文中の（ あ ）～（ え ）にあてはまる数字は何ですか。

（2）文中の（A）～（D）にあてはまる語句をそれぞれあとの [①，②] から1つ選び，番号で答えなさい。

（3）表1の数字を使って，地表からの深さとその場所の岩石の温度の関係を表したグラフはどれですか。（1），（2）から考えて，次の（ア）～（エ）から1つ選び，記号で答えなさい。ただし，横軸（よこじく）は地表からの深さを，縦軸（たてじく）はその場所の岩石の温度を示しています。

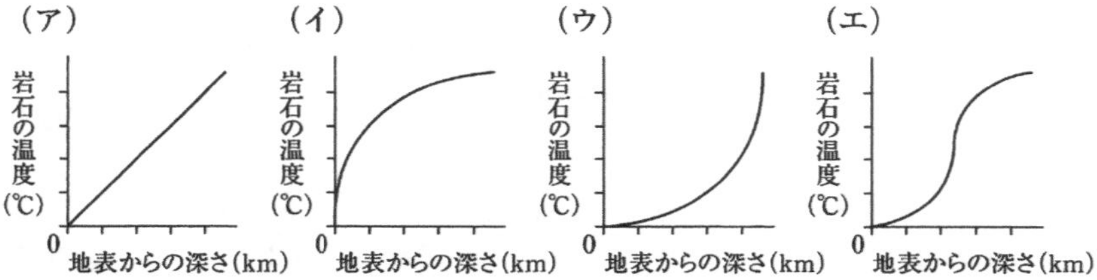

岩石は，ある温度以上になると溶けはじめてマグマになります。太郎君は岩石が溶けはじめる温度が地表からの深さによって違（ちが）うこと，また同じ深さでは，岩石に水が含まれるかどうかで岩石が溶けはじめる温度が違うことを知りました。表2は地表からの深さと，その場所の岩石が溶けはじめる温度の関係を表しています。

問5　地表からの深さが50kmのとき，水が含まれない岩石が溶けはじめる温度は何℃ですか。

問6　表1と表2から考えられることとして，まちがっているものはどれですか。次の(ア)～(ウ)から1つ選び，記号で答えなさい。

（ア）岩石に水が含まれれば，地表0kmの場所の岩石よりも，地表からの深さが150kmの場所の岩石のほうが溶けはじめる温度は低い。

（イ）地表からの深さが100kmの場所では，岩石に水が含まれると，水が含まれないときよりも岩石が溶けはじめる温度は低い。

（ウ）地表からの深さが25kmの場所では，岩石に水が含まれれば溶けてマグマになるが，岩石に水が含まれなければマグマにならない。

問7　下線部について，プレートをつくっている岩石の一部が溶けてマグマができている深さはどれですか。表1と表2から考えて，次の（ア）～（エ）からすべて選び，記号で答えなさい。

（ア）50km　　（イ）75km　　（ウ）100km　　（エ）125km

〔3〕滑車(かっしゃ)，糸，ばね①～⑤，はかりA～C，おもりを使って，次の実験1～5をしました。あとの問いに答えなさい。ただし，糸，ばねの重さは考えないものとします。また，実験で使うばね①～⑤はすべて同じばねです。

実験1　図1のように，天井(てんじょう)にばね①を取りつけ，ばね①におもりをつるした。おもりの重さを変え，ばね①ののびを調べた。表1はその結果を表している。

図1

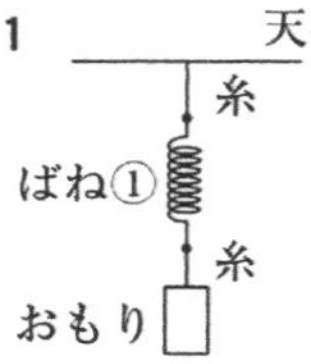

表1　＊おもりをつけていないときは，「なし」と書いている。

おもりの重さ（g）	なし	10	20	30	40
ばね①ののび（cm）	0	0.2	0.4	（a）	0.8

問1　表1より，おもりの重さとばねののびには，どのような関係がありますか。

問2　表1の（a）にあてはまる数字は何ですか。

図2のように手でばね①を引いて0.2cmのばしたとき，表1から，手は10gの重さのおもりをつるしたときと，同じはたらきをしていることになります。このときの10gを，ばね①の「のびからわかる重さ」ということにします。

図2

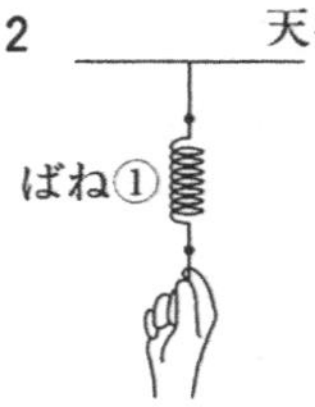

実験2　図3のように，床(ゆか)の上に置いたはかりAに，100gのおもりをのせ，ばね①をつけた。ばね①を真上にゆっくり引き上げると，はかりAの示す重さが変わった。そのときのはかりAの示す重さとばね①ののびを調べた。表2はその結果を表している。

図3

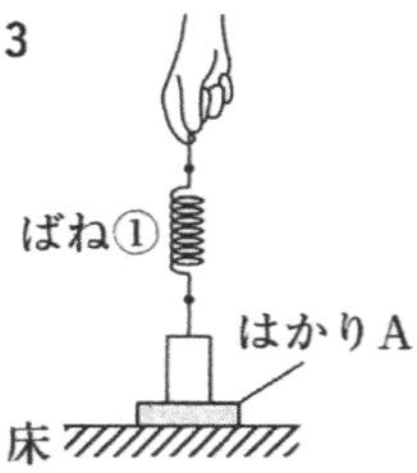

表2

はかりAの示す重さ（g）	100	80	60	40
ばね①ののび（cm）	0	0.4	0.8	1.2

問3　次の文は，実験2について書かれたものです。文中の（ あ ），（ い ）にあてはまる数字は何ですか。

はかりAの示す重さが80gのとき，ばね①ののびが0.4cmなので，ばね①の「のびからわかる重さ」は20gである。また，はかりAの示す重さが40gのとき，ばね①ののびが1.2cmなので，ばね①の「のびからわかる重さ」は（ あ ）gである。したがって，ばね①の「のびからわかる重さ」とはかりAの示す重さの和が，どちらも（ い ）gになり，常におもりの重さと同じになることがわかる。

実験3　ばね①～③，100gの滑車，おもりP，Qを使って，図4のような装置を作った。おもりP，Qの重さを変え，滑車を回転させないように全体を静止させ，ばね①～③ののびを調べた。表3はその結果を表している。

図4

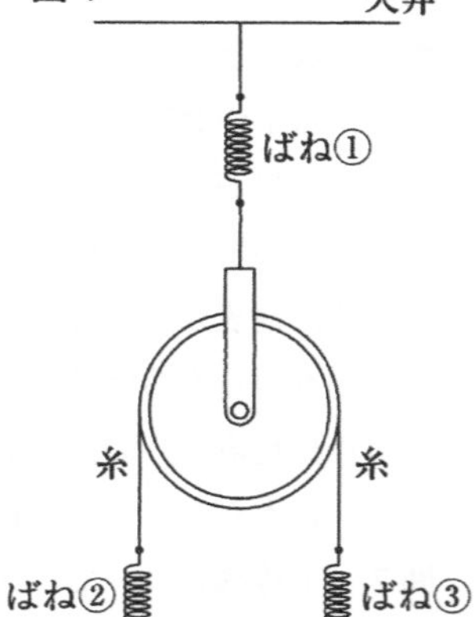

表3　＊おもりをつけていないときは，「なし」と書いている。

おもりPの重さ（g）	なし	10	20	30	40
おもりQの重さ（g）	なし	10	20	30	40
ばね①ののび（cm）	2	2.4	（c）	3.2	3.6
ばね②ののび（cm）	0	（b）	0.4	0.6	0.8
ばね③ののび（cm）	0	0.2	0.4	0.6	0.8

2020(R2) 智辯学園和歌山中
教英出版

問4　次の文は，実験3について書かれたものです。あとの（1）～（3）に答えなさい。

滑車が回転していないとき，[ばね②の「のびからわかる重さ」]＝[ばね③の「のびからわかる重さ」] である。また，表3よりおもりP，Qの重さが40gのとき，ばね①の「のびからわかる重さ」は（ う ）gである。このとき，ばね①の「のびからわかる重さ」は（ え ）の式で表すことができると考えられる。

おもりP，Qの重さが他の重さのときでも，ばね①の「のびからわかる重さ」は（ え ）の式で表すことができる。

（1）文中の（ う ）にあてはまる数字は何ですか。

（2）（ え ）にあてはまる式を，次の（ア）～（エ）から1つ選び，記号で答えなさい。

（ア）[滑車の重さ]＋[ばね②の「のびからわかる重さ」]＋[ばね③の「のびからわかる重さ」]

（イ）[ばね②の「のびからわかる重さ」]＋[ばね③の「のびからわかる重さ」]

（ウ）[滑車の重さ]＋[ばね②の「のびからわかる重さ」]

（エ）[滑車の重さ]＋[ばね③の「のびからわかる重さ」]

（3）表3の（b），（c）にあてはまる数字は何ですか。

実験4　ばね①～③，100gの滑車，100gのおもり2個，はかりA，Bを使って，図5のような装置を作った。滑車を回転させないように，ばね①を真上にゆっくり引き上げると，はかりA，Bの示す重さが変わった。そのときのはかりA，Bの示す重さと，ばね①～③ののびを調べた。表4はその結果を表している。

図5

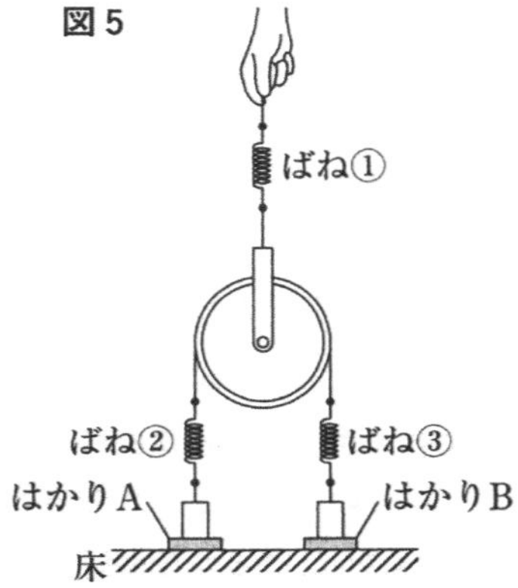

表4

はかりAの示す重さ（g）	100	80	60	40	20	0
はかりBの示す重さ（g）	100	80	60	40	20	0
ばね①ののび（cm）	2	2.8	3.6	4.4	5.2	6
ばね②ののび（cm）	0	0.4	0.8	1.2	1.6	2
ばね③ののび（cm）	0	0.4	0.8	1.2	1.6	2

問5　表4から考えて，実験4のばね①の「のびからわかる重さ」は，どのような式で表すことができますか。次の（ア）～（エ）から1つ選び，記号で答えなさい。

（ア）[滑車の重さ]＋[ばね②の「のびからわかる重さ」]＋[ばね③の「のびからわかる重さ」]

（イ）[ばね②の「のびからわかる重さ」]＋[ばね③の「のびからわかる重さ」]

（ウ）[滑車の重さ]＋[ばね②の「のびからわかる重さ」]

（エ）[滑車の重さ]＋[ばね③の「のびからわかる重さ」]

問6　実験4で，ばね①ののびが5cmのとき，はかりAの示す重さは何gですか。

実験5　図6のような装置をつくり，ばね①を真上に引き上げて，静止させた。このとき，はかりA～Cが示す重さがすべて同じになり，ばね①ののびが10.8cmになった。

問7　2個の滑車はそれぞれ100gでした。また，おもりY，Zの重さもそれぞれ100gでした。おもりXの重さは何gですか。

図6

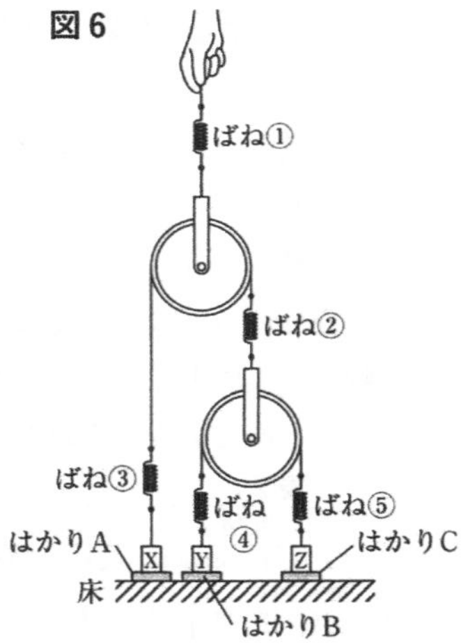

〔4〕太郎君が4月にキャベツ畑に行くと，(a)モンシロチョウの幼虫や(b)コナガというガの幼虫が(c)キャベツを食べていました。

図1

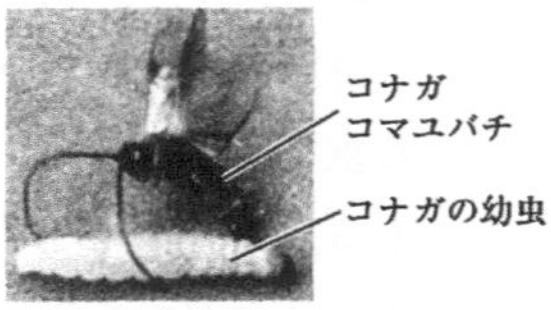

太郎君があるキャベツを見ると，コナガの幼虫にとまっているハチがいました。お母さんが「そのハチはコナガコマユバチだね。コナガコマユバチはコナガの幼虫に卵を産みつけるんだよ（図1）。不思議なことに，コナガコマユバチはモンシロチョウの幼虫には卵を産みつけないんだね。卵からふ化した(d)コナガコマユバチの幼虫は，コナガの幼虫を食べて成長し，やがてコナガコマユバチの成虫になるんだよ。」と教えてくれました。コナガの幼虫のことを考え，なんだかせつない気持ちになった太郎くんがふと空を見上げると，キャベツ畑の上には(e)いろいろなこん虫をえさにしている鳥が飛んできていました。次の問いに答えなさい。

問1　キャベツとアブラナは同じなかまの植物です。このことから考えて，キャベツの花はどれですか。右の（ア）～（ウ）から1つ選び，記号で答えなさい。

（ア）

（イ）

（ウ）

問2　文中の下線部（a）～（e）の生き物を，食べる―食べられるの関係で示すとどうなりますか。図2のように，解答用紙の記号に矢印をかきなさい。ただし，「a←b」はaがbを食べることを示します。

図2

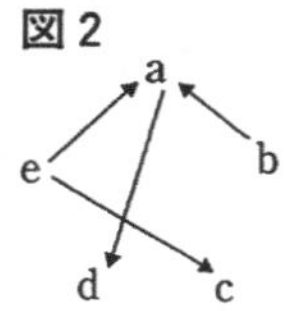

太郎君がコナガコマユバチについて調べていると，次のようなキャベツを使ったおもしろい実験をみつけました。ただし，箱の中にキャベツの鉢植え（はちう）を置くときには，キャベツにいたこん虫は取り除いてあります。

図3

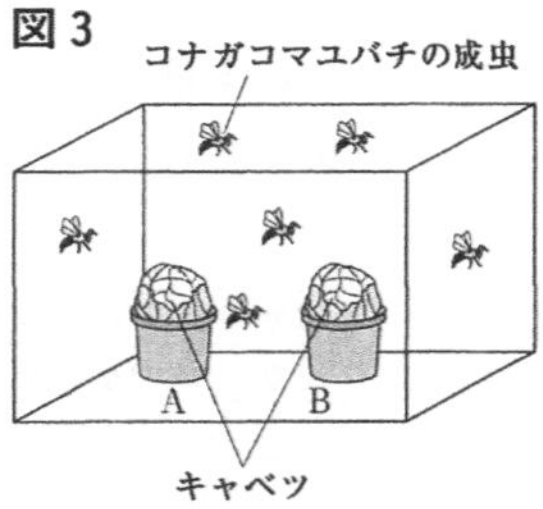

実験1　図3のような箱の中のAとBに，表1のようないろいろなキャベツの鉢植えを置いた。コナガコマユバチの成虫のめすを箱の中に放し，どちらのキャベツにコナガコマユバチの成虫が多くとまるかを観察した。表1はその結果を表している。

表1

	A	B	結果
実験1－1	新鮮（しんせん）なキャベツ＊1	新鮮なキャベツ	AとBのキャベツに差はなかった。
実験1－2	新鮮なキャベツ	コナガキャベツ＊2	Bのキャベツに多くとまった。

＊1　新鮮なキャベツ：こん虫に食べられていないキャベツ
＊2　コナガキャベツ：コナガの幼虫に食べられたキャベツ

問3　太郎君は，実験1－1と実験1－2から考えられることを，次のような文にまとめました。文中の（ア）と（イ）にあてはまる語句をそれぞれあとの［①，②］から1つ選び，番号で答えなさい。

実験1から，コナガコマユバチの成虫は（ア）［①新鮮なキャベツ　②コナガの幼虫に食べられたキャベツ］に好んでとまっているとわかる。このことから野外のキャベツ畑では，コナガの幼虫に（イ）［①食べられた　②食べられていない］キャベツが，コナガコマユバチの成虫を自分のもとに呼び寄せていると考えることができる。

実験2　実験1と同じ箱を使い，AとBに表2のようなキャベツの鉢植えを置いた。その後，実験1と同じように実験をした。表2はその結果を表している。

表2

	A	B	結果
実験2	コナガキャベツ	機械キャベツ＊3	Aのキャベツに多くとまった。

＊3　機械キャベツ：機械で小さな穴をたくさんあけた新鮮なキャベツ

問４　実験２から，野外のキャベツ畑では，コナガコマユバチの成虫は何にひきつけられると考えられますか。次の（ア）～（エ）から１つ選び，記号で答えなさい。

（ア）アブラナのなかまの植物　　（イ）コナガの幼虫がいるキャベツ

（ウ）傷がついたキャベツ　　（エ）新鮮なキャベツや，傷がついたキャベツ

実験３　実験１と同じ箱を使い，ＡとＢに表３のようなキャベツの鉢植えを置いた。その後，実験１と同じように実験をした。表３はその結果を表している。

表３	A	B	結果
実験３	コナガキャベツ	モンシロキャベツ[＊4]	Ａのキャベツに多くとまった。

＊4　モンシロキャベツ：モンシロチョウの幼虫に食べられたキャベツ

問５　キャベツはコナガコマユバチの成虫を呼び寄せるために，Ｐというものを出すことが知られています。Ｐについて書かれた文のうち，正しいものはどれですか。次の（ア）～（エ）から１つ選び，記号で答えなさい。

（ア）キャベツは，コナガの幼虫やモンシロチョウの幼虫に食べられたときにＰを出す。

（イ）キャベツは，コナガの幼虫に食べられたときだけＰを出す。

（ウ）キャベツは，モンシロチョウの幼虫に食べられたときだけＰを出す。

（エ）キャベツは，傷をつけられるとＰを出す。

問６　キャベツが問５のようにコナガコマユバチの成虫を呼び寄せることで，キャベツにはどんな利点がありますか。説明しなさい。

問７　太郎君の家ではキャベツを栽培（さいばい）しています。太郎君は，よく使われている農薬を使わずに，コナガの幼虫にほとんど食べられていないキャベツをたくさん収穫（しゅうかく）するための装置を考え，お母さんに提案することにしました。次の文は太郎君の提案のまとめです。あなたならどのような提案をしますか。これまでの問いから考え，次の（　ア　）には装置の特ちょうを，（　イ　）には予想される結果を考えて書きなさい。

　キャベツ畑に（　　ア　　）機能をもつ装置を設置することで，（　　イ　　）ことが予想され，コナガの幼虫に食べられていないキャベツをたくさん収穫することができる。

　モンシロチョウの幼虫に食べられたキャベツは，Ｐとは違うＱというものを出します。太郎君は，コナガの成虫がＱを利用して産卵（さんらん）するキャベツを選んでいる可能性があることを知りました。このことについて，次のような実験が行われています。

実験４　実験１と同じ箱を使い，ＡとＢに表４のようなキャベツの鉢植えを置いた。コナガの成虫のめすを箱の中に放し，どちらのキャベツにコナガの成虫が多くとまるかを観察した。表４はその結果を表している。

表４	A	B	結果
実験４	コナガキャベツ	モンシロキャベツ	Ｂのキャベツに多くとまった。

問８　実験４から，コナガの成虫はモンシロチョウの幼虫に食べられたキャベツを好んで産卵しようとしていると考えられます。コナガの成虫がそのようなキャベツを好んで産卵しようとしている理由を，実験１～４から考えて説明しなさい。

【5】 次の問いに答えなさい。ただし，円周率は3.14とします。

(1) 図1で，四角形ABCDは1辺の長さ2cmの正方形です。また，点Aを中心とする円と点Cを中心とする円が2点B，Dで交わっています。図1の色のついた部分の面積は何cm^2ですか。

(2) 図1に，三角形ACEが正三角形になるように点Eをとり，Eを中心として半径2cmの円をかいたところ，図2のようになりました。図2の色のついた部分の面積は何cm^2ですか。

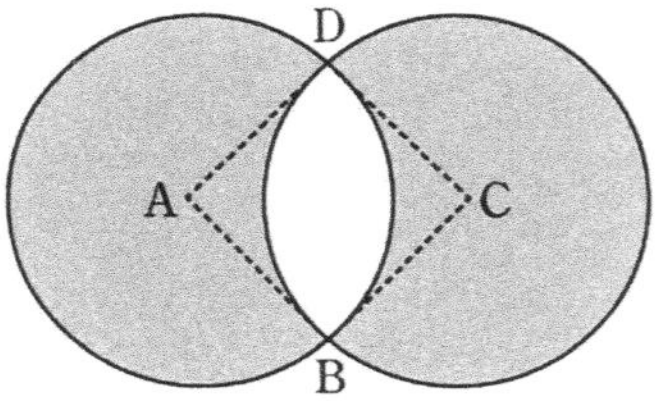

図1

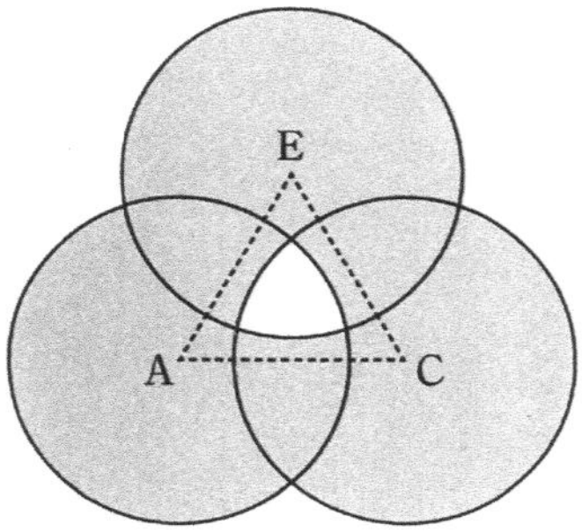

図2

【6】 ある川の上流にＰ地点があり，Ｐ地点から32 km下流にＱ地点があります。この間を往復する２そうの船Ａ，Ｂの静水時の速さは同じです。船ＡはＰ地点を，船ＢはＱ地点をそれぞれ同じ時刻に出発しました。船Ａは１時間後に船Ｂに出会い，さらに36分後にＱ地点に到着しました。次の問いに答えなさい。ただし，折り返すのにかかる時間は考えないものとします。

(1) 静水時の船の速さは毎時何 km ですか。

(2) ２度目に出会うのは，出発してから何時間何分後ですか。

【7】 8 cm と 12 cm の 2 種類のテープを，のりしろを 1 cm とってつなぎ合わせ，長いテープを作ります。例えば，8 cm のテープ 2 本と 12 cm のテープ 1 本をつなぎ合わせると 26 cm のテープができます。

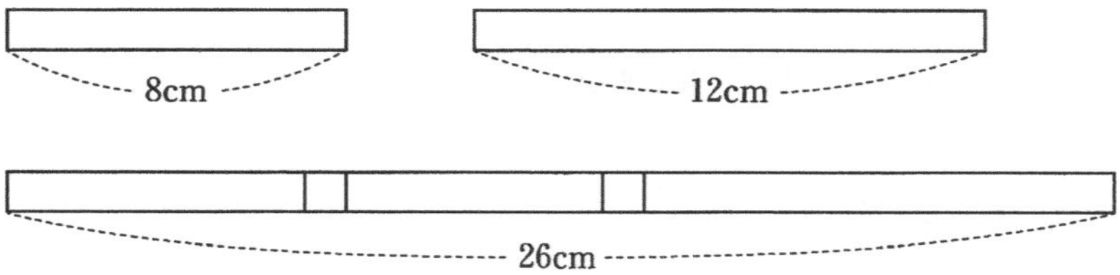

次の問いに答えなさい。

(1) 8 cm のテープ 3 本と 12 cm のテープ 2 本をつなぎ合わせると，何 cm のテープができますか。

(2) 8 cm のテープ何本かをつなぎ合わせてできたテープと，12 cm のテープ何本かをつなぎ合わせてできたテープの長さが等しくなりました。つなぎ合わせてできたテープのうち，一番短いものの長さは何 cm ですか。

(3) 8 cm と 12 cm のテープがたくさんあります。まず，8 cm のテープ 9 本をつなぎ合わせて 64 cm のテープを作りました。それより 1 cm ずつ短いテープを順番に作って行くとき，初めて作れなくなるテープの長さは何 cm ですか。

【8】 1から10までの整数が1つずつ書かれた10枚のカードがあります。この10枚のカードをよく混ぜて，左から一列に並べました。さらに，左から順に2枚ずつをペアにし，それぞれの数字の和をA，B，C，D，Eとしました。AはDの2倍，CはEの2倍で，Bは13でした。また，AとEの和は20でした。次の問いに答えなさい。

(1) A＋B＋C＋D＋Eはいくらですか。

(2) Eはいくらですか。

(3) さらに，左から5枚のカードの数字の和は34で，中央4枚(左から4番目から7番目)のカードの数字の和は24とわかりました。中央4枚のカードの数字の並びを左から順に答えなさい。

【9】 3桁(けた)の整数を元にして，次の操作を行い，新しい整数を作ります。

元の整数の百の位の数を a，十の位の数を b，一の位の数を c とします。
$a \times b \times c$ を計算し，その一の位の数を新しい整数の百の位の数とします。
$a + b + c$ を計算し，その一の位の数を新しい整数の十の位の数とします。
a，b，c の平均を新しい整数の一の位の数とします。ただし，割り切れないときは小数第1位で四捨五入するものとします。

たとえば，元の整数が278のとき，$2 \times 7 \times 8 = 112$，$2 + 7 + 8 = 17$ で，2と7と8の平均を小数第1位で四捨五入した数は6だから，新しい整数は276です。また，元の整数が563のとき，$5 \times 6 \times 3 = 90$，$5 + 6 + 3 = 14$ で，5と6と3の平均を小数第1位で四捨五入した数は5だから，新しい整数は2桁の整数45になります。次の問いに答えなさい。

(1) 248にこの操作を行ってできる整数は何ですか。

(2) この操作を行っても，百の位の数と十の位の数が変化しない整数のうちで，3番目に大きい整数は何ですか。

(3) この操作を行っても変化しない3桁の整数は何ですか。

【10】 図１のような，辺の長さが２cm，２cm，３cmの直方体の積み木をくっつけて，立体を作ります。次の問いに答えなさい。

⑴ 図２のように，８個の積み木を図１の向きでくっつけて，直方体を作りました。この立体を３点Ａ，Ｂ，Ｃを通る面で切るとき，切られる積み木は何個ですか。

⑵ 図３のように，積み木を図１の向きでくっつけて，直方体の中に直方体の穴があいた形の立体を作りました。この立体を３点Ｄ，Ｅ，Ｆを通る面で切るとき，切られる積み木は何個ですか。

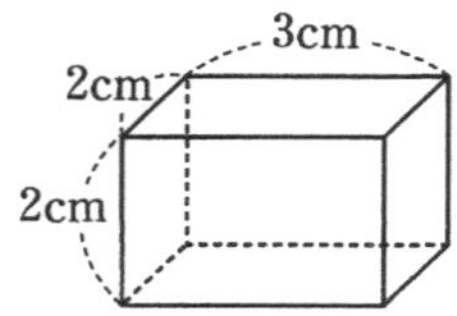

図１

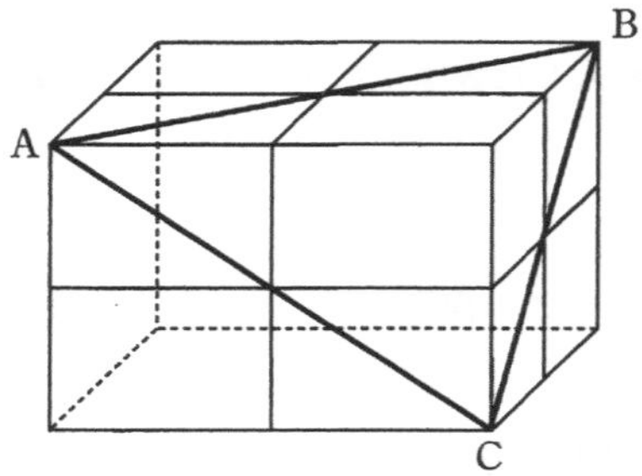

図２

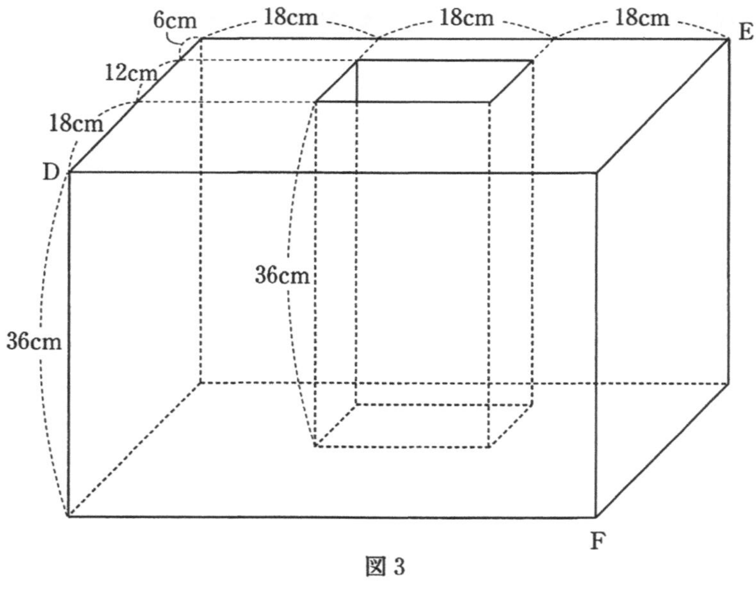

図３

著作権に関係する弊社の都合により本文は省略いたします。

教英出版編集部

著作権に関係する弊社の都合により本文は省略いたします。

教英出版編集部

著作権に関係する弊社の都合により
本文は省略いたします。

教英出版編集部

著作権に関係する弊社の都合により
本文は省略いたします。

教英出版編集部

著作権に関係する弊社の都合により
本文は省略いたします。

教英出版編集部

著作権に関係する弊社の都合により
本文は省略いたします。

教英出版編集部

著作権に関係する弊社の都合により
本文は省略いたします。

教英出版編集部

著作権に関係する弊社の都合により
本文は省略いたします。

教英出版編集部

著作権に関係する弊社の都合により
本文は省略いたします。

教英出版編集部

（田中孝博「ラスト・ゲーム」）

問一 〰〰部a「もどかし（い）」・b「水臭（い）」の意味として最も適切なものを次の中からそれぞれ選び、記号で答えなさい。

a「もどかし(い)」

ア いじらしい。　イ じれったい。　ウ あさましい。　エ くだらない。

b「水臭(い)」

ア いまいましい。　イ しらじらしい。　ウ よそよそしい。　エ かいがいしい。

問二 ――部①「けれど、ただ頷いてみせた」とあるが、この時の「シュン」の思いを表したことばとして最も適切なものを次の中から選び、記号で答えなさい。

ア 黙ってお母さんの望むようにしよう。

イ やった！　これで都会に引っ越せるぞ。

ウ あの人が自分の父親になるのはいやだ。

エ あと何回みんなとドッジボールができるかなあ。

問三 ――部②「心」とあるが、これは「シュン」のどのような思いを表しているか、説明しなさい。

問四 ――部③「僕は小さなため息をついた」とあるが、ここでの「シュン」の気持ちとして最も適切なものを次の中から選び、記号で答えなさい。

ア「シュン」の気持ちも聞かずに、自分の意見を一方的に押しつけてくる「リョウスケ」をうっとうしく感じている。

イ 普段と変わらぬ様子で接してくれる「リョウスケ」に感謝しながらも、彼が事情を誤解していることに困惑している。

ウ「リョウスケ」が自分のことを気づかって誘ってくれているのに、その気持ちに応えられない自分の状況を嘆いている。

エ 自分が何も言わなくても根気強く誘ってくれる「リョウスケ」の優しさに初めて気づき、そのような友人と離れるのをつらく思っている。

問五 ―――部④「僕はゆっくりと立ち上がり、教室の後ろにある掃除道具入れを開けて、ホウキとチリトリを取り出してくる。ホウキを動かして、教壇のところから少しずつゴミを掃き出した」とあるが、この時の「僕」の気持ちとして適切なものを次の中から二つ選び、記号で答えなさい。

ア 母親への不満。　イ 習慣へのこだわり。　ウ 学校への感謝。

エ 正義への信念。　オ みんなへの申しわけなさ。

問六 ―――部⑤「僕はチラシをくしゃくしゃに丸めて、ゴミ箱に投げた」とあるが、この行動に表れている「シュン」の気持ちとして適切でないものを次の中から一つ選び、記号で答えなさい。

ア くやしさ。　イ うしろめたさ。　ウ やりきれなさ。　エ すがすがしさ。

問七 ―――部⑥「あんな学校、なくなっちゃえばいいんだよっ」とあるが、ここでの「シュン」についての説明として最も適切なものを次の中から選び、記号で答えなさい。

ア どうせ全員が離ればなれになってしまうのならばと、あえて新しいものの見方を提案してみた。

イ 自分ではどうにもならない思いを抱えていたため、つい心にもないことを口走ってしまった。

ウ 常日ごろから友人関係のあり方に悩み続けてきたため、自然に本心が口をついて出てしまった。

エ 母親に見捨てられてしまったように感じていたので、思わずそのいらだちをぶつけてしまった。

問八 ―――部⑦「クラタが冷たい目でにらんでいる」とあるが、それはなぜか、説明しなさい。

問九 ―――部⑧「僕はこらえきれずに泣いた」、⑨「涙が止まらない」とあるが、それぞれの場面で「シュン」が泣いた理由を説明しなさい。

問十 本文の登場人物についての説明として最も適切なものを次の中から選び、記号で答えなさい。

ア 「リョウスケ」は、周りをよく見て相手の気持ちをくみとり、配慮することのできる思いやりのある人物である。

イ 「お母さん」は、息子の気持ちを理解しようとせず、自分の思い通りになるように事を運ぼうとする強引な人物である。

ウ 「シュン」は、いつも周りの目を気にして言いたいことを言い出せないため、クラスで孤立してしまっている人物である。

エ 「クラタ」は、みんなの気持ちを察して、体を張ってクラスを引っ張ろうとしている最も信頼されている人物である。

著作権に関係する弊社の都合により
本文は省略いたします。

教英出版編集部

著作権に関係する弊社の都合により
本文は省略いたします。

教英出版編集部

著作権に関係する弊社の都合により
本文は省略いたします。

教英出版編集部

著作権に関係する弊社の都合により
本文は省略いたします。

教英出版編集部

著作権に関係する弊社の都合により
本文は省略いたします。

教英出版編集部

著作権に関係する弊社の都合により
本文は省略いたします。

教英出版編集部

著作権に関係する弊社の都合により
本文は省略いたします。

教英出版編集部

著作権に関係する弊社の都合により
本文は省略いたします。

教英出版編集部

著作権に関係する弊社の都合により
本文は省略いたします。

教英出版編集部

（田中孝博「ラスト・ゲーム」）

問一 〰〰部a「もどかし（い）」・b「水臭（い）」の意味として最も適切なものを次の中からそれぞれ選び、記号で答えなさい。

a「もどかし(い)」

ア いじらしい。　イ じれったい。　ウ あさましい。　エ くだらない。

b「水臭(い)」

ア いまいましい。　イ しらじらしい。　ウ よそよそしい。　エ かいがいしい。

問二 ——部①「けれど、ただ頷いてみせた」とあるが、この時の「シュン」の思いを表したことばとして最も適切なものを次の中から選び、記号で答えなさい。

ア 黙ってお母さんの望むようにしよう。

イ やった！　これで都会に引っ越せるぞ。

ウ あの人が自分の父親になるのはいやだ。

エ あと何回みんなとドッジボールができるかなあ。

問三 ——部②「心」とあるが、これは「シュン」のどのような思いを表しているか、説明しなさい。

問四 ——部③「僕は小さなため息をついた」とあるが、ここでの「シュン」の気持ちとして最も適切なものを次の中から選び、記号で答えなさい。

ア 「シュン」の気持ちも聞かずに、自分の意見を一方的に押しつけてくる「リョウスケ」をうっとうしく感じている。

イ 普段と変わらぬ様子で接してくれる「リョウスケ」に感謝しながらも、彼が事情を誤解していることに困惑している。

ウ 「リョウスケ」が自分のことを気づかって誘ってくれているのに、その気持ちに応えられない自分の状況を嘆いている。

エ 自分が何も言わなくても根気強く誘ってくれる「リョウスケ」の優しさに初めて気づき、そのような友人と離れるのをつらく思っている。

三 次の①～⑤の文中＝＝＝部のカタカナを漢字に直しなさい。

① 戸じまりをテンケンする。

② 鋭い(するど)カンセイがいかされた文章。

③ このセイセキなら大丈夫(だいじょうぶ)だ。

④ スズメの鳴き声で目がサめた。

⑤ 友だちにカした本を返してもらう。

四 次の①～⑤のことわざの【　】に適切な漢字一字を補い、その意味を後から選び、記号で答えなさい。

① 【　】降って地固まる

② 【　】に短したすきに長し

③ 枯(か)れ木(き)も【　】のにぎわい

④ 背に【　】はかえられぬ

⑤ 災(わざわ)いを転じて【　】となす

ア 中途半端(ちゅうとはんぱ)で役に立たない。

イ つまらないものでもないよりはましだ。

ウ 不幸があってもうまく活用して幸せになる。

エ 大切なことのためには、多少の損害はやむをえない。

オ 争いごとがあった後、かえって前よりもうまくいく。

五 次のア～エの中から、ことばの使い方として不適切なところのあるものを一つ選び、記号で答えなさい。

①
ア 自転車が通れるほどの道はばしかない。
イ 彼女(かのじょ)は的を射た表現で周囲の人々を納得(なっとく)させた。
ウ ハードな練習を仲間とともに一生懸命(いっしょうけんめい)取り組んだ。
エ 秋になると、この山頂から美しい紅葉が見られる。

②
ア 約束を平気で破るなんて、とんでもないことです。
イ 部屋で勉強していた彼(かれ)はさりげに窓の外に目を向けた。
ウ 私はすんでのところで電車に乗(の)り遅(おく)れるところだった。
エ 人の意見に従うだけでなく、自分なりの意見を持つことが大切だ。

③

ア　彼（かれ）は話を聞くが早いか家を飛び出した。

イ　その美しい花は限られた場所にしか咲（さ）かない。

ウ　砂漠化（さばくか）が進んでいる原因は私たち人間のせいだ。

エ　ファインプレーの連続で球場はいやが上にも盛り上がった。

④

ア　話し合いが煮詰（につ）まったので会議を終了（しゅうりょう）した。

イ　昨日の出来事について、母から根掘（ねほ）り葉掘（はほ）り聞かれた。

ウ　イタリアではサッカーの試合の視聴率（しちょうりつ）も高いが、観客動員数も多い。

エ　友達と遊んだり、部屋の掃除（そうじ）とか、休日にしたいことはいくらでもある。

⑤

ア　彼がうそをついているのは、木を見るより明らかだ。

イ　後で悔（く）やむことのないよう、今からしっかり努力しておきましょう。

ウ　父は仕事仲間や私たち家族への気配りを決して忘れない人です。

エ　熱帯雨林の伐採（ばっさい）は、人間を危機へと導いている。

三 次の①～⑤の文中＝＝部のカタカナを漢字に直しなさい。

① 戸じまりをテンケンする。
② 鋭いカンセイがいかされた文章。
③ このセイセキなら大丈夫だ。
④ スズメの鳴き声で目がサめた。
⑤ 友だちにカした本を返してもらう。

四 次の①～⑤のことわざの【　】に適切な漢字一字を補い、その意味を後から選び、記号で答えなさい。

① 【　】降って地固まる
② 【　】に短したすきに長し
③ 枯れ木も【　】のにぎわい
④ 背に【　】はかえられぬ
⑤ 災いを転じて【　】となす

ア 中途半端で役に立たない。
イ つまらないものでもないよりはましだ。
ウ 不幸があってもうまく活用して幸せになる。
エ 大切なことのためには、多少の損害はやむをえない。
オ 争いごとがあった後、かえって前よりもうまくいく。

五 次のア～エの中から、ことばの使い方として不適切なところのあるものを一つ選び、記号で答えなさい。

①
ア 自転車が通れるほどの道はばしかない。
イ 彼女は的を射た表現で周囲の人々を納得させた。
ウ ハードな練習を仲間とともに一生懸命取り組んだ。
エ 秋になると、この山頂から美しい紅葉が見られる。

②
ア 約束を平気で破るなんて、とんでもないことです。
イ 部屋で勉強していた彼はさりげに窓の外に目を向けた。
ウ 私はすんでのところで電車に乗り遅れるところだった。
エ 人の意見に従うだけでなく、自分なりの意見を持つことが大切だ。

③

ア　彼は話を聞くが早いか家を飛び出した。

イ　その美しい花は限られた場所にしか咲かない。

ウ　砂漠化が進んでいる原因は私たち人間のせいだ。

エ　ファインプレーの連続で球場はいやが上にも盛り上がった。

④

ア　話し合いが煮詰まったので会議を終了した。

イ　昨日の出来事について、母から根掘り葉掘り聞かれた。

ウ　イタリアではサッカーの試合の視聴率も高いが、観客動員数も多い。

エ　友達と遊んだり、部屋の掃除とか、休日にしたいことはいくらでもある。

⑤

ア　彼がうそをついているのは、木を見るより明らかだ。

イ　後で悔やむことのないよう、今からしっかり努力しておきましょう。

ウ　父は仕事仲間や私たち家族への気配りを決して忘れない人です。

エ　熱帯雨林の伐採は、人間を危機へと導いている。

2020(R2) 智辯学園和歌山中
K 教英出版